융 기본 저작집 7
상징과 리비도

Grundwerk C. G. Jung Bd. 7
Symbol und Libido
by C. G. Jung

All rights reserved.
© Walter-Verlag AG, 1985

Korean Publication Copyright 2005, SOL Publishing Co.
Korean translation rights 2005, C. G. Jung Institute of Korea(Prof. Dr. Bou-Yong Rhi)
Korean publication and translation rights arranged with Walter Verlag
through Shin Won Literary Agency.

이 책의 한국어판 저작권은 신원 에이전시를 통해
Walter 사와 독점 계약한 솔출판사에 있으며,
번역권은 한국융연구원(대표: 이부영)에 있습니다.
저작권법에 의해 한국 내에서 보호를 받는
저작물이므로 무단 전제와 복제를 금합니다.

| 개정신판 |

Carl GUSTAV JUNG

상징과 리비도

융 기본 저작집 Grundwerk C.G. Jung 7
한국융연구원 C.G. 융 저작 번역위원회 옮김

일러두기

1. 이 책은 Grundwerk C. G. Jung—Band 7. *Symbol und Libido*(Walter, 1985)를 완역한 것이다.
2. 이 책의 주석은 본문 뒤에 미주로 두었다.
3. 이 책의 대괄호[ ]는 원서의 표기를 따랐으며, 옮긴이가 보충한 내용은 옛대괄호〔 〕로 구분했다.
4. 인명·지명 등 외국어 고유명사는 2017년에 국립국어원에서 펴낸 외래어표기법을 따라 표기했다. 단, 관습적으로 쓰이는 단어는 그에 따랐다.

융 기본 저작집 제7권의 발간에 부쳐

기본 저작집 제7권 『상징과 리비도』는 '변환의 상징'이라는 제목으로 나온 융의 저서의 전반부이다. 본래 '리비도의 변환과 상징'이라는 제목으로 1912년에 처음 출간되었는데 뒤에 보완하여 '변환의 상징'이라는 이름을 달게 된 책이다. 이 책은 융의 동료이자 친우인 테오도르 플루르누아가 보고한 한 젊은 미국 여성의 수기를 분석한 것이다. 이 수기에는 그녀가 정신분열증(조현병)을 앓기 직전 유럽 여행 중 기록한 시와 환상, 이에 관한 자가 논평 등이 들어 있다. 융은 이 자료를 정신분열증(조현병) 전구단계의 병리, 개인 생활사의 정신적 상처를 중심으로 한 재래의 증례분석 방식을 취하지 않고 그 환상들이 개인적인 차원을 넘어서 인류 정신사의 보편적 토대, 즉 집단적 무의식의 원형상들과 어떻게 관계되는지를 집중적으로 살펴 들어갔다. 이를 위해 그는 시詩, 문학, 신화, 전설, 고대 종교사, 심지어 어원학에 이르기까지 방대한 자료를 동원하는 확충의 방법을 사용하였다.

융이 서문에서도 밝혔듯, 병든 심혼을 이해하고 정신현상의 전체를 조망하려면 신경증 병리학이나 신경증 이론과 같은 질병에 관한 지식만으로는 너무나 부족하다. 그러므로 융은 이 책을 통하여 당시의 정신의학의 열악한 상황을 바로잡고 정신의학이 주관적 인격주의적 사고방식에서 벗어나 광범위한 틀을 갖추도록 하는 데 주력하였다.

그러나 이 책이 나오게 된 최초의 동기는 당시의 프로이트 학설이 주장한 성욕 중심적인 리비도설, 정신적인 것의 목표지향성을 완전히 무시한 일방적인 인과적 환원론, 과학적 유물론에 대한 불만이었다. 그는 프로이트의 인격주의를 비판했고 리비도의 개념에 대해서는 따로 장을 마련하여 프로이트의 개념을 비판적으로 고찰하고 자기의 '정신적 에너지'의 개념을 제시했다. 무의식을 개인 생활에서 억압된 개인적, 주관적인 내용뿐 아니라 일종의 객관적이고 집단적인 심리로서 이해할 수 있음을 지적하였고 또한 이를 증명하였다. 그리하여 1912년에 이 책은 융이 프로이트와 결별할 수밖에 없는 결정적이고 기념비적인 선언, 하나의 이정표가 되었던 것이다.

그러나 융은 인간 심성의 심층을 탐구한 프로이트의 공적이나 쓸모 있는 방법론을 송두리째 무시하고 있는 것은 아니다. 이 책이 1912년에 발간된 뒤 융은 37년 동안이나 큰 수정 없이 두었다가 1950년에야 대폭 보완하였는데 이 책을 읽으면 마치 일종의 학설의 계보학을 보는 것 같은 느낌을 얻는다. 그는 때로는 프로이트의 학설에 따라 충실히 해석해 들어감으로써 그것이 한편으로는 일리가 있으나 한계가 있음을 증명하는 방법을 취하고 있다.

독자들은 여기서 무엇보다 몇 줄에 불과한 시구詩句, 한마디의 말, 소리, 행위가 얼마나 풍성한 원형적 상징의 바다에 이어져 있는지에 놀랄 것이다. 그것은 심혼의 역사, 인류 조상들의 삶이며 그것이 한 여인의 환상으로 되살아나 표현된 것들이다. 융의 서문에는 이런 말이 있다. "나는 신화를 품고 사는 것, 혹은 그런 것을 품지 않고 산다는 것이 무슨 말인지 어렴풋이 깨닫게 되었다."

이 책의 번역은 김현진 씨가 담당하였다. 역자의 노고에 깊이 감사드린다. 그리스어, 라틴어 등의 감수를 맡으신 변규용 교수에게도 감사의 뜻을 표한다. 다른 책과 마찬가지로 이 책도 감수자의 전반적인 교정을 거쳤다. 독일어 원문의 감각을 살리면서 이해할 수 있는 문체가 되도록 역자나 감수자 모두 노력했다.

　이제 기본 저작집 한국어판의 일곱 번째 출간이다. 솔출판사 임양묵 사장님과 편집 간행에 참여한 여러분과 함께 자축의 축배를 올린다. 살아 있는 신화를 상실해가는 시대에 이 책이 많은 사람에게 유익한 양식이 되기를 기대하면서.

2005년 4월
한국융연구원
C.G. 융 저작 번역위원회
대표 이부영

머리말

37년 전에 집필한 이 책의 개작이 절실히 필요하다는 사실을 나는 이미 오래전부터 느끼고 있었다. 그러나 직업상의 여러 임무와 학문적 활동으로 인해 이 불편하고 힘든 일에 차분하게 몰두할 수 있는 충분한 여유를 갖지 못했다. 결국 나이와 질병이 나를 직업상의 임무들로부터 해방시켰고 내 젊은 시절의 과오를 돌아보는 데 필요한 시간을 마련해주었다. 나는 이 책으로 인해 행복했던 적이 결코 없고 만족스러웠던 적도 없다. 말하자면 이 책은 내 의사와 상관없이, 더욱이 불안 속에서, 그리고 임상 업무가 쇄도한 가운데 시간과 방법을 고려하지도 않고 쓴 것이었다. 나는 자료를 발견하는 대로 성급히 주워 모아야 했다. 내 생각을 무르익게 할 여지가 없었다. 모든 것이 그야말로 막을 수도 없는 산사태와 같이 내게 덮쳐왔다. 그 배후에 놓인 긴박함을 비로소 깨닫게 된 것은 나중의 일이었는데, 그것은 프로이트의 심리

---

* 이 머리말은 『전집』 5권인 『변환의 상징. 정신분열증(조현병)의 전조 분석 Symbole der Wandlung. Analyse des Vorspiels zu einer Schizophrenie』의 네 번째 판에 실린 서문이다. 이 책에는 『전집』 5권의 처음 여덟 장이 담겨 있다.

학과 세계관이 지닌 옹색한 편협성으로는 결코 받아들일 수 없었던 모든 정신적 내용의 폭발 때문이었다. 개인 심리의 탐구에서 이룩한 프로이트의 비범한 업적을 어떻게든 축소시키려는 의도는 내게 추호도 없다. 그러나 정신적 현상을 끼워넣은 프로이트의 개념적 틀은 참을 수 없을 정도로 편협해 보였다. 나는 여기서 예컨대 그의 신경증 이론 Neurosentheorie을 말하는 것이 아니다. 물론 그 이론은 그것이 체험 소재에만 들어맞는 경우 편협한 것일 수 있다. 또한 여러 관점에서 상당히 신뢰할 수 있는 그의 꿈 이론을 여기서 말하는 것도 아니다. 내가 말하는 것은 오히려 그의 일반적 입장이 지닌 환원적 인과론이며, 또한 그야말로 모든 정신적인 것의 특징인 목표지향성을 말하자면 완벽하게 무시한 점이다. 프로이트의 「환상의 미래 Die Zukunft einer Illusion」는 뒤늦게 나온 글이지만, 19세기 말을 특징짓는 합리주의와 과학적 유물론의

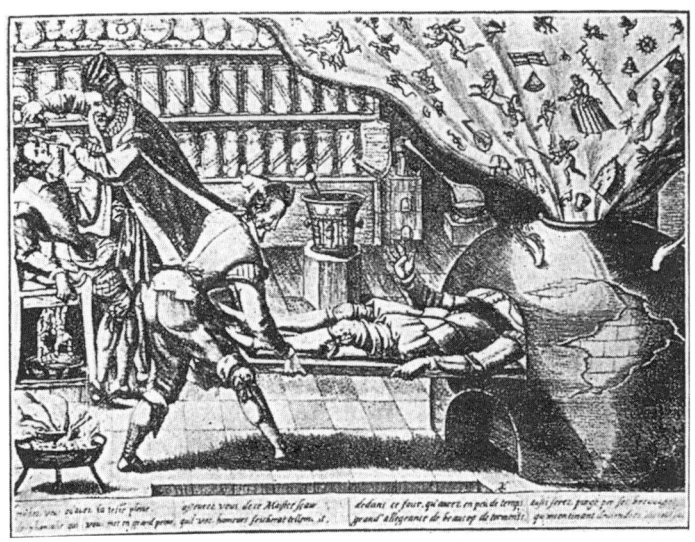

그림 1. 악마들의 추방. 익명의 동판화.(17세기)

경계 안에서 움직이고 있는 그의 초기의 시각을 제대로 설명해준다.

예상대로 그러한 정황에서 탄생한 나의 책은 크고 작은 단편들로 이루어졌는데, 나는 그것을 그저 불충분한 채로 짜맞출 수 있을 뿐이었다. 정신현상 전체를 조망하기 위해 먼저 의학적 심리학medizinische Psychologie(정신의학의 다른 이름)에 광범위한 틀을 만들어준 것은 단지 부분적으로 성공한 시도였다. 나의 주요 의도 중 하나는, 의학적 심리학을 당시 지배하던 주관적이고 인격주의적인 사고방식의 특성에서 최소한 벗어나게 해 무의식을 일종의 객관적이고 집단적인 심리로서 이해할 수 있도록 하는 것이었다. 19세기의 개인지상주의Individualismus와 병행한, 프로이트의 인격주의Personalismus와 아들러Alfred Adler의 견해는 나에게 만족을 주지 못했다. 본능의 역동성(더욱이 아들러의 경우 너무 부족한)을 제외하고는, 객관적이고 비인격적인 소여所與,Gegebenheiten가 할 수 있는 여지를 전혀 남겨놓지 않았기 때문이다. 그러한 사실에 걸맞게 프로이트는 나의 시도에서 객관적 정당성을 인정하지 않고 거기서 개인적인 동기를 추정해냈다.

그렇게 이 책은 두 갈래 길이 갈라지는 지점에서 이정표가 되었다. 불완전한 미완의 작이라는 것 때문에 그것은 이후 수십 년 동안 내 생의 프로그램이 되었다. 말하자면 탈고를 하자마자 나는 신화를 품고 사는 것, 혹은 그런 것을 품지 않고 산다는 것이 무슨 말인지 어렴풋이 깨닫게 되었던 것이다. 신화는 어느 교부敎父[1]가 말한 대로 "어디에서나, 언제나, 모든 사람들이 믿는 것"이다. 그러므로 신화를 품지 않은 채, 혹은 그런 것의 바깥에서 살고 있다고 믿는 사람은 예외가 된다. 정말이지, 과거와도 관계 맺지 못하고 (항상 자신의 내부에 살아 있는) 선조들의 삶과도 관계를 맺지 못하며 또한 현재의 인간 사회와도 진정한 관계를 맺지 못하는 자는 그야말로 뿌리를 잃은 사람이다. 그는 다른 사람들처럼 집 안에도 거주하지 않고 그들처럼 먹고 마시지도 않으며, 자신의 이성으로 꾸며낸 주관적인 광기에 휘말려 그것을 막 발견한 진리로 여기면서 혼자의 삶을 영위한다. 이러한 그의 이성의 유희 도구는 그의 오장五臟을 동요시키지 않는다. 때때로 그의 위장이 이성의 생산물을 소화 불가능한 것으로 여길 경우 그 오성의 도구가 위장을 망가뜨리는 경우가 있긴 하다. 심혼Seele은 오늘 생겨난 것이 아니다! 그것의 연령은 수백만 년을 헤아린다. 그러나 개인적 의식意識은 땅 밑의 겨울나기 뿌리줄기에서 위로 자라나는 제 계절의 꽃차례[花序]나 모임열매에 지나지 않는 것이다. 그런데 그 꽃차례나 모임열매는 뿌리줄기의 존재를 포함할 경우 진실한 모습에 더 근접한다. 왜냐하면 뿌리의 촘촘한 조직은 모든 것의 어머니이기 때문이다.

 나의 예감으로 신화는 의미를 가지고 있는 것이었다. 만일 내가 신화의 바깥에서 나 자신만의 사변思辨의 안개에 싸여 살아갈 경우, 나는 분명 그 의미를 놓치게 될 것이라 예감했다. "네가 그 안에 살고 있는 신화란 무엇인가?" 하고 나는 극히 진지하게 자문하지 않을 수 없었고, 그 답을 찾을 수 없었다. 또한 내가 본래 신화를 품고 살지도, 또 그 안에서 살지도 않았으며, 오히려 생각의 가능성이라는 불확실한 구름 안개 속에서 살았다고 고백하지 않을 수 없었다. 그 생각의 가능성들을 물론 나는 점점 고조되는 불신 속에서 바라보았다. 내가 신화의 삶을 살았다는 것을 나는 알지 못했다. 비록 그것을 알았다고 해도, 내 의사와 상관없이 나의 삶을 이끈 신화를 결코 알아차리지 못했을 것이다. 그래서 '나의' 신화에 대해 잘 알아보자는 결심을 자연스럽게 하게 된 것이다. 나는 이것을 진정한 의미의 과제로 여겼다. 왜냐하면—나 자신에게 말하기를—내가 그런 것을 의식하지 못한다면, 어떻게 내 환자들을 마주해 나의 인격적 요소를, 타인을 알기 위해 그토록 필요불가결한 나의 인격 방정식을 제대로 계산할 수 있겠는가? 어떤 무의식적 신화와 전의식적인 신화가 나를 빚었는지, 다시 말해 어떠한 뿌리 줄기에서 내가 생겨났는지 나는 꼭 알아야 했다. 이러한 결심이 나로 하여금 무의식적 과정에서 생겨난 주관적 내용에 대해 수년에 걸친 연구를 하게 했고, 또한 무의식의 표명에 대한 실제적 탐구를 가능하게도, 혹은 뒷받침하게도 하는 방식을 완성하도록 이끌었다. 나는 이제 여기서 내 책의 파편들을 결집시키기 위해 이전에 알았어야 했던 연관관계를 차츰 찾아내게 되었다. 37년이 지난 지금 이 임무를 내가 성공리에 수행했는지 모르겠다. 나는 많은 것을 정리하고 수많은 공백을 채워야 했다. 1912년의 문체를 고수하는 것은 불가능한 일이 되었는데, 다시 말해 내가 수십 년 후에야 발견한 많은 것을 받아들여야 했다. 어쨌든 나는 일련의 과감한 끼워넣기에도 불구하고, 이전 판본들의 연속성을 유지시키기 위해 가능한 한 본래의 구조는 그대로 두려고 노력했다. 눈에 띄게 변화가 있었지만, 그로 인해 어떤 다른 책이 되었다고 말할 수는 없다. 그 전체가 원래 정신분열증(조현병)의 전구前驅 단계 schizophrenes Prodromalstadium와 관련된 '실제' 분석에 대해 어느 정도 상세한 해설을 하고 있다는 이유만으로도 이미 그렇게 생각할 수 없다. 이 사례의 징후군은 상징적 유례類例들의 미로를 통해, 다시 말해 원형적 맥락의 의미를 확고히 하는 데 필요불가결한 확충擴充, Amplifikationen을 통해 아리아드네의 실Ariadnefaden〔미궁을 빠져나올 수 있는 단서, 또는 길잡이라는 뜻. 고대 그리스 신화에서 크레타섬 미노스 왕의 딸 아리아드네가 미로 속에서 괴물 미노타우로스에 잡아먹히게 된 그리스의 포로, 테세우스에게 실패를 주어 괴물을 죽인 뒤 실을 따라 돌아나올 수 있게 한 이야기에서 유래됨〕을 자아낸다. 그러한 유례는 다 만들어지는 즉시 하나의 커다란 공간을 요구하는데, 그 때문에 사례 보고식 묘사는 어려운 일이 된다. 그러나 그것은 문제의 성질 때문이다. 즉, 깊이 들어갈수록 토대는 넓어지는 것이다. 말하자면 깊이 들어갈수록 곧바로 길은 좁아지지 않으며 결코 어떠한 심리적 상처(정신적 외상Trauma)에서와 같은 하나의 첨두에서 끝나지 않는다. 그런 종류의 이론은 상처에 의해 촉발된 심혼에 대한 지식을 전제로 하는데, 어떤 사람도 그러한 지식을 지니고 있지 않다. 그것은 실제적인 무의식의 탐구를 통해서 비로소 힘겹게 얻어낼 수밖에 없다. 광범위한 비교 자료가 거기에 속하는데, 비교해부학 역시 그러한 자료 없이는 생겨날 수 없는 것과 같다. 주관적 의식 내용의 지식으로써는 정신과 그것의 진정한 지하계의 삶에 대해 아무것도 알지 못한다. 모든 학문에서 그렇듯이 심리학에서도 상당히 확대된 지식이 연구 작업에 필수적인 도구가 된다. 약간의 신경증 병리학과 신경증 이론으로는 거기에 전적으로 미흡하다. 그러한 의학적 지식은 단지 어떤 질병에 관한 지식일 뿐 병든 심혼에 대해서는 아무것도 알지 못하기 때문이다. 나는 이 책을 통해 그러한 열악한 상황을 바로잡고자 했다. 당시나 지금이나 내 힘이 닿는 한 말이다.

내게 많은 도움을 준 유익한 후원이 없었더라면 개작한 판본의 출간은 아예 불가능했을 것이다. 무엇보다도 재정적인 도움을 통해 그림 자료의 수집을 가능하게 해준 볼링엔 재단(뉴욕)에 특별한 감사를 드린다. 그림의 선정과 편집에는 야코비J. Jacobi 박사에게 빚을 졌다. 그녀는 용의주도함과 세심함으로 자신의 임무를 완수했다. 내 원고를 비판적으로 수정해준 케레니K. Kerényi 교수와 세르프R. Schärf 박사에게 감사를 드린다. 친절하게도 치바Ciba 잡지사 문헌보관소의 사진들을 양도해주신 데 대해 치바지誌 부사장 로이커K. Reucker 박사께 감사를 드리며, 아베크E. Abegg 교수의 친절한 정보와 안내에 감사를 드린다. 또한 그리스어와 라틴어로 된 원본을 번역해준 폰 프란츠M.-L.

v. Franz 박사에게 감사드리며, 새 색인을 꼼꼼하게 완성해준 후르비츠 L. Hurwitz 여사에게, 또 원문의 인쇄를 완성해 출간할 수 있도록 엄청난 작업을 해낸 내 비서 슈미트M.-J. Schmid 양에게 감사를 드린다. 끝으로 기꺼이 내 책의 출간을 허용해준 라셔Rascher 씨께 감사를 표하고 싶다.

이 책은 내가 서른여섯 살 되던 해인 1911년에 씌었다. 이 시기는 드물지 않게 메타노이아Metanoia, 즉 어떠한 의미 변화가 일어나는 인생 후반부의 시작에 해당하기 때문에 결정적인 시기다. 당시는 프로이트와의 작업 공동체의 상실, 그와의 친분관계의 상실이 확실해진 때다. 그 힘든 시기에 나의 사랑하는 아내가 내게 보여준 실질적이고 정신적인 후원을 이 자리에서 감사하는 마음으로 회상하지 않을 수 없다.

1950년 9월

C. G. 융

제3판의 서문

새 판은 근본적으로 변화 없이 출간된다. 다시 말해 진술 내용을 거의 건드리지 않은 상태에서 원문을 몇 군데 수정했다. 이 책은 인간 심혼의 문제를 의사의 진찰실에 있는 빈약한 장비나, 문외한들이 크게 뽐내는 '세계와 인간에 대한 지식'으로써는 해결할 수 없다는 것을 나의 동시대인들에게 분명히 해두려는 보람 없는 임무를 완수해야만 한다. 심리학은 정신과학의 공헌을, 무엇보다도 인간 정신의 역사가 기여한 바를 포기할 수 없다. 오늘날 우리가 무한한 양의 경험적 자료를 연관관계 속에 정리하고 무의식의 집단적 내용이 지닌 기능적 의미를 인식할 수 있게 만든 것은, 무엇보다도 이른바 역사이다. 정신Psyche이란 불변의 상태로 주어진 것이 아니라 그것의 전진하는 역사적 산물이다. 따라서 내분비물의 변화나 힘겨운 인간적 관계가 신경증적 갈등의 유일한 유발인자가 아니고, 그만큼이나 정신사적으로 제약된 여러 입장과 내용이다. 자연과학적이고 의학적인 사전 지식은 결코 심혼의 본질을 파악하는 데 충분치 않다. 병리적 과정에 대한 정신의학적 이해는 결코 그것을 정신의 전체 범위 속에 편입시키지 못한다. 단순한 합리화 역시 미흡한 도구에 지나지 않는다. 그와 달리 역사가 항상 우리에게 반복적으로 가르쳐주는 것은, 이성적인 기대에 어긋나게도, 모든 심혼의 변환 과정 속에 나타나는 이른바 비합리적인 요소들이 가장 지대한, 그야말로 결정적인 역할을 한다는 사실이다.

이러한 견해는 동시대적인 사건들에 의해 뒷받침되어 점차 인정을 받는 것 같다.

1937년 11월
C. G. 융

제2판의 서문

이번 두 번째 판에서 책의 원문이 달라진 것 없이 그대로인 것은 기술상의 이유에서다. 따라서 12년 전에 처음 출간된 책이 아무 변화 없이 그대로 재현된 것은, 내가 어떤 변화와 개선을 바람직한 것으로 여기지 않는다는 것을 의미하지 않는다. 그러한 개선은 세부 사항에 해당하는 것이지 어떤 본질적인 것에 해당하지 않는다는 말이다. 책에서 말한 견해와 확신을 나는 오늘날도 그 본질적인 면에서 고수하고 있다. 세부적인 면에서 나타나는 얼마간의 오류 내지는 부정확성과 불확실성에 대해 독자가 관용을 베풀어주었으면 한다.

이 책은 많은 오해를 불러일으켰다. 사람들은 내가 그 속에서 의료상의 치료 방식을 설명하고 있다고 생각하기조차 했다. 그러한 방식은 실질적으로 불가능할 것이다. 이것은 오히려, 내가 모르는 한 젊은 미국 여성 프랭크 밀러Frank Miller(가명)의 환상 자료에 대한 작업이다. 이 자료는 당시 나의 존경하는 자애로운 친구 고故 테오도르 플루르누아Théodore Flournoy가 『심리학 문고Archives de Psychologie』에 발표한 것이다. 내가 그 젊은 여성의 심성心性을 잘 알아맞혔다는 말을 직접 그에게 들은 것은 내게 큰 기쁨을 주었다. 1918년에 나는 더할 나위 없이 가치 있는 확증을 얻었는데, 그것도 미스 밀러의 유럽 체류 후 발병한 정신분열증적(조현병적) 장애 때문에 그녀를 치료한 한 미국 동료를 통해서였다. 그는, 나의 설명이 너무나 철저해서 자기가 환자와 개인적인 친분을 가지고 있는데도 그녀의 심성에 대해 그보다 '한 치도' 더 가르쳐 줄 수 없었다고 내게 편지를 보내왔다. 이러한 확증을 통해 나는, 반半의식적이고 무의식적인 환상적 사건에 대한 나의 재구성이 모든 본질적인 면에서 분명 정확했다는 결론을 내릴 수밖에 없다. 나는 빈번히 생겨나는 오해에 대해 독자의 주의를 환기시키는 일을 단념할 수 없다. 밀러의 환상이 지닌 특징 때문에 신화학적이고 이원학적인 비교 자료를 풍부하게 사용한 것이 어떤 독자들에게는, 이 책의 목적이 신화학적, 혹은 어원학적 가설을 제시하려는 것인 듯한 인상을 줄 수 있다. 그러나 그것은 나의 목적이 아니다. 그렇지 않다면 나는 하나의 신화, 아니면 전체적인 신화의 영역, 가령 미국 원주민의 신화-주기 같은 것을 분석하고자 했을 것이다. 그것을 위해서라면 분명 롱펠로 Henry W. Longfellow의 『히아와타의 노래Song of Hiawatha』를 선택하지 않았을 것이고, 또한 최근의 『에다Edda』 연작 같은 것을 다루기 위해 바그너Richard Wagner의 『지크프리트Siegfried』 등을 사용하지도 않았을 것이다. 이 책 속에 인용된 소재를 사용한 것은, 그것이 내가 다음 원문에서 설명하는 의미에서 밀러의 환상에 직접적, 혹은 간접적 전제조건이 되기 때문이다. 이 작업에서 심리학적인 의미가 비교적 분명히 밝혀지는 온갖 종류의 신화소Mythologeme가 조명된다면, 반가운 부수적 산물로서 그러한 식견을 설명한 것이며 그로써 어떤 보편적인 신화론을 주장하려는 의도는 없었다. 이 책의 실제적인 의도는, 무의식적인 개인적 환상의 산물로 집약되는 모든 정신사적 요소에 대해 가능한 한 철저하게 마무리 작업을 하는 데에 한정되어 있다. 창조적 환상은 명백한 개인적인 근원 외에도, 모든 시대와 민족의 신화들 속에 나타나는 독특한 상像들Bilder을 가진, 오랫동안 묻혀 있던 원시적 정신Geist도 마음대로 인용한다. 이 상들의 총체가 유전에 의해 모든 개인에게 잠재적으로 주어져 있는 **집단적 무의식**kollektive Unbewußte을 형성한다. 그것은 인간 두뇌 분화의 심리적 상관개념이다. 신화학적 상들이 저절로 서로 일치된 가운데 광활한 지구 곳곳에서뿐 아니라 모든 시대에 걸쳐 항상 다시 새롭게 생겨날 수 있는 이유는 이러한 사실에 있다. 그러므로 우리가 시대적으로나 어원학적으로 동떨어진 신화소들도 하나의 개인적인 환상 체계와 곧바로 연관시킬 수 있음은 극히 자명하다. 창조적인 토대란 말하자면 어디서나 동일한 인간 심리이며 또한 상대적으로 거의 변화가 없이 어디서나 같은 방식으로 작용하는 동일한 인간 두뇌다.

1924년 11월 취리히 퀴스나흐트
C. G. 융

차례

융 기본 저작집 제7권의 발간에 부쳐
005

머리말
008

◆

제1부

서론
023

사고의 두 가지 양식에 관하여
027

과거사
060

창조주의 찬가
067

나방의 노래
116

제2부

서론
171

리비도의 개념에 대하여
186

리비도의 변환
199

부록_ 프랭크 밀러의 원문
241

주석
256

◆

참고 문헌
292

그림 출처
307

C. G. 융 연보
310

찾아보기(인명)
323

찾아보기(주제어)
325

융 기본 저작집 총 목차
343

번역위원 소개
347

제1부

사실들에 가치와 의미를 부여하는 것은 바로 이론이기 때문에,
경우에 따라 틀린 것이라 할지라도 이론은 매우 유용할 때가 많다.
그것은 어느 누구도 주목하지 않았던 현상에 빛을 던지고,
지금까지 어느 누구도 관심 갖지 않았던 실재 사실들을 다양한 시각으로
연구하게 만들며 더욱 철저하고 결실 있는 탐구를 하도록 자극하기… 때문이다.
따라서 학문이 계속 발전하도록… 실수를 저지르고
자신을 비판에 내맡길 수 있는 용기는 학자의 도덕적인 의무다.
한 작가는 저자[페레로]가 극히 편협하고
빈약한 학문적 이상을 지닌… 것을 알자 그를 격렬하게 공격했다.
그러나 그들이 기술한 모든 것을 절대적이고
영원한 진리의 표현이라고 생각지 않을 만큼
충분히 진지하고 냉정한 의식을 지닌 사람들은,
학문의 관심을 지식인의 천박한 허영심과 옹졸한 자기애를
훨씬 넘어서는 곳에 두는 이러한 견해에 동조할 것이다.

기욤 페레로Guillaume Ferrero
『상징주의의 심리학적 법칙*Les Lois psychologiques du symbolisme*』
서문, p.VIII

서론

 프로이트의 『꿈의 해석Traumdeutung』을 그 방식의 새로움과 언뜻 부당해 보이는 대담성에 대해 격분하거나 꿈의 해석의 엄청난 외설스러움에 대해 윤리적으로 분개하지 않고 읽는 가운데 편견 없이 차분하게 그 특수한 소재에 감명을 받을 수 있었다면, 프로이트[1]가 개인적 갈등, 즉 근친상간의 환상은 고대 그리스의 막강한 드라마 소재인 오이디푸스 전설의 본질적 뿌리라는 사실을 상기시키는 부분에서 깊은 인상을 받지 않을 수 없을 것이다. 그 단순한 언급이 주는 인상은, 우리가 가령 현대 도회지 거리의 소란과 혼잡 속에서, 벽 안에 끼워넣어진 원주의 코린트식 주두柱頭나 비문의 파편 같은 고대 그리스의 유물과 맞닥뜨릴 때 우리를 엄습하는 아주 특별한 감정과 비교할 수 있다. 우리가 현재의 번잡하고 덧없는 분망함에 완전히 빠져 있다면, 바로 그때 우리에게는 다른 질서를 지닌 사물에 시선을 돌리게 하는 매우 아득하고 낯선 어떤 것이 나타난다. 그것은 현재의 조망하기 힘든 다양함으로부터 눈을 돌려 역사 속의 어떤 고차원적 연관관계를 바라보게 한다. 지금 우리가 분주하게 이리저리 뛰어다니는 이 자리에서 이미 2천 년 전에도 어떤 다른 형태로 비슷한 삶과 분망함이 지배했고, 비슷한 열정이 사람들을 감동시켰으며, 그들 또한 자신들의 현존이 유일무이함을 확신하고 있었다는 것을 우리는 불현듯 생각하게 된다. 고대 그리스의 기념비를 처음 알게 되었을 때 가볍게 남겨진 이러한 인상을 나는 오이디푸스 전설에 대한 프로이트의 언급이 주는 인상과 비교할 수밖에 없다. 오이디푸스 비극의 저 단순한 위대함, 이 그리스 연극의 결코 꺼지지 않는 빛에 대해 갑자기 시야가 열리게 되었을 때에도 우리는 여전히 개인적 심혼의 무한한 변화 가능성이 주는 혼란스러운 인상에 골몰해 있었다. 시야의 확장은 그 자체로 어떤 계시와도 같다. 심리학적으로 볼 때 고대 그리스는, 우리에게는 오래전에 과거의 그림자 속으로 가라앉았다. 사람들이 무례하게도 페넬로페Penelope의 중년의 나이와 이오카스테Jokaste의 지긋한 연령을 산출해 그 계산의 결과를 전설과 드라마의 비극적이고 성애적인 격정과 우스꽝스럽게 비교할 때마다 우리는 학교 의자에 앉아 회의적인 웃음을 억누를 수 없었다. '어머니'가 아들의 삶 전체를 파괴하고 비극적이리만큼 혼란시키는, 소모적이고도 무의식적인 열정의 대상이 될 수 있다는 것을 당시 우리는 알지 못했다(오늘날까지도 도대체 누가 그것을 알겠는가). 오이디푸스 운명의 위대함이 조금도 과장되어 보이지 않을 정도로 말이다. 니농 드 랑클로Ninon de Lenclos와 그녀의 아들[2]처럼 병리학적 현상으로 감지되는 희귀한 사례는 대개 우리와 너무 동떨어져 있어 생생한 인상을 전달해주기 힘들다. 그러나 프로이트가 제시한 길을 따라가보면, 실제적인 근친상간을 강행하기에는 미약하지만 엄청난 정도의 심적 장애를 불러일으키기에 충분한 가능성이 존재함을 생생히 인식하게 된다. 누군가 자신의 내면에서 그러한 가능성을 인정할 때 처음에는 도덕적 감정으로 인한 분노가 생기지 않을 수 없고 저항이 일어나지 않을 수 없는데, 그것은 너무 쉽사리 지성을 현혹시키고 자기 인식을 불가능하게 만든다. 그러나 객관적 인식과 감정적인 가치평가를 구분할 수 있을 때, 우리의 시대를 고대 그리스 시대와 분리시키는 저 심연이 이어진다. 그리고 우리는 오이디푸스가 정말로 아직 살아 있는 것을 놀라움 속에서 보게 된다. 그러한 인상의 중요성은 과소평가할 수 없는 것이다. 그러한 통찰은 우리에게 시공時空을 초월해 존재하는, 인간의 근원적 갈등의 동일성을 가르쳐주기 때문이다. 그리스인을 전율적으로 사로잡았던 것은 아직도 진실로 남아 있다. 그러나 후세의 사람으로 우리가 갖는 공허한 착각, 말하자면 우리는 다르다는, 예컨대 고대인들보다 더 도덕적이라는 착각을 포기할 때만이 그것은 우리에게 진실한 것이다. 우리는 다만, 결코 변하지 않을 유대가 우리를 고대 그리스의 인간과 묶어놓고 있다는 사실을 성공적으로 망각하였을 뿐이다. 이로써 고대 그리스의 정신을 이해할 수 있는 길이 열린다. 그것은 한편으로 내면적인 공감의 길이며 다른 한편으로는 어떤 지적 이해의 길로서 이전에는 존재하지 않았던 것이다. 묻혀 있던 우리 자신의 심혼의 하부구조를 통한 우회로를 거쳐 우리는 고대 그리스 문화의 생생한 의미를 획득할 수 있다. 또한 바로 이를 통해 자기 고유의 영역 바깥에 있는 어떤 확고한 지점을 얻어 거기에서부터 비로소 그 문화의 흐름에 대해 객관적으로 이해하게 될 것이다. 최소한 그것은 우리가 오이디푸스 문제의 불멸성을 재발견하는 가운데서 길어올리는 희망이다.

    이러한 문제 제기는 이미 충분한 열매를 거두었다. 인간 정신사의 영역에 대한 다소간 성공적인 우리의 도전은 그러한 자극에 힘입은 것이다. 그것은 리클린Franz Riklin[3]과 아브라함Karl Abraham[4], 랑크Otto Rank[5], 메더Alphonse Mäder[6], 존스Ernest Jones[7]의 저작들이며, 그 외에 질버러Herbert Silberer의 '환상과 신화'[8]에 대한 뛰어난 연구가 있다. 기독교 종교 심리학에 대한 또 하나의 연구를 여기서 잊을 수 없는데, 우리는 그것을 피스터Oskar Pfister[9]에게 빚지고 있다. 이 저작들의 주요 동기는 현대의 무의식적인 심혼의 활동으로부터 얻은 인식을 주어진 역사적 소재에 적용함으로써 역사적인 문제를 해명하는 것이다. 나는 이미 도달한 통찰의 범위와 방식에 대해 독자가 배울 수 있도록 위의 저작들을 언급할 수밖에 없다. 세부적인 점에서는 많은 부분 해석이 분명치 않지만 그것이 전체적 결과를 기본적으로 해치지는 않는다. 역사적 유물의 심리학적인 구성과 현대의 개인적 산물의 구조 사이의 광범위한 유사성까지 증명할 수만 있다면 정말로 충분할 것이다. 유사성은 리클린과 랑크, 메더, 그리고 아브라함이 보여주었듯이, 특히 상징성 속에서 주로 나타나며, 또한 무의식적으로 주제를 가공하는 개개의 메커니즘 속에서 나타난다.

   심리학자는 지금껏 주로 개인심리학적인 문제의 분석에 관심을 기울여왔다. 그러나 지금의 상황에서는, 이미 프로이트가 그의 글 『레오나르도 다 빈치』에서 시도한 바와 같이,[10] 개인적 문제의 분석을 역사적인 자료를 끌어들임으로써 확장시키는 것은 어쨌든 물리칠 수 없는 요구인 것 같다. 심리학적인 인식이 역사적 형상들의 이해를 도와주는 것과 똑같이, 역사적인 자료는 거꾸로 개인심리학적인 연관관계에 대해 새로운 빛을 확산시킬 수 있기 때문이다. 바로 그러한, 혹은 그와 유사한 성찰이 좀 더 역사적인 것으로 나의 관심을 이끌었다. 거기에서부터 심리학의 토대에 대한 새로운 통찰을 얻을 수 있으리라는 희망을 갖게 한 것이다.

사고의 두 가지 양식에 관하여

꿈의 상들은 상징적으로 이해할 수 있다는 것, 그것을 문자 그대로 받아들여서는 안 되고 그 안에서 어떤 숨겨진 의미를 추측해내야 한다는 것은 분석심리학의 기본 원칙 중 하나로 잘 알려진 사실이다. 그런데 꿈의 상징성에 대한 이 고대적인 사고는 비판의 대상이 되었을 뿐 아니라 곧바로 반박을 불러일으켰다. 그러나 꿈이 뭔가 의미심장하고 따라서 해석이 가능하다는 사실은 이제 평범한 인간 오성에게 그리 대단한 일이 아닌 듯하다. 그것은 바로 수천 년 전부터 잘 알려져서 진부한 것처럼 들리는 하나의 진실을 말하고 있을 뿐이다. 우리는 학생 시절에 이집트와 칼데아의 해몽가들에 대해 들은 기억이 있다. 파라오 왕의 꿈을 해석한 요셉[「창세기」, 40장]에 대해, 다니엘과 네부카드네자르(느부갓네살) 왕의 꿈[「다니엘」, 4장]에 대해 알고 있으며 또한 아르테미도로스Artemidoros[고대 그리스 학자. 2세기 말 무렵 여러 가지 점술에 관한 저서 외에 지금도 전해 내려오는 『해몽서解夢書』를 지었다]의 해몽서에 대해서도 알고 있다. 모든 시대와 민족의 문헌들은 신이 보낸 중요한 예언적 꿈, 재난을 예고하거나 치유력이 있는 꿈에 대해 알려주고 있다. 만약 어떤 견해가 그처럼 오래되고 일반 사람들이 믿고 있다면, 그것은 어쨌든 진실할 수밖에, 말하자면 **심리학적으로 진실할 수밖에 없다**.

현대적 사고로는 우리의 외부에 존재하는 어떤 신이 꿈을 만든다거나 꿈이 예언자처럼 미래의 일을 미리 말해준다고 생각하기는 힘들다. 그러나 그것을 심리학적인 것으로 옮겨본다면, 고대 그리스적인 견해를 훨씬 더 이해할 수 있다. 말하자면, 꿈은 우리가 알지 못하는 심혼의 어떤 부분에서 생겨나 다음날을 준비하고 다음날의 사건을 준비한다는 것이다.

예로부터 믿어온 바에 의하면, 신이나 악마는 잠든 사람에게 상징적인 언어로 말하며 꿈 해석자는 수수께끼의 언어를 번역해야 한다. 현대적으로 표현하자면, 꿈은 언뜻 보기에 모순에 가득 차고 무의미한 일련의 상이지만, 그것이 번역될 경우 하나의 명료한 의미를 드러내는 사고 자료를 내포하고 있다는 것이다.

내 독자 대부분이 꿈의 분석에 대해 거의 알지 못한다고 전제를 해야 한다면, 다양한 예를 들어 이 말을 입증해야 할 것이다(『기본 저작집』 1권과 5권을 참조). 그러나 오늘날 이런 일은 이미 잘 알려져 있기 때문에, 독자가 지루하지 않도록 배려해 꿈 사례 보고는 생략해야겠다. 특히 곤란한 점은, 꿈의 개인적인 토대를 묘사하는 생활사의 반을 덧붙이지 않고는 꿈을 이야기할 수 없다는 사실이다. 물론 성적 상징성의 관점에서 본다면 얼핏 단순한 의미를 지닌 듯한 어떤 전형적인 꿈과 꿈의 주제들이 있다. 그렇게 표현된 내용이 반드시 성적 산물이라는 결론을 결부시키지 않고도 우리는 이러한 관찰 방식을 적용할 수 있다. 알려져 있다시피 언어는 수많은 에로스적erotisch(성애性愛적) 은유를 지니고 있고 그것은 성욕Sexualität과 아무 관계가 없는 내용에도 적용할 수 있다. 거꾸로, 성애적(에로스적) 상징성은 결코 그것을 적용하는 관심사가 성애적 성질의 것임을 뜻하지 않는다. 가장 중요한 본능인 성욕은 알려져 있다시피 가장 집요하게 언어에 영향을 끼치는 숱한 정감Affekte의 근본이고 원인이 된다. 그러나 정감이 어떠한 갈등 상황에서도 생겨날 수 있는 한 그것이 성욕과 동일시될 수는 없다. 예컨대 자기 보존의 본능 역시 수많은 정동의 한 원천이다.

  물론 수많은 꿈의 상들은 성적인 측면을 지니거나 성애적인 갈등을 표현한다. 그러한 것은 폭력 행위의 모티프에서 특히 뚜렷해진다. 따라서 침입자, 강도, 살인자, 그리고 강간 살인범의 모티프는 여성들의 성애적인 꿈에 빈번하게 등장한다. 이 주제는 수없이 변형되어 나타난다. 살인 무기는 창, 검, 단도, 권총, 소총, 대포, 소화전消火栓, 물뿌리개이며, 폭력 행위는 침입, 추적, 도둑질이고, 혹은 누군가가 옷장 속이나 침대 밑에 숨어 있는 것으로 나타난다. 혹은 야생 동물을 통해 위험이 구체화되기도 하는데, 가령 꿈꾸는 여자를 바닥으로 내팽개치고 뒷다리로 그녀의 몸을 차는 말 또는 사자, 호랑이, 긴 코를 가진 코끼리, 그리고 끊임없이 변하는 뱀을 통해서다. 뱀이 입 속으로 기어들 때도 있고, 클레오파트라의 전설적인 뱀처럼 가슴을 물 때도 있다. 때로는 뱀이 낙원의 뱀 역할을 하거나 프란츠 폰 슈투크Franz von Stuck에 의해 변형된 모습으로 나타나기도 한다. 슈투크가 그린 뱀 그림은 가장 중요한 이름인 '악덕', '죄악', '감각'으로 귀결된다(그림 24). 그림의 분위기는 욕정과 공포가 뒤섞여 있는 상태를 뛰어나게 표현하고 있는데, 물론 뫼리케Eduard Mörike(19세기 독일의 시인이며 소설가)의 자극적인 시보다 훨씬 더 잔인하다.

  어느 소녀의 첫사랑 노래

  그물 속엔 무엇이 있을까? 좀 들여다보렴!

그러나 난 두려워;
내가 맛있는 뱀장어를 잡는 걸까?
뱀을 잡는 걸까?

사랑은 눈먼
고기 잡는 여자;
아이에게 말해줘.
어디로 잡으러 가는지?

벌써 그것이 내 손에서 튀어 오르는구나!
아, 이 괴로움! 오, 짜릿함이여!
몸을 기대고 뒤틀면서
그것은 내 가슴으로 미끄러져 온다.

서로 물어뜯는다, 오 놀라움,
대담하게 내 피부를 뚫고,
심장을 내리 찌르는구나!
오 사랑이여, 난 두려워!

무엇을 하는가, 무엇을 시작하는가?
그 소름끼치는 것이
저 속에서 철썩대며
링 속에 놓여 있네.

내겐 분명 독이 있어!

그것이 이곳을 돌아다니는구나,
환희에 넘쳐 무덤을 파고
날 계속 죽이는구나.[1]

  이 모든 것이 단순해 보이기에 이해를 위한 어떠한 설명도 필요 없을 것이다. 한 젊은 여성의 다음 꿈은 좀 더 복잡하다: 그녀는 콘스탄티누스 대제의 개선문을 바라본다. 그 앞에는 대포 한 대가 있고 오른편에는 새 한 마리가 있으며 왼편에는 한 남자가 서 있다. 포신砲身에서 한 발이 발사된다. 탄환이 그녀를 맞히며 주머니 속으로, 손지갑 속으로 들어간다. 그것은 거기에 가만히 놓여 있다. 그녀는 마치 아주 소중한 어떤 것이 그 안에 들어 있기라도 하듯이 손지갑을 붙들고 있다. 이때 상像이 사라진다. 그녀는 여전히 대포의 포신을 바라보고만 있다. 그 위로 콘스탄티누스 대제의 좌우명이 걸려 있다: "이 표징 속에서 너는 승리할 것이다In hoc signo vinces." 이 꿈의 성적 상징성은 명백해서, 순진한 사람이라면 불쾌해하고 경악하는 것이 당연하다. 그런데 그런 식의 인식이 꿈꾼 사람에게 정말로 새로운 것이고, 그런 의미에서 의식적 정위성定位性,Orientierung의 빈틈을 보상Kompensation하는 것이라면, 꿈은 실질적으로 해석된 것이다. 그러나 이러한 해석이 꿈꾼 사람 자신에게 친숙한 것이라면, 그것은 더는 목적이 불분명한 반복을 의미하지 않는다. 말하자면 그와 같은, 혹은 그와 유사한 꿈이나 꿈 주제는 연속적으로 반복될 수 있는데, 이런 식으로 관찰할 경우 이미 지겹도록 다 알고 있는 것 외에는 어떤 다른 것을 그 속에서 인식할 수 없는 경우가 있다. 따라서 이러한 관찰 방식은 프로이트 자신이 한탄한 해석의 '단조로움'으로 쉽사리 귀결된다. 그러한 경우 성적 상징성은 꿈의 언어와는 다른 화법처럼 사용되고 있지 않나 하는 의구심을 당연히 갖게 된다. "개는 빵 꿈을 꾸고 어부는 낚시 꿈을 꾼다." 꿈의 언어도 은어로 전락한다. 물론 하나 예외는 한 가지 주제나 꿈 전체가 반복되는 경우인데, 그 이유는 한 번도 그것이 제대로 이해되지 않았기 때문이고 그런데도 그것을 통해 표현된 보상이 인식될 경우 의식의 방향 설정에 중요할 것이기 때문이다. 위의 경우에서는 물론 일상적인 무지나 억압 Verdrängung이 문제된다. 따라서 상징성이 지닌 더 포괄적이고 섬세한 의미를 꿰뚫어보지 못하고 사실상 성적인 의미로 해석을 끝낼 수도 있을 것이다. 결론은 하나의 더 심오한 의미를 암시한다. "이 표징 속에서 너는 승리할 것이다." 그런데 꿈꾼 여자가 어떤 성애적인 갈등의 존재를 인정할 수 있을 정도로 의식화된 경우에만 이 단계에 도달할 수 있다.

   꿈의 상징적 성질에 대해서는 이 몇 안 되는 암시만으로 충분할 것이다. 이러한 사실에 경탄할 만큼 진지해지기 위해서는 여기서 꿈의 상징성을 완전한 사실로서 감안해야만 한다. 의식된 정신 활동과는 분명 완전히 다른 법칙과 다른 목적에 따르는 어떠한 정신적 형성물形成物이 의식적인 심적 활동까지 뻗친다는 것은 놀라운 일이기 때문이다.

   꿈이 상징적이라는 사실은 어디에서 나온 것인가? 다시 말해, 상징적으로 묘사하는 능력은 어디에서 나온 것인가? 우리의 의식적인 사고 속에서는 얼핏 보아 아무런 흔적도 발견할 수 없는데도 말이다. 좀 더 자세히 살펴보자. 우리는 일련의 연관성 있는 하나하나의 관념을 추적하기 위해 하나의 출발 관념, 혹은 그것을 어떻게 부르든지 간에, 하나의 상위관념을 취한다. 그런데 우리는 매번 그 관념을 생각하는 것이 아니라 단지 어떠한 방향감정에 이끌리고 있다. 그 속에서는 어떠한 상징적인 것도 발견할 수 없다. 그런데 우리의 전반적인 의식적 사고는 이러한 유형에 따라 흐른다.[2] 우리의 사고를 아주 자세히 관찰하면서, 예컨대 어떠한 난해한 문제의 해결 같은 하나의 집중적인 생각의 흐름을 추적한다면, 우리가 단어를 통해 생각한다는 것을 갑자기 깨닫게 된다. 즉, 완전히 집중적인 사고를 할 때 우리는 우리 자신에게 말하기 시작하며, 때로는 아주 정확함을 기하기 위해 문제를 기록하거나 표시하기도 한다는 것을 알게 된다. 오랜 시간 외국어의 영역에서 살아온 사람은 어느 정도 시간이 지난 후 자신이 그 나라의 언어로 생각하기 시작한다는 사실에 주목하게 될 것이다. 말하자면 매우 강렬한 사고의 흐름은 어느 정도이든 간에 언어의 형태 속에서 이루어지는데, 마치 사람들이 그 사고를 말하고 가르치거나 혹은 누군가가 그것을 납득시키려는 것과 같다. 그러한 사고진행은 분명 완전히 밖으로 향하는 것이다. 그런 만큼 특별한 목표를 향한 사고나 논리적인 사고는 바로 우리가 보기에 일종의 현실 사고[3], 다시 말해 현실에 적응하는 사고다.[4] 달리 말하자면, 그 현실에서 우리는 객관적·실제적인 것들의 순서를 모방한다.[5] 그래서 우리의 머릿속에 있는 상들이 머리 밖에서 일어나는 사건과 똑같이 엄격하게 인과적인 순서로 이어지도록 하는 것이다. 우리는 이러한 사고 역시 목표지향적인 관심을 지닌 사고라고 부른다. 그 외에도, 사람들이 그로 인해 피곤해지며 따라서 이따금씩만 작동된다는 것이 그러한 사고의 특성이다. 그처럼 값지고 긴요한 우리의 모든 생명 활동은 바로 환경에의 적응이다. 그 일부가 목표지향적인 사고인데, 생물학적으로 표현하자면 하나의 정신적 동화과정이나 다름없다. 그것은 모든 생명 활동이 그렇듯이, 그만큼의 피로를 남기는 법이다.

  우리가 사고하는 데 사용하는 소재는 언어와 언어적 개념이다. 그것은 예로부터 바깥 측면이자 다리가 되어온 것으로 단 하나의 용도, 즉 의사 전달이라는 용도를 가지고 있다. 목표지향적 사고를 하는 한 우리는 다른 사람들을 위해 사고하고 다른 사람들에게 말한다.[6] 언어는 원래 감정의 소리와 모방의 소리로 된 하나의 체계다. 경악과 공포, 분노, 사랑 등을 표현하는 소리, 자연의 소음을 모방하는 소리, 촬촬거리고 고로롱거리는 물소리, 요동치는 천둥 소리, 윙윙거리는 바람 소리, 또한 동물 세계의 소리 등이 있으며, 궁극적으로는 지각知覺의 소리와 감정적인 반응의 결합을 묘사하는 소리가 있다.[7] 어느 정도 현대적인 언어에도 아직 의성어의 잔재가 대량으로 남아 있다. 그 예로 물의 움직임에 대한 소리를 들면, 라우쉔rauschen(촬촬 흐르다), 리젤른rieseln(졸졸 흐르다), 루쉔ruschen, 린넨rinnen(천천히 흘러나오다), 렌넨rennen(달리다), 투 러쉬to rush(돌진하다), 루첼로ruscello(시내), 뤼소ruisseau(개울), 리버river(강), 라인-밧서Rhein-Wasser(라인 강물), 비센wissen, 비세른 wissern, 피센pissen(오줌 누다), 피스치스piscis(물고기), 피쉬Fisch(물고기)가 있다.

따라서 원래 언어란 본질상 실제로 일어난 사건이나 그것이 인간의 심혼 속에 울리는 반향을 지칭하는 기호, 혹은 '상징들'의 체계와 다름없다.[8] 우리는 아나톨 프랑스Anatole France[9]의 다음과 같은 말에 단연 동의할 수밖에 없다.

> "사고란 무엇인가? 또한 사람들은 어떤 방식으로 생각하는가? 우리는 단어들 속에서 생각한다. 오직 그것만이 의미를 지니며 우리를 자연으로 되돌려준다. 형이상학자가 세계의 체계를 만들어 내기 위해 지닌 것은 오로지 완벽한 상태로 만든 원숭이와 개의 외침뿐이라는 것을 잘 생각해보라. 심오한 규명 내지 초월적인 방식이라고 그가 부르는 것은, 원시림 속에서 굶주림과 두려움, 사랑이 내질렀던 소리들을 하나하나 임의대로 배열해 늘어놓는

것이다. 그 소리들에 의해 차츰 의미내용이 결합되었는데, 다만 연결이 느슨해져 있는 경우에만 우리는 그 의미내용을 추상적인 것으로 여기는 것이다. 그런데 하나의 철학적 작업을 이루는 이 완화되고 약한 작은 외침들의 결과가 우리에게 우주에 대한 너무 많은 지식을 전달해주어 우리가 그 안에서 더는 살 수 없는 지경에 이를까봐 두려워하지 말라."

그러므로 우리의 목표지향적 사고란, 누군가가 신선한 물을 발견했다고, 곰을 쓰러뜨리고 있다고, 폭풍우가 다가온다고, 혹은 늑대가 침상 주변을 어슬렁거린다고 동료들에게 외치는 일의 전 단계에 지나지 않는다. 우리가 세상과 가장 동떨어진 고독한 사색가일 경우에 말이다. 우리의 복잡한 사고 행위가 지닌 인간적인 편협함을 불길한 예감으로 표현하고 있는 아벨라르Pierre Abélard의 뛰어난 역설은 이렇다. "언어는 사고에 의해 만들어지고 또한 사고를 만든다."[10] 따라서 그처럼 추상적인 철학 체계는 근원적인 자연의 소리를 최대한 인위적으로 결합시켜 수단과 목적에 따라 표현한 것에 지나지 않는다.[11] 그러므로 쇼펜하우어나 니체 같은 철학자들은 인정받고 이해받기를 갈망했고, 고독으로 인한 절망과 괴로움을 느꼈던 것이다. 그런데 아마도 천재적인 인간은 그 자신의 사상의 위대함에 만족해 그가 경시하는 대중의 값싼 박수 같은 건 포기할 수 있으리라고 생각할지도 모른다. 그러나 그는 군서본능의 강력한 충동에 사로잡혀 있다. 그래서 그의 추구와 발견, 그의 외침은 피할 수 없이 군중을 향해 있으며 그들이 들어야 하는 것이다. 나는 방금 목표지향적 사고란 원래 단어 속에서 이루어지는 사고라고 했고 그에 대한 명백한 증거로서 아나톨 프랑스의 뛰어난 말을 인용했는데, 그 때문에 목표지향적 사고란 정말 언제나 '단어'에 지나지 않는다는 오해가 생기기 쉽다. 그것은 물론 지나친 생각이다. 언어Sprache는 말하기Rede보다 훨씬 더 넓은 범위에서 이해할 수 있는 것이다. 말하기 그 자체는 전달 능력을 지닌 생각을 표현한 결과에 지나지 않는다. 그렇지 않다면 농아聾啞는 그야말로 사고 능력에서 극도로 뒤질 수밖에 없다는 말인데, 실제로는 그렇지 않다. 그는 말하기를 알지 못하면서도 자신의 '언어'를 갖고 있다. 역사적으로 볼 때 이러한 관념적인 언어, 달리 말해 목표지향적 사고란 바로 근원적 단어Urworte에서 나온 것이다. 예컨대 분트Wilhelm Wundt[12]는 다음과 같이 설명한다.

> "소리 변화와 의미 변화의 그러한 공동 작용이 가져온 또 다른 중요한 결과는, 무수한 단어가 점차 그 원래의 구체적이고 감각적인 의미를 완전히 상실하고, 관계와 비교의 통각적 기능에 대한 일반적 개념과 그 산물을 표현하기 위한 기호로 바뀌고 있다는 것이다. 이런 방식으로 추상적 사고가 발전된다. 추상적 사고는 철저한 의미의 근본적인 변화 없이는 불가능할 것이기 때문에 그 자체로 일단 심리적이고 정신물리학적인 상호작용의 결과다. 그러한 상호작용에 의해 언어의 발전이 이루어진다."

요들Friedrich Jodl[13]은 언어와 사고의 동일성을 배격하는데, 예컨대 똑같은 심리적 사정이 다양한 언어 속에서 다양한 방식으로 표현될 수 있다는 이유에서다. 그러한 견해에서 그는 어떠한 '초언어적' 사고가 존재한다는 결론을 이끌어낸다. 그런데 에르트만Carl Erdmann이 '선先논리적hypologisch'〔언어 능력이 아직 없는 소아나 고등동물들의 언어 이전의 사고. 발어發語 감소증Hypologia이라는 뜻도 있다〕이라 부르든, 요들이 '초언어적'이라 부르든 간에 분명 그러한 것은 존재한다. 그것은 단지 논리적 사고가 아닐 뿐이다. 나의 견해는 볼드윈James Mark Baldwin의 주목할 만한 설명과 서로 만난다. 그것을 가이세W. F. G. Geisse의 번역 그대로 여기에 인용하고자 한다.[14]

"판단하기 전 단계의 이념체계에서 판단의 이념체계로 이행하는 것은 정확히, 사회적으로 확증된 지식에서 그러한 확증 없이도 가능한 지식으로 이행하는 것이다. 판단에 사용된 개념들은 사회적 교류에 의한 확증을 통해 그 전제들과 논리적 관계 속에서 이미 형성된 것이다. 개인적 판단은 이런 방식으로 그 내용을 다시금 이 세계 속으로 투사한다. 개인적 판단이란 사회적인 재현의 방식에 의해 훈련되고 그가 속한 사회적 세계의 상호작용을 통해 확정된 것이다. 달리 말하자면, 개인의 판단을 주장하게 하는 모든 움직임의 토대는, 즉 새로운 체험을 유용하게 만드는 수준은 어느 시대에서건 이미 사회화되어 있다. 그리고 우리가 실제적 결과 속에서 '적절성'이라는 감정으로서, 혹은 표현되는 내용의 공동어적인 특성으로서 다시금 인식하는 것은 바로 이러한 움직임이다."

"우리가 … 보게 되겠지만, 사고의 발전은 본질적으로 시도와 오류, 실험 방식에 따라 이루어진다. 이때 내용은 마치 지금껏 인정받았던 것보다 실제로 더 높은 가치를 지니기라도 하듯이 이용된다. 개개인은 새롭고 독창적인 생각을 구축하기 위해 그의 옛 사상, 확고한 지식, 시종일관된 판단을 끌어오도록 강요받는다. 그는 자신의 사상을 조건적이고 선언적으로 거론하는데, 우리는 그것을 '도식성'이라고 하며 논리학에서는 문제성이라고 말한다. 그는 아직 그 자신의 고유한, 개인적인 견해인데도 마치 그것이 진리인 듯이 세계 속으로 보낸다. 발견의 모든 방식은 그런 식의 수법을 사용한다. 발견 방식은 그러나 그로써, 언어적 관점에서는, 아직 여전히 구어를 사용한다. 따라서 합의된 사회적 어법이 이미 장악한 이념을 아직도 계속 사용하고 있는 것이다."
"이러한 실험을 통해 사고와 언어가 동시에 촉진된다."
"따라서 언어는 그것의 동의어同義語적인, 혹은 이의어二義語적인 암시를 결코 상실하지 않은 상태로, 사고가 성장하는 것과 똑같이 성장한다. 그 의미는 개인적이면서 또한 사회적이다."
"언어는 전승된 지식의 목록이고 국가적 정복의 기록이며 천재적 개인이 목표로 하는 모든 획득물의 보고寶庫다. 이런 식으로 형성된 사회적 '전범'의 체계는 … 종족Rasse의 판단 과정을 반영한다. 그런 입장에서 볼 때 그것은 새로운 세대의 판단을 양성하는 학교가 된다."
"자아 교육의 대부분은 전적으로 언어의 사용에 의해 이루어진다. 자아 교육은 개인적인 반응이나 사실, 관념들에 대한 불확실성을 다시 건전한 판단의 확고한 토대로 이끌어가기 때문이다. 아이가 말할 때 아이는 공통된 일반적 의미를 확고히 하기 위한 암시를 세상에 내보인다. 그러한 암시를 받는 입장에서는 아이의 제안을 확증해주거나 반박한다. 어떤 경우든지 그 과정의 결과로 가르침이 이루어진다. 어린아이의 바로 다음번 모험은, 이미 새로운 지식 하나하나가 오히려 효율적 소통을 위한 공동의 주화로 치환할 수 있는 앎의 단계에서 생겨난다. 여기서 주목할 만한 것은 교환의 정확한 기제보다는, 즉 이러한 이득을 보장해주는 사회적 치환置換보다는, 판단하는 데 끊임없이 사용됨으로써 주어지는 교육이다. 모든 개개의 경우에서 효율적인 판단이란 바로 공동의 판단이기도 하다.…"

"… 여기서 우리가 보여주고자 하는 것은, 이러한 판단이 하나의 기능의 발전, 즉 언어 기능의 발전을 통해 이루어진다는 사실이다. 그러한 기능은 바로 사회적 능력을 양성시키는 사회적 실험을 직접적인 목표로 하는 가운데 생성된다. 따라서 우리는… 언어 속에 심리적 의미의 발전과 유지를 위한 구체적이고 사실적이며 역사적인 도구를 지니고 있는 것이다. 언어는 적절한 증서가 되어서 사회적 판단과 개인적 판단이 일치한다는 것을 증명해준다. '적합하다'는 판단이 내려짐으로써 언어 속에서 공동어적인 의미는 사회적으로 보편화되고 인정된 '사회적' 의미로 된다."

볼드윈의 이와 같은 설명은 언어에 의해 야기된 사고[15]의 한계를 충분히 강조한다. 그러한 한계는 주관적(심리 내적intrapsychisch)인 면에서나 객관적(사회적)인 면에서 매우 중요하다. 사고의 독립성에 관해서 철저히 회의적인 프리드리히 마우트너Friedrich Mauthner[16]의 견해가 정말 옳지 않은가 하고 결국 실제로 물을 수밖에 없다는 점에서 최소한 더욱 그러한데, 그의 견해란, 사고는 언어일 뿐 그 이상이 아니라는 것이다. 볼드윈은 신중하고 조심스러우면서도 아주 단호하게 언어의 우월성을 주장하고 있다.

목표지향적 사고, 혹은 '언어적 사고'──우리가 그것을 어떻게 부르든지 간에──는 문화의 공공연한 도구다. 수 세기 동안 목표지향적 사고에 부여해온 강력한 교육의 작업은, 바로 사고를 주관적·개인적인 것에서 객관적·사회적인 것으로 풀어냄으로써 인간 정신의 적응 행위를 강요해왔다고 말해도 틀리지 않을 것이다. 우리의 적응 행위에

도움을 준 것은 현대의 경험적 지식과 기술이다. 그런 것은 세계사에서 일어난 단연 최초의 일로서 역사의 초창기에는 알지 못했던 것이다. 종종 호기심 어린 사람들은, 왜 수학과 기술, 질료에 대한 고도의 지식이 고대 그리스에서 인간의 손이 지녔던 전대미문의 기술과 어울려, 알려진 저 기술적 단초(단순한 기계의 원리 같은)를 현대적 의미에서의 현실적 기술로 발전시키는 데 사용된 적이 없을까 하고 이미 자문하곤 했다. 그것을 유희로, 또 호기심의 대상으로 여기는 데 그치지 않고 말이다. 거기에 대해서는 이렇게 답할 수 있다. 즉, 몇몇 개명한 정신의 소유자들을 제외하고는 고대 사람들은, 인위적으로 다시 자연의 과정을 만들어낼 수 있을 만큼 무생물 질료의 변화를 관심 있게 좇아갈 수 있는 능력을 전혀 지니고 있지 않았다. 그러한 일을 통해서만이 그들은 자연의 힘을 소유할 수 있었을 텐데 말이다. 또한 그들은 목표지향적 사고의 훈련을 받지 못했다.[17] 문화 발전의 비밀은 정신적 에너지의 유동성과 **변위變位 능력**이다. 우리 시대의 목표지향적 사고는 어쨌든 옛날에는 없었던 현대의 산물이다.

    그렇다면 우리는 또 하나의 질문을 하게 되는데, 즉 우리가 무엇을 향해서gerichtet 사고하지 않는다면 어떻게 될 것인가 하는 것이다. 그럴 경우 말 그대로 우리의 사고에는 상위관념Obervorstellung과 여기에서 유출되는 방향감각이 없어질 것이다.[18] 우리는 우리의 생각을 더는 강압적으로 일정한 궤도에 올리지 않고 그것이 고유한 무게에 따라 부유하며 가라앉고 뜨도록 놓아둔다. 퀼페Oswald Külpe[19]에 따르면, 사고란 일종의 '내면적인 의지의 행동'인데, 그러한 의지의 행동이 없으면 필연적으로 '관념의 자동적인 유희'가 생겨난다. 윌리엄 제임스William James는 목표지향적이지 않은 사고, 혹은 '단순히 연상적인' 사고를 범속한 것으로 여긴다. 이에 대해 그는 다음과 같이 말하고 있다.

"우리의 사고는 대부분 일련의 이미지들로 이루어져 있는데, 그중 하나의 이미지가 다른 이미지를 이끌어낸다. 그것은 아마 고등동물에게도 가능한 일종의 수동적인 몽상이다. 이러한 종류의 사고는 그럼에도 불구하고 실질적이고도 이론적 성격을 띤 합리적 결론으로 이끌어간다.… 일반적으로 이런 종류의 무책임한 사고에서도 부분들은 우연에 의해 서로 결합되는데, 그것은 추상적인 것이 아니고 경험적이고 구체적인 것이다."[20]

제임스의 이러한 규정을 우리는 다음과 같이 보완할 수 있다. 즉, 이러한 사고는 수고가 필요 없는 것으로서, 현실을 떠나 과거와 미래의 환상으로 이끌어간다. 이때 언어의 형태를 지닌 사고는 중단된다. 상像,Bild은 상을 촉구하고 감정은 감정을 촉구하여[21] 모든 것을 현실 그대로가 아니라 아마도 소망하는 대로 만들어내고 내세우는 과감한 성향이 점점 더 뚜렷해진다. 현실로부터 돌아서는 이러한 사고의 소재는 물론 수많은 기억의 상을 지닌 과거일 뿐일 수도 있다. 언어의 관용慣用에 따라 이러한 사고를 '꿈꾸는 것'이라고 한다.

그러나 주의 깊게 살펴보면 보편적인 언어 관습을 적절하게 발견할 수 있다. 잠들 때 우리의 환상이 꿈속으로 엮여 들어가 낮의 꿈과 밤의 꿈 사이에 그다지 차이가 크지 않은 것을 우리는 거의 매일 체험할 수 있다. 따라서 우리에게는 사고의 두 형태가 있다고 할 수 있는데, 목표 지향적 사고와 꿈 혹은 환상이 그것이다. 앞의 것은 전달을 위한 것이고 언어적 요소를 지니며 사람을 힘들고 지치게 한다. 반대로 뒤의 것은 힘들지 않게, 이미 존재하는 내용을 가지고 무의식적 동기에 이끌려, 말하자면 저절로 작업한다. 앞의 것은 새로운 것을 얻어내고 적응하며 현실을 모방하면서도 또한 현실에 작용하고자 한다. 반대로 뒤의

것은 현실로부터 등을 돌리고 주관적 성향을 해방시키며 적응의 면에서는 비생산적이다.[22]

역사적으로 볼 때, 목표지향적 사고가 항상 지금처럼 발전해 있던 것이 아니었음을 위에서 언급했다. 오늘날 목표지향적 사고를 가장 뚜렷이 표현하고 있는 것은 학문과 그로 인해 양성된 기술이다. 이 둘은 오로지 목표지향적 사고에 대한 강력한 교육에 힘입어 존재한다. 그러나 작가 페트라르카Francesco Petrarca처럼, 오늘날의 문화를 이끈 몇 안 되는 최초의 선구자들이 합리적으로 자연에 다가가기 시작했던 시기에는[23] 우리의 학문에 대한 등가물인 스콜라 철학[24]이 있었다. 그것은 과거의 환상에서 그 대상을 취했지만, 정신의 교육은 목표지향적 사고의 변증법적 방식으로 이루어졌다. 사상가가 이룰 수 있는 유일한 성공은 논쟁에서의 수사적인 승리였지 현실의 가시적인 개조가 아니었다. 사고의 대상은 종종 놀랄 만큼 환상적이었는데, 예컨대 바늘 끝에는 얼마나 많은 천사들이 앉아 있을까, 그리스도가 완두콩으로서 세상에 태어났다 해도 그의 구원 사역을 할 수 있었을까 하는 등의 질문에 대한 토론이 행해졌다. 여기에는 가령 알 수 없는 것도 알 수 있다는 식의 형이상적인 문제 전반이 속하는데 그런 문제들이 가능하다는 사실은, 우리에게는 극단적인 부조리를 의미하는 그러한 것들을 만들어낸 정신Geist이 얼마나 특수한 성질을 지닌 것인지를 가르쳐주고 있다. 그러나 니체는, 그가 중세를 만들어낸 정신의 '화려한 긴장'에 대해 말했을 때 이러한 현상의 배후에서 무엇인가를 예감했던 것이다.

역사적으로 볼 때, 토마스 아퀴나스, 둔스 스코투스Duns Scotus, 아벨라르, 오컴William of Ockham과 그 외의 뛰어난 지적 능력을 지닌 사람들의 연구에 정신적 기반이 된 스콜라 철학은 현대 학문의 모태다. 그것이 어디에서 어떤 식으로 여전히 오늘날의 학문에 활기찬 지류를 제공하는지 후에 분명히 보게 될 것이다. 스콜라 철학은 그 전체적 본질을 볼 때, 언어적 상징인 단어가 그야말로 절대적 의미를 갖게 해서 결국은 실체성을 얻도록 만든 변증법적 운동과도 같다. 고대 그리스 말엽에는 신화적인 가치평가를 통해서만 로고스Logos에 그러한 실체성을 부여할 수 있었다. 확고부동한 지적 기능, 현대적 학문성과 기술의 절대 조건에 대한 기초를 닦은 것은 스콜라 철학의 위대한 업적으로 보인다.

역사를 좀 더 돌이켜보면, 우리가 오늘날 학문이라고 하는 것은 불확실한 안개 속에서 희미해진다. 문화 창조의 정신은 경험으로부터 모든 주관적인 것을 털어내고 자연과 그 힘을 가장 뛰어나고 적절하게 표현하는 공식을 찾는 일에 부단히 몰두했다. 만일 우리의 시대를 고대보다 더 힘 있고 더 지적이라고 여긴다면 우스꽝스럽고 부당한 자기과시일 것이다. 우리의 지식 소재가 늘어났을 뿐이지 우리가 더 높은 지성을 갖추게 된 것은 아니다. 그렇기 때문에 우리는 새로운 이념에 대해 바로 고대의 가장 무지몽매했던 시기의 인간들만큼이나 편협하고 무능하다. 우리의 지식은 풍부해졌지만 지혜가 풍부해진 것은 아니다. 우리의 관심의 초점은 완전히 물질적인 현실 쪽으로 옮겨갔다. 고대에는 좀 더 환상적인 유형의 사고를 선호했다. 철학과 초기의 자연과학이 이미 '계몽 작업'을 이루었음은 의심할 나위가 없지만 그럼에도 불구하고, 아직도 고대 그리스의 정신에서는 모든 것에 신화가 스며들어 있다.

유감스럽게도 그리스 신화의 풍요로움과 엄청난 생명력에 관해 우리가 학교에서 배우는 것은 너무나 빈약한 개념일 뿐이다. 현대 인간이 학문과 기술에 사용하는 모든 형상화 능력을, 고대 그리스인들은 그들의 신화에 바쳤다. 그리스 문화권에서 나타난 혼란스러운 변동과

현란한 변천, 그룹들의 혼합주의적인 새로운 조직, 신화의 끊임없는 갱신은 이러한 창조적인 충동에서 나온 것이라고 설명할 수 있다. 이제 여기서 우리는, 외적인 일의 진행에는 거의 개의치 않은 채, 어떠한 내적 원천으로부터 흘러나와 조형적이거나 도식적인 변화무쌍한 형상들을 생산하는 환상의 세계를 오간다. 초창기 고대 그리스 정신의 이러한 활동은 진정한 의미에서의 예술적 작업이었다. 현실 세계를 최대한 객관적이고 정확하게 포착하는 것이 관심의 목표가 아니라, 어떻게 그것을 주관적 환상과 기대에 어우러지게 미적 형상화를 이루느냐가 문제였던 것 같다. 고대 그리스 사람들 가운데에는, 조르다노 브루노Giordano Bruno〔이탈리아의 르네상스 철학자로, 우주는 중심이 없는 끝없는 공간이며 무한한 천체가 움직이고 있다고 함〕의 무한성 사상과 케플러Johannes Kepler의 발견이 현대 인류에게 가져다준 한기寒氣와 환멸을 나누어 가질 만한 사람이 극소수에 지나지 않았다. 순박한 옛사람들은 태양 속에서 천상과 지상의 위대한 아버지를 보았고 달 속에서는 다산적인 어머니를 보았다. 또한 모든 사물에는 나름대로의 악마가 있다고 믿었다. 즉, 사물도 인간이나 그의 형제 격인 동물과 마찬가지로 생명을 지녔다는 뜻이다. 사람들은 모든 것을 의인화하거나 반인반수로 만들어 모든 것을 인간으로, 혹은 동물로 만들었다. 심지어 태양륜조차도 그 움직임을 구현하기 위해 날개나 작은 발이 달려 있었다(그림 2). 그렇게 해서 현실과 매우 동떨어진, 주관적 환상에 완전히 들어맞는 우주의 싱이 생겨났다. 어린아이가 그와 거의 비슷한 사고를 한다는 것은 새삼 입증할 필요도 없을 것이다. 아이는 자기의 모든 인형이나 장난감에 생명을 부여한다. 환상적 재능이 있는 아이들이 마법의 세계 속에서 살고 있는 모습을 보는 것은 어렵지 않다.

    우리가 알다시피 꿈도 비슷한 사고를 보여준다. 꿈에서는 사물의 실

그림 2. 알래스카 에스키모 샤먼의 태양신 우상.

제 관계와 상관없이 가장 이질적인 것이 연관관계를 이루며, 현실 대신 불가능의 세계가 들어선다. 프로이트는 깨어 있을 때의 사고의 특징을 전진Progression으로 보는데, 즉 내부나 외부의 지각체계로부터 심리 내적인 연상작업을 통해 운동 말단, 다시 말해 신경분포Innervation로 가는, 사고 자극원의 진행이라는 것이다. 꿈에서는 정반대의 현상, 즉 전의식 혹은 무의식으로부터 지각체계로 가는, 사고 자극원의 퇴행Regression을 발견한다. 이 때문에 꿈에는 감각적 구체성이라는 일반적 특징이 생겨난다. 그 구체성은 환각의 명료함에 이를 만큼 증가될 수 있다. 그러므로 꿈 사고는 기억의 원재료 쪽으로 역행해간다. "퇴행 시 꿈 사고의 구조물은 그것의 원재료 속으로 용해된다."[25] 그러나 근원적 지각의 재활성화는 퇴행의 한 측면일 뿐이다. 다른 측면은 유아기적 기억의 재료로 퇴행하는 것이다. 그것 역시 근원적 지각으로의 퇴행으로 이해할 수 있긴 하지만 그것 고유의 중요성 때문에 특별히 언급할 필요가 있다. 그러한 퇴행을 '역사적' 퇴행이라 지칭해도 될 것이다. 프로이트에 따르면, 이 관점에서 볼 때 꿈은 현재로 전이Übertragung

되는 과정에서 변화를 겪은 회상이라고 설명할 수도 있다. 근원적 장면은 수정될 수 없으며, 꿈으로서 되돌아오는 것으로 만족해야 한다.[26] 프로이트의 견해에 따르면, 꿈의 본질적 특성은 그것이 대부분 어린 시절까지 되돌아가는 기억의 재료를 '가공한다'는 것이다. 다시 말해 현재에 근접한다는 것, 혹은 현재의 언어로 번역한다는 것이다. 그런데 어린아이의 정신생활이 지닌 고태적인 특성을 부인할 수 없는 만큼 이러한 특이성은 특별히 꿈에 상응하는 특성이다. 프로이트는 이에 대해 분명하게 강조하고 있다.

> "꿈은 그의 소망을 짧고 퇴행적 방식으로 충족시키는데 그것은 그로써 정신장치의 일차적 작업 방식의 한 표본만을 우리에게 보존했을 뿐이다. 그 작업 방식이란 부적당하다고 하여 내버렸던 방식이다. 정신생활이 아직 어리고 무능한 시기에는 각성 상태를 지배했던 것이 밤의 생활 속으로 축출된 것처럼 보인다. 그것은 마치 버려져 있던 화살과 활 같은 어른의 원시적 무기를 어린아이의 방에서 다시 발견하는 것과 같다."[27]

이러한 성찰은 고대의 신화적 사고와 어린아이[28], 원시인, 또한 꿈의 사고 같은 그와 유사한 사고 사이에서 유사점을 찾을 수 있다는 확신을 준다. 이러한 사상의 연계는 우리에게 낯선 것이 아니다. 우리는 인간 신체의 구조와 기능이 일련의 태아기적 변천을 통해 생겨난다는 것을 보여주는 비교해부학과 그 발전사를 통해 그러한 것을 잘 알고 있다. 그러한 변천은 계통발생사에서 볼 수 있는 유사한 발전과 일치한다. 따라서 심리학에서 개체발생사가 계통발생사와 일치한다는 추정도 정당한 것이다. 그러므로 꿈속의 사고와 마찬가지로 유아기적 사고[29]는 초기의 발전 단계의 반복과 같은 것이라 할 수 있을 것이다.
　니체는 이러한 관점에서 주목할 만한 입장을 취하고 있다.

"…잠을 자고 꿈을 꾸면서 우리는 초기 인류의 과제를 다시 한 번 수행한다." "인간이 지금도 여전히 꿈속에 갇혀 있듯이, 인류는 수천 년 동안 각성 상태에서도 계속 무언가에 갇혀 있었다는 말이다. 즉, 해명이 필요한 어떤 것을 설명하는 데에는, 정신 속에 떠오른 첫 번째 사유事由,causa로 충분했고 그것이 진리로 통했다.… 인류의 이러한 고태적인 면은 우리의 내부에서 계속 작용한다. 그것은 이성의 고차원적인 발전에, 또한 그것이 개개 인간의 내부에서 계속 발전하는 데에 토대가 되기 때문이다. 꿈은 우리를 인간 문화와 동떨어진 상태로 다시 되돌려놓고서 문화를 더 잘 이해할 수 있는 수단을 쥐어주는 것이다. 인류의 엄청난 발전 과정에서 바로 우리는 최초의 임의적 착상에서 나온 이러한 환상적이고 손쉬운 설명의 형태에 숙달되어왔기 때문에, 꿈 사고는 이제 우리에게 쉬워진다. 그런 만큼 꿈은 뇌를 회복시키는 것이다. 우리의 뇌는 낮에는 더 높은 문화가 제시하는 대로 더 엄격한 사고에의 요구를 만족시켜야 했던 것이다."
"이러한 과정에서 다음과 같이 유추할 수 있다. 만약 우리의 이성과 오성의 기능이 아직도 본의 아니게 여전히 그러한 원시적인 추론 형태를 붙들고 인생의 거의 절반을 이 상태에서 살았다면, 보다 예리한 논리적 사고, 보다 엄격한 인과적 해석이 얼마나 늦게 발전되었겠는가 하는 것이다."[30]

　프로이트가 고태적 꿈 사고와 관련된 꿈 분석에서 이와 비슷한 입장에 도달했음을 우리는 위에서 벌써 살펴보았다. 이러한 확신에서 더 나아가 신화를 꿈과 유사한 형상으로 파악하는 일은 더는 어렵지 않다. 프로이트[31] 자신이 이러한 결론을 다음과 같이 정리하고 있다. "민족 심리학적 형성물인 '신화 등'에 관한 연구는 이제 결코 종료된 것이 아니다. 그런데 신화를 보면 예컨대, 그것이 모든 국가의 소망 환상 Wunsch-phantasien의 왜곡된 잔여물이나 초기 인류의 세속적 꿈과 일치한다는 것은 거의 확실하다." 랑크[32]도 그와 유사하게 신화를 민족의 '집단적 꿈'으로 여긴다.[33]

리클린은 민담Märchen에 나타나는 꿈의 기제를 강조했다.[34] 아브라함도 신화에 대해 같은 생각이었다.[35] 그는 다음과 같이 말한다. "신화는 민족의 유아기적 정신생활이 극복된 한 부분이다." "그러므로 신화는 민족의 유아기적 정신생활 중 보존되어 있는 부분이며, 꿈은 개인의 신화다." 신화를 창조한 시대가 꿈이 지금도 하고 있는 것처럼 그렇게 사고했다는 결론은 거의 자명한 일이다. 어린아이에게서 나타나는 신화 형성의 단초, 부분적으로 역사적인 것을 상기시키는 환상을 실제라고 여기는 일은 사실 아이들에게서 어렵지 않게 찾아볼 수 있다. 물론 신화가 민족의 '유아기적' 정신생활에서 나온 것이라는 주장 뒤에는 커다란 의문부호를 달아야 한다. 오히려 그 반대로 신화는 초기의 인류가 만들어낸 것 중 가장 성숙한 것이다. 아가미를 갖고 있었던 인간의 시조들은 결코 태아가 아니었고 완전히 자란 동물이었다. 따라서 또한 신화 속에서 생각하며 살았던 인간은 성숙한 실재였지 네 살배기 아이가 아니었다. 신화는 어떠한 유치한 환영Phantasma이 아니라 원시적 삶에 필요한 가장 중요한 도구였다.

어린아이들의 신화적 성향은 교육이 심어놓은 것이라고 반박할 수 있다. 그것은 불필요한 반박이다. 도대체 인간이 지금껏 완전히 신화로부터 벗어난 적이 있는가? 모든 인간은 세계가 죽었고 차갑고 무한하다는 것을 감지하기 위해 눈과 모든 감각기관을 가지고 있었다. 그런데 그는 아직 한 번도 신을 보지 못했다. 혹은 신의 존재를 그의 감각의 강요에 의해 요구해야 할 필요가 없었다. 반대로 그는 본능의 불합리한 힘에서 나온 것이라고 설명할 수밖에 없는 어떠한 강력한 내면적 강요를 필요로 했다. 이 내면적 강요는 이를테면 이미 테르툴리아누스Tertullian가 그 불합리성을 강조했던 종교적 신앙의 내용을 구축하기 위해서였다.

그러므로 어린아이에게 초기 신화의 내용을 숨길 수는 있지만 신화에 대한 아이의 욕구를 빼앗을 수는 없다. 또한 신화를 만들어내는 아이의 능력을 빼앗는 것은 더욱 불가능하다. 세상에서 모든 전통을 한꺼번에 단절시켜버릴 수 있다면, 바로 다음 세대에서는 모든 신화학과 종교사가 다시 처음부터 시작될 것이라고 말할 수 있을 것이다. 어떠한 지적 오만이 넘친 시대라 할지라도 신화를 벗어버릴 수 있었던 개인은 극소수다. 군중은 결코 거기에서 자유롭지 못하다. 어떠한 계몽도 소용이 없는데, 그러한 것은 단지 일시적인 발현 형식을 말살시킬 뿐이지 창조적 충동을 말살시키지는 못한다.

이제 우리가 처음에 하였던 사고 과정으로 되돌아가자!

우리는 계통발생사적 심리학이 어린아이에게서 개체발생적으로 반복된다는 것을 말했다. 또한 고태적 사고가 어린아이와 원시인의 특성임을 살펴보았다. 이와 같은 사고가 우리 현대인에게는 넓은 공간을 요구하며 목표지향적 사고가 중단되는 곳에 들어선다는 사실도 우리는 이제 알고 있다. 목표지향적 사고로 표현되는, 현실 세계에 심리학적으로 정확하게 적응하는 일을 지양하고 환상幻想, Phantasie으로 대체시키기 위해서는 관심의 이완과 약간의 피로면 충분하다. 우리는 주제에서 이탈해 독자적인 사고의 흐름에 몰두한다. 주의력이 훨씬 더 이완되면 우리는 차츰 현재에 대한 의식을 상실하게 되며, 환상이 주도권을 쥐게 된다.

여기서 절박한 질문이 생겨난다. 즉, 환상은 어떻게 생겨나고 그 본성은 무엇인가? 우리는 시인들에게서 많이 배우지만 과학자들에게서는 그렇지 못하다. 이에 대해서 처음으로 몇 가지를 해명한 것은 정신치료자들의 경험이었다. 그러한 경험으로 우리는 여기에 전형적인 주기周期가 존재한다는 것을 알게 되었다. 말더듬이는 자신이 위대한 연설가라는 환상을 갖는다. 데모스테네스Demosthenes〔고대 그리스의 정치가이며 웅변가〕는 그의 강력한 에너지에 힘입어 그러한 환상을 진실로 만들었다. 가난뱅이는 백만장자라는 환상을, 어린아이는 자신이 어른이라는 환상을 갖는다. 압박당하는 사람은 압제자에 맞서 승승장구하는 싸움을 하며, 쓸모없는 사람은 야심적인 계획으로써 자신을 괴롭히거나 위로한다. 사람들은 환상을 통해 자신을 보상한다.

환상은 그 소재를 어디에서 끌어내는가? 전형적인 사춘기의 환상을 그 예로 들어보자. 미래의 운명에 대해 전적으로 불안해하고 있는 한 젊은이는 그의 환상 속에서 불확실성을 과거 속으로 옮겨놓으며 말한다: 내가 지금 평범한 내 부모의 아이가 아니고 부모에게 단순히 떠맡겨진, 고상하고 부유한 백작의 아이라면, 어느 날 황금 마차가 올 것이고 백작님은 황홀하게 아름다운 성으로 자기 아이를 데려갈 텐데—그리고 엄마가 아이들에게 들려주는 그림Grimm 동화에서와 같은 일이 계속 벌어질 것이다. 정상적인 아이의 경우 그것은 잠깐 스쳐 지나간, 그러다가 곧장 거부되고 잊혀진 생각으로 남아 있다. 그러나 환상이 보편적으로 인정받은 합법적 진실일 때가 있었는데, 고대 그리스의 문화 세계가 그랬다. 영웅들은—로물루스Romulus와 레무스Remus(그

그림 3. 암늑대와 함께 있는 로물루스와 레무스.
저자의 그림 모음, 로마 조각상, 아방슈.(스위스)

림 3), 모세Moses와 세미라미스Semiramis(아시리아의 전설의 여왕)와 그 외의 많은 인물들을 떠올릴 수 있다—실제의 부모가 없었다.[36] 다른 인물들은 직접적으로 신들의 아들들이다. 또한 귀족 가문에서는 그들의 계보도를 영웅들과 신들로부터 끌어냈다. 이러한 예가 보여주듯, 현대인의 환상이란 엄밀히 따지자면 애당초 가장 널리 전파되었던 옛 민속 신앙이 반복된 것에 지나지 않는다. 야심적인 환상은 따라서 무엇보다도 고전적이고 한때 현실적 타당성을 지녔던 형태를 선택한다. 모종의 성애적 환상들이 정확히 그런 것이다. 서두에서 우리는 성적 폭행에 관한 꿈을 언급했다. 그것은 즉, 집 안에 침입해 위험한 행위를 저지르는 강도에 관한 것이다. 그것 역시 하나의 신화적 주제이며 분명 종종 현실로 되기도 했다.[37] 여성 납치가 선사시대에서는 일상적인 일이었다는 사실은 차치하고라도, 그것은 개화된 시대에도 신화의 대상이 되었다. 페르세포네Persephone, 데이아니라Deianira(그리스 신화: 에이톨리아 왕의 딸), 에우로파Europa, 사비누스족(옛 중부 이탈리아 종족 이름) 여인들

사고의 두 가지 양식에 관하여 —51

Sabinerinnen 등의 납치를 기억할 수 있다. 오늘날에도 여전히 예전의 납치를 상기시키는 결혼식 관습이 여러 지역에 존재한다는 것을 잊어서는 안 된다.

이런 종류의 예들을 수없이 댈 수 있을 것이다. 그것은 모두 똑같은 사실을 입증해주는데, 즉 우리에게는 배후의 환상으로 존재하는 것이 한때는 백일하에 드러났었다는 것이다. 우리에게는 꿈과 환상 속에서 떠오르는 것이 옛날에는 의식된 관습 내지는 보편적인 확신이었다. 그러나 한때 매우 강렬했던 것이, 한때는 고도로 발달한 민족의 정신적 삶의 영역을 형성할 수 있었던 것이 불과 몇 세대가 지났다고 해서 인간의 심혼에서 완전히 사라지지는 않을 것이다. 그리스 문화의 전성기가 지난 지 불과 80세대 정도밖에 흘러가지 않았음을 잊어서는 안 된다. 그런데 80세대란 무엇인가? 그것을 네안데르탈인Homo Neandertalensis이나 하이델베르크인Homo Heidelbergensis과 우리 사이에 놓인 시간적 공간과 비교한다면, 눈에 띄지도 않는 시간의 길이로 축소된다. 위대한 역사가 기욤 페레로의 훌륭한 말을 떠올려보고 싶다.

"시간적으로 멀리 떨어진 인간일수록 그의 감정과 사상 세계에서 그는 그만큼 우리와 더욱 뚜렷하게 구분된다는 생각은 극히 자연스러운 일이다. 세기가 바뀜에 따라 인류의 심리학이 유행 의상이나 문학처럼 바뀐다는 것도 그렇다. 그러므로 옛 역사 속에서 우리가 현재 매일매일 보는 것과는 다른 장치나 관습, 신앙에 맞닥뜨리면 우리는 곧바로 온갖 가능한 복잡한 설명을 해보려고 애를 쓰지만, 대개 그것은 의미가 극히 불분명한 진술로 끝나고 만다. 그런데 인간은 그렇게 빨리 변하지 않으며, 그의 심리학은 기본적으로 똑같은 것으로 남는다. 인간의 문화가 한 시대에서 다른 시대로 넘어가면서 커다란 변화를 겪는다 해도 그 정신의 작동에는 거의 변화가 없다. 정신의 기본 원칙은 같은 상태로 머문다. 우리가 알고 있는 짧은 역사적 시간의 범위 속에서는 최소한 그렇다. 거의 모든 현상은, 가장 낯선 현상조차도, 우리 자신 안에서 확인할 수 있는 정신적인 것의 공동의 법칙으로 설명될 수밖에 없다."[38]

심리학자라면 이러한 견해에 무조건 동조하지 않을 수 없을 것이다. 고대 아테네의 디오니소스적 남근 문화와 명부冥府 신들의 비교秘敎는 우리의 문명에서 사라졌다. 또한 신격에 대한 반인반수적 묘사도 마찬가지로 비둘기나 양, 또 우리의 교회 탑을 장식하는 수탉 같은 몇몇 마지막 잔재로 축소되었다. 그러나 이 모든 것은 우리가 어린 시절에, 고태적인 사고와 감정이 분출되는 하나의 시기를 섭렵하는 것을 막지 못한다. 또한 새로 습득한 적응된 목표지향적 사고 외에, 고대의 정신적 상태와 동일한 환상적 사고를 전 생애 내내 지니는 것을 막지 못한다. 우리의 신체가 많은 조직 속에 아직도 옛 기능과 상태의 잔존물을 지니고 있듯이, 우리의 정신은 그러한 고태적인 충동의 성향에서 벗어나 있는 것처럼 보이지만 여전히 계속 진행하는 발전의 징후들을 지니면서 최소한 꿈과 환상 속에서 그 원초성을 반복한다.

정신이 상징적으로 표현되고자 하는 성향과 능력이 어디에서 오는가 하는 의문은 결국 두 종류의 사고를 구분하는 데로 인도하였다. 즉, 적응된 목표지향적 사고를 내적 동기에 의해 유발된 주관적인 사고와 구별하는 일이었다. 후자의 사고 형태는—그것이 적응으로 인해 계속 수정되지 않는다는 전제하에서—어쩔 수 없이 현저하게 주관적으로 왜곡된 세계상을 만들어낼 수밖에 없다. 이러한 정신 상태는 일단 유아적이고 자가성애적autoerotisch인 것으로 지칭되었으며, 오이겐 블로일러Eugen Bleuler는 그것을 '자폐적autistisch'이라고 함으로써 적응의 관점에서 판단할 때 주관적 세계상은 목표지향적 사고에 비해 열등하다는 견해를 분명히 표명하였다. 정신분열증(조현병)은 자폐증의 대표적 사례를 보여준다. 또한 유아적 자가성애는 신경증의 특성이 된다. 그러한 견해로 인해, 목표지향적 성향이 없는 환상적 사고 같은, 그 자체로 지극히 정상적인 과정이 병리학에 근접한 범주로 밀려나게 된다. 그것은 의사들의 냉소 때문이라기보다는, 처음으로 목표지향적 사고에 가치를 둔 의사들이 있었던 상황 때문이라고 할 수 있다. 목표지향적 성향이 없는 사고는 주관적으로 동기가 부여되며, 더욱이 의식적인 동인動因보다는 무의식적인 동인에 의해 유발된다. 분명 그것은 의식적이고 목표지향적인 사고와는 다른 세계상을 만들어낸다. 그러나 무의식적 사고가 객관적 세계상의 왜곡에 불과하다는 추정은 전혀 현실적 근거가 없다. 환상의 과정을 이끄는 주로 무의식적이고 내면적인 동기가 객관적 소여Gegebenheit를 나타내는 것이 아닌가 하는 문제가 의문으로 남기 때문이다. 무의식적 동기가 얼마나 본능에 기인하는지는 프로이트 자신이 충분히 언급하지 않았던가. 그런데 본능은 분명 하나의 객관적 소여이다. 프로이트도 그러한 동기의 고태적인 성질을 최소한 부분적으로는 인정했다.

  꿈과 환상의 무의식적 토대는 겉으로 보기에만 유아적인 회상이다. 실제로 문제되는 것은 본능에서 기인한 원시적인, 또는 고태적인 사고의 형태인데, 그것은 물론 어른보다는 어린 나이에 더 명확하게 나타난다. 그러나 그것이 그 자체로 유아적이거나 병적인 것은 결코 아니다. 따라서 그러한 사고의 형태를 특징짓는 데에 병리학에서 차용한 표현을 사용해서는 안 될 것이다. 그러므로 무의식적 환상의 과정을 통해 나온 신화 역시 의미와 내용, 형태의 면에서는 결코 유아적이지 않으며, 자가성애적인, 혹은 자폐적인 태도의 표현이 아니다. 그것이 비록 우리의 합리적이고 객관적 사고와는 결코 비교될 수는 없지만 말이다. 우리 정신의 본능적이고 고태적인 토대는 미리부터 존재하는 객관적 소여성을 이루고 있다. 두뇌나 어떤 다른 기관의 유전된 구조와 기능적 소질이 그렇듯이 그것은 개별적 체험이나 개인의 주관적인 뜻과 무관하다. 신체가 나름의 발전사를 지니는 가운데 그 다양한 단계에서 나온 뚜렷한 흔적을 여전히 지니고 있듯이 심리도 마찬가지다.[39]

지향적 사고가 철저히 의식적인 현상인 반면[40], 환상적 사고는 그렇다고 말할 수 없다. 환상적 사고의 상당 부분은 여전히 의식의 영역에 해당되지만, 적어도 그만큼 많이 몽롱한 상태에서, 혹은 아예 무의식 속에서 진행된다. 따라서 그것을 해명하는 일은 간접적으로만 가능하다.[41] 지향적 사고는 환상적 사고를 통해, 오래전부터 의식의 경계 아래에 놓여 있는 인간 정신의 가장 오래된 '층들'과 연결된다. 의식을 곧바로 활동시키는 환상의 산물로서 일단 백일몽이나 낮의 환상이 있는데, 프로이트, 플루르누아, 피크August Fick 등은 거기에 특별한 관심을 기울였다. 다음으로는 꿈을 들 수 있다. 꿈은 그러나 의식에 대해 일단은 수수께끼 같은 외면外面만을 보여주기 때문에, 간접적으로 해명된 무의식적 내용을 통해서라야 비로소 그 의미를 얻는다. 마지막으로, 이른바 완전히 무의식적인 환상체계가 분리된 콤플렉스 속에 존재하는데 이것은 특수 인격을 형성하는 경향이 있다.[42]

지금까지의 설명은, 무의식에서 나온 산물이 바로 신화적인 것과 얼마나 밀접한 관계를 지니는지 보여준다. 그 점에서 추론되는 것은 나이 들어서 생겨난 내향Introversion이 퇴행적으로 유아기의 회상(개인의 과거에서 나온)을 끄집어낸다는 사실이다. 그것은 처음에는 흔적만 있을 정도이지만 내향과 퇴행이 더 심해질 경우 뚜렷한 고태적 특성이 묻어나게 된다.

이 문제는 계속적인 논의를 필요로 한다. 그 구체적인 예로 아나톨 프랑스Anatole France[43]가 말하고 있는 신앙심 깊은 외거 신부Abbé Oegger에 관한 이야기를 들어보자. 이 신부는 생각이 많은 사람이었고 환상을 많이 경험했다. 특히 유다Juda의 운명에 대해 많은 환상을 가졌는데, 교회의 교리가 내세우듯이 유다가 실제로 영원한 지옥 벌로 저주받았는가, 아니면 신이 그래도 그에게 은총을 베풀었는가 하는 문제에 대해서였다. 외거는 그리스도의 구원 사역이 최고점에 달하도록 전지전능한 신이 유다를 도구로서 선택했다는 합리적인 생각에서 출발했다.[44] 이 필수적인 도구의 도움 없이는 인류는 결코 구원에 동참하지 못했을 것이다. 그런데 그가 자비로운 신에 의해 영원히 저주받을 수는 없는 일이었다. 그의 의문을 풀기 위해 외거는 어느 날 밤 교회로 가서 유다가 구원받았다는 징조를 보여달라고 간구했다. 그때 그는 어깨에 천상의 손길이 닿는 것을 느꼈다. 이튿날 그는 신의 무한한 자비의 복음을 전파하기 위해 세상으로 들어가겠다는 자신의 결심을 대주교에게 말했다.

여기서 우리는 하나의 뚜렷한 환상체계를 보게 된다. 즉, 여기서의 문제는 유다라는 전설적 인물이 저주를 받았는가, 그렇지 않은가 하는 영원히 결말 나지 않을 궤변적 문제다. 유다의 전설 그 자체는 하나의 전형적인 주세인 주인에 대한 비열한 배신이다. 여기서 나는 지크프리트Siegfried와 하겐Hagen, 발더Balder와 로키Loki를 떠올리게 된다. 지그프리트와 발더는 부정한 배신자에 의해 인근에서 살해되었다. 이 신화가 감동적이고 비극적인 것은 귀족의 추락이 정직한 싸움에 의해서가 아니라 배신에 의한 것이라는 이유에서다. 또한 그것은 카이사르와 브루투스의 경우처럼 역사적으로 수없이 일어난 하나의 사건이다. 그러한 행위에 대한 신화는 태곳적부터 있어왔지만 아직도 계속 반복적으로 이야기되는 대상이다. 그것은 질투가 인간을 잠들게 하지 않는다는 것을 보여준다. 이러한 원칙은 신화적 전통 전체에 해당할 것이다. 즉, 임의적으로 선별한 과거 사건의 이야기가 전파되는 것이 아니라, 보편적이고 계속 새롭게 갱신되는 인류의 사상을 나타내는 것만이 전파된다. 그러므로 예컨대 문화적 영웅들이나 종교 창시자들의 삶과 행위는 전형적인 신화 모티프가 가장 순수하게 압축된 것으로서, 그 배후에서 개인적 인물은 사라진다.[45]

그런데 왜 우리의 경건한 신부는 옛 유다 전설을 가지고 자신을 괴롭혔는가? 그러니까 그는 자비의 복음을 전파하기 위해 세상으로 들어간 것이다. 얼마 후 그는 가톨릭 교회에서 나와 스베덴보리Emanuel Swedenborg(1688~1772, 스웨덴의 과학자. 새 예루살렘 교회의 창시자)의 추종자가 되었다. 이제야 우리는 그의 유다에 관한 환상을 이해하게 된다. 그는 자신의 주님을 배반한 유다였다. 그렇기 때문에 그는 평안한 마음으로 유다가 될 수 있기 위해 무엇보다도 신의 자비를 확신해야만 했던 것이다.

이 사례는 환상의 기전機轉 전반에 한줄기 빛을 던져준다. 의식적 환상은 신화적 소재나 다른 소재에 의해 생길 수 있다. 그것 자체를 글자 그대로 받아들일 수는 없으며 그 의미에 따라 이해해야 한다. 그렇지 않고 글자 자체에 집착하면 그것을 이해하지 못한 상태에 머물러 있게 된다. 또한 우리는 정신기능이 지닌 목적성 앞에서 절망할 수밖에 없다. 그러나 우리는 외거 신부의 사례에서 그의 회의와 희망이 겉보기에만 유다라는 역사적 인물을 에워싼 것이었지 실제로는 바로 자기 자신에 대한 것임을 보았다. 그는 유다 문제를 해결함으로써 자유로워질 수 있는 길을 트고자 한 것이다.

그러므로 의식적 환상은 어떠한 신화적 소재를 사용하면서, 아직 더는 인정받지 못한 자신의 인격적 성향을 나타낸다. 쉽게 이해할 수 있듯이, 우리가 인정하기를 거부하고 존재하지 않는 것으로 취급하는 어떠한 성향은 우리의 의식적 특성에 잘 어울릴 만한 점을 거의 내포하고 있지 않다. 따라서 그런 것은 대부분 부도덕하거나 있을 수 없는 것으로 통하며, 그것을 의식화할 경우 엄청난 반발에 부딪힌다. 외거 자신이 직접 유다의 역할을 사전에 준비한 것이라고 그에게 은밀히 전해줬다면 그는 무슨 말을 했을까? 그는 유다에게 내린 저주가 신의 호의와 타협할 수 없는 것이라고 여겼기 때문에, 이 갈등에 대해 심사숙고했다. 그것이 의식적인 인과관계의 고리이며, 그 외에 무의식적인 고리가 이어진다. 즉, 그 자신이 유다가 되려고 했거나 되어야만 했기 때문에 그는 신의 호의를 사전에 확신했어야만 했다. 외거에게 유다는 그 자신의 무의식적 성향의 상징이 되었다. 그 자신의 문제를 깊이 생각하기 위해 외거는 유다의 상을 필요로 했다. 직접적인 의식화는 그에게 너무 고통스러웠을 것이다. 그렇기 때문에 원래는 그야말로 민족 심리학적 콤플렉스를 다루기 위한 도구인 전형적인 신화들이 있을 수밖에 없다. 야코프 부르크하르트Jacob Burckhardt는 이러한 사실을 예감했던 것 같다. 모든 독일인이 파우스트의 한 요소를 내면에 지니고 있듯이, 고대의 모든 그리스인은 오이디푸스의 한 요소를 내면에 지니고 있었다고 그는 말한 적이 있다.[46]

이제 오로지 무의식적 활동 속에서만 존재하는 환상을 연구하려 할 때 우리는 다시 외거 신부의 단순한 이야기가 우리에게 보여준 문제에 맞닥뜨리게 된다. 미스 프랭크 밀러Frank Miller는 플루르누아의 중재를 통해, 「잠재의식의 창조적 상상력에 대한 몇 가지 사실Quelques Faits d'imagination créatrice subconsciente」이라는 제목으로 『심리학 문집 *Archives de Psychologie*』(1906)의 5권에 일부 문학적 형태를 갖춘 몇 가지의 환상에 관한 글을 출간하였다.[47]

과거사

　누군가가 자신의 환상이나 꿈을 이야기할 경우, 그것은 어떤 절박한 문제일 뿐 아니라 또한 그의 은밀한 문제들 가운데서도 그 순간 가장 괴로운 문제인 경우가 매우 많다는 사실을 우리는 다양한 체험을 통해 알고 있다.[1] 미스 밀러의 글은 하나의 복잡한 체계와 연관이 되기 때문에 우리는 세부적 사항 하나하나까지 살펴봐야 하는데, 나는 차라리 미스 밀러의 글을 그대로 따라가면서 다루려고 한다. 첫 번째 장인 '일시적 암시 혹은 순간적 자가암시 현상Phénomènes de suggestion passagère ou d'autosuggestion instantanée'[이 책 부록 241쪽 참조]에서, 그녀는 그녀 자신이 신경증적 기질의 징후로 보고 있는, 그녀의 비정상적인 피암시성의 일련의 예를 제시한다. 그녀는 비범한 감정이입과 동일시의 능력을 갖고 있는 것처럼 보인다. 예컨대 그녀는 『시라노Cyrano』에서 상처 입은 크리스디잉 드 뇌비예트Christian de Nuevillette와 동일시되어 그녀 자신의 가슴을 꿰뚫는 고통을 느낄 정도였는데, 더욱이 그것은 크리스티앙이 치명적인 총격을 받은 바로 그 가슴 부위였다.

　심미적인 표현은 아니지만 우리는 극장을 공개적인 콤플렉스 처리 시설이라고 부를 수 있을 것이다. 희극의 즐거움이나 극적인 얽힘이 희열 속에서 풀림으로써 얻는 즐거움은, 자신의 콤플렉스를 연극과 동일시하는 과정에서 생긴다. 비극이 주는 즐거움은 자기 자신을 위협하는 일이 다른 사람에게 일어난다는, 오싹하리만큼 고마운 감정으로 인해 생긴다. 위 글의 저자가 죽어가는 크리스티앙에게 공감을 느낀다는 것은, 그녀의 내부에서 콤플렉스가 비슷한 해결 방식을 기대하고 있어 "오늘은 너에게, 내일은 나에게"라고 나지막이 속삭인다는 말이다. 그리고 어떤 것이 정확히 표현해 효과적인 순간인가를 사람들에게 알려주기 위해 미스 밀러는 다음과 같이 덧붙여 말한다. 즉, "사라 베르나르가 그의 상처에서 흐르는 피를 멎게 해주려고 그의 몸 위로 엎드릴 때" 그녀는 가슴에 통증을 느낀다는 것이다. 따라서 효과적인 순간이란 크리스티앙과 록산의 사랑이 급작스러운 종말을 맞이하는 순간이다. 로스탕Edmond Rostand의 극 전체를 개관해보면 우리가 그 영향에서 쉽게 벗어날 수 없는 몇 가지 대목이 눈에 띈다. 우리는 여기서 그것에 역점을 두고자 하는데, 그 까닭은 이후의 모든 대목을 위해서 이 구절들이 중요하기 때문이다. 시라노 드 베르주라크Cyrano de Bergerac는 길고 흉악하게 생긴 코를 가졌는데, 그 덕분에 수많은 결투를 이겨낸다. 시라노는 록산을 사랑하는데, 록산은 아무것도 모른 채 크리스티앙을 사랑한다. 그 이유는 그녀가 크리스티앙을, 사실은 시라노가 쓴 아름다운 시들의 저자로 알고 있기 때문이다. 시라노의 뜨거운 사랑과 고귀한 영혼은 아무도 눈치채지 못했다. 시라노는 이해받지 못한 자이며, 남을 위해 자신을 희생하는 영웅이다. 죽어가면서, 생의 마지막에야 비로소 그는 그녀에게 다시금 크리스티앙의 마지막 편지를 읽어준다. 그러나 편지의 시는 그 자신이 지은 것이었다.

시라노.

   (읽는다) "록산, 잘 지내요. 난 죽어간다오!"─

록산.

   (놀라 멈칫한다) 크게 읽을 거죠?

시라노.

   (읽는다) "나의 운명이 곧 나를 부르리라!
   내 가슴이 얼마나 부드러움에 가득 찼었는지,
   당신이 알았을까? 나의 몽롱한 시선은 결코,
   성스러운 열락을 결코 더 보지 못하리…"

록산.

   정말 아름답게 읽는군요!

시라노.

   (계속 읽으며) "미풍이 입을 맞추네. 마술사인 그대가 그것을
   사랑스러운 몸짓으로 살며시 동요시키네.
   그대의 손이 이마에 놓이는 것을,
   나는 마음속에서 보지요, 그리고 인사를 보내네…"

록산.

   그의 편지를 그렇게 읽는군요…

(차츰 밤이 된다)

시라노.

   "수천 번의 인사를.
   잘 지내길!…"

록산.

   편지를 읽고 있는 거죠…

시라노.

"귀엽고 사랑스러운 그대…"

록산.

한 목소리로…

시라노.

"그대 사랑이여!…"[2]

이때 록산은 그가 진짜 연인임을 인식한다. 때는 이미 너무 늦었고, 죽음이 오고 있다. 임종의 혼미함 속에서 시라노는 몸을 일으켜 검을 빼든다.

시라노.

그가 욕하지 않았던가,

나의 코를, 납작코 녀석이라고?

(칼을 빼든다)

그대들은 말하지, 그건 소용없는 일이라고? ─ 그래, 나도 알아! ─

승리를 바랄 수 있을 때만 서로 싸우는 걸까?

가망 없는 전쟁이 훨씬 아름답도다.─

거기 무엇이 오는가? ─ 웬 불쾌한 구더기?

옛 적수들의 온갖 추종자로군!

거짓말이라고? (그는 검을 허공에 찌른다)

여기! ─ 살아남은 관습,

비열함과 편견! (그는 다시 찌른다) 그대들은,

내가 악덕 행위를 한다고 생각하는가?

결코, 결코 그렇지 않아! ─ 아, 또한 그 어리석음이란!

그대들이 승리하고 정의롭게 남는다는 걸 난 알아.

무엇이 중요한가? 나는 싸우고, 싸우고, 싸웠어!

(그는 거칠게 발작을 하다가 헐떡이며 결국 멈춘다)

월계관과 장미만을 내게 꺾어다 주오!

내겐 하나의 재산이 남아 있네. 모든 폭풍우의 노호에도 불구하고,

그것은 전쟁터에서도 더러워지지 않았도다.

그리고 난 오늘, 나의 마지막 날에,

푸른 창공의 문턱으로 위로 삼아 가지고 가리.

그 재산을 —

(그는 검을 빼어들고 한 걸음 앞으로 나아간다)

그것은…

(검이 그의 손에서 떨어진다. 그는 비틀거리며 르 브레Le Bret와 라게노Ragueneau의 팔 안으로 쓰러진다)

록산.

(그의 위로 몸을 숙여 이마에 입을 맞추며)

그것은…?

시라노.

(다시 한 번 눈을 뜬다. 그녀를 알아보고 미소 지으며 말한다)

나의 문장紋章이라오.[3]

흉한 육체의 외피 밑에 그만큼 더 아름다운 영혼을 숨기고 있는 시라노는 그리워하는 자, 이해받지 못한 자다. 그의 마지막 승리란, 최소한 순수한 투구 장식을 갖고 떠나는 것이다—"어떠한 주름이나 얼룩 없이sans un pli et sans une tache." 그 자신은 별로 인상적인 인물이 아닌 죽어

가는 크리스티앙과 여성 저자(미스 밀러)의 동일시는 그녀의 사랑이 크리스티앙처럼 급작스러운 종말을 맞이했음을 말해준다. 크리스티앙이 등장하는 비극적인 막간극은 그러나 우리가 보았듯이, 훨씬 더 의미심장한 배경, 즉 록산에 대한 시라노의 짝사랑을 배경으로 해서 진행된다. 크리스티앙과의 동일시는 전면에 내세워졌을 뿐인 것 같다. 아마도 그 생각이 옳으리라는 것을 우리는 계속 분석해가면서 알게 될 것이다.

　크리스티앙과의 동일시에 이어 또 다른 예로, 대양에 떠 있는 한 증기선의 사진을 바라보며 바다에 대해 구체적으로 회상하는 부분이 나온다. ("…나는 기계들의 굉음을, 파도의 철썩거림을, 배의 흔들림을 느꼈다.") 이미 여기서 우리는, 항해에 특별히 인상적인 기억이 결부되어 있으리라고 짐작할 수 있다. 그러한 기억은 영혼 속에 깊이 각인된 것으로서, 무의식적인 공명共鳴 속에서 덮개기억Deckerinnerung(screen memory)〔받아들일 수 없는 경험의 기억, 더 중요한 경험의 연상을 덮기 위해 무의식적으로 진행되는 기억으로 하나의 저항의 양식이다〕을 매우 강력히 부각시킨다. 여기서 예상된 기억들이 위에서 말한 문제와 얼마나 연관될 수 있을지 다음에서 보게 될 것이다.

　지금부터 이어지는 예는 특이하다. 언젠가 목욕을 하면서 미스 밀러는 머리카락이 젖지 않도록 손수건으로 머리를 싸맸다. 그 순간 그녀는 다음과 같은 강한 인상을 받았다: "나는 주춧대 위에 있는 것 같았다. 모든 부분 하나하나가 마치 진짜 이집트 조상彫像 같았는데, 경직된 사지, 한 발을 앞으로 내밀고, 손에는 휘장을 들고 있는 표장表章" 등. 미스 밀러는 말하자면 자신을 하나의 이집트 조각상과 동일시하는데, 물론 인정되지 않은 유사성을 근거로 하고 있다. 그 말은, 나는 이집트 조각상과 같다. 즉, 뻣뻣하고 목석 같고 초연하며 또한 '무감각하다'는 것인데, 그러한 것은 이집트 양식을 두고 흔히 하는 표현이다.

다음의 예는 이 저자가 예술가가 되어가는 개인적인 경향을 부각시킨다.

"나는 그가 한 번도 간 적이 없는 제네바 호반 같은 정경을 재현하게 할 수 있었다. 그가 주장하기를 내가 그에게, 그가 한 번도 본 적이 없는 것을 그리게 하고 그가 한 번도 경험하지 못한, 거기에 걸맞은 분위기의 느낌을 전해줄 수 있었다는 것이다. 간단히 말해, 그가 자기의 연필을 사용하듯이 나는 그를 사용했는데, 말하자면 하나의 단순한 도구로 사용했다는 것이었다."

이러한 관찰은 이집트 조각상에 대한 환상과 극단적인 대조를 이룬다. 미스 밀러는 여기서 다른 사람에 대한 그녀의 거의 마술적인 영향을 강조하려는 무언의 욕구를 갖고 있다. 그러한 욕구 역시 진정한 감정관계를 맺는 데 자주 실패한 사람이 주로 느끼는 내면의 절박함이 없다면 생겨나지 않을 것이다. 그 사람은 그럴 때 거의 마술적이라 할 정도의 자신의 암시능력을 상상함으로써 스스로를 위로하게 된다.

이로써 작자의 자가암시성과 암시적 효과를 묘사할 만한 일련의 예들은 모두 들었다. 이러한 점에서 볼 때 이 예들은 물론 특별히 결정적인 것도 흥미로운 것도 아니다. 그러나 심리학적 관점에서 볼 때는 그것이 개인적인 문제를 얼마간 통찰할 수 있게 해주기 때문에 그것만으로도 벌써 훨씬 더 가치가 있다. 대다수의 예는 미스 밀러가 암시작용에 빠져 들어간 경우에 해당한다. 다시 말해 그것은 리비도가 어떠한 인상을 사로잡아 고양시킨 경우인데, 현실과의 불만족스러운 관계로 인해 속박되지 않은 자유로운 에너지가 생겨나지 않았더라면 그러한 일은 불가능했을 것이다.

창조주의 찬가

플루르누아가 출판한 책 두 번째 장의 제목은 다음과 같다. '몽환시夢幻詩「하느님께 영광」Gloire à Dieu. Poème onirique'[부록 245쪽을 볼 것].

스무 살 되던 해(1898)에 미스 밀러는 대대적인 유럽 여행을 한다. 그녀가 묘사한 것을 따라가보자.

"뉴욕에서 스톡홀름으로, 거기에서 페테르스부르크와 오데사로 가는 길고 거친 여행 이후, 사람들이 살고 있는 도시의 세계를 떠나 파도와 하늘과 침묵의 세계 속으로 들어가는 것은 정말 기쁜 일une véritable volupté[1]이었다. 나는 꿈을 꾸기 위해 갑판 위에서 몇 시간 동안 장의자에 몸을 뻗치고 있었다. 내가 먼 곳에서 본 여러 다른 나라의 전설과 신화는 희미하게 돌아와 일종의 빛나는 안개 같은 곳으로 스며들어갔다. 그 속에서 사물은 현실감을 상실했으나 꿈과 사유만은 진정한 현실의 모습을 띠었다. 처음에 나는 사람들을 만나는 것조차 모두 피하고 한쪽으로 비켜선 채 완전히 몽상에 잠겨 있었다. 위대하고 아름답고 선하다고 알고 있던 모든 것이 그 안에서는 신선한 힘과 새로운 생명을 지니고 나의 의식 속으로 되돌아왔다. 나는 먼 곳에 있는 친구들에게 편지를 쓰고 독서를 하며 내가 본 곳을 소재로 짤막한 시들을 끄적거리는 데 상당히 많은 시간을 보내기도 했다. 그 시들 중 몇 편은 오히려 심각한 성질의 것이었다."

아마도 세부 사항 하나하나까지 자세히 살피는 것은 불필요한 일인 듯싶다. 여기서 우리는 다만 위에서 확인한 사실, 즉 인간이 자신의 무의식으로 하여금 말하게 할 경우에는 항상 가장 은밀한 일을 다 지껄인다는 사실을 기억하기로 하자. 이러한 시각에서 보면 가장 사소한 일도 중요할 때가 자주 있다. 미스 밀러는 이 작품에서 일종의 '내향의 상태'를 묘사하고 있다. 즉, 많은 인상을 지닌 도시들의 삶이 그녀의 관심 자체를 빼앗아간 이래(이미 논의한, 폭력적으로 인상을 강요하는 암시능력으로써), 그녀는 바다 위에서 가벼운 마음으로 숨을 길게 내쉬고 모든 외적 세계를 넘어서 주변세계와의 의도적인 분열과 함께 내면세계 속으로 침잠한다. 그렇게 해서 사물들은 현실성을 상실하고 꿈이 현실로 된다. 정신병리학에는, 환자들이 갈수록 현실로부터 차단되어 그들의 환상 속에 침잠함으로써 생겨나는 정신장해[2]가 있는데, 그때는 현실이 영향력을 상실할 정도로 내면세계의 결정적인 힘이 증가한다. 이 과정이 절정에 도달할 때 환자들은 불현듯 현실과의 분열을 얼마간 의식하는 일이 자주 일어난다. 그 뒤에 출현하는 사건은 일종의 공황Panik인데, 이때 환자는 외부세계로 관심을 돌리려는 병적인 노력을 하기 시작한다. 이러한 노력은 외부와 다시 연결되고자 하는 보상적 소망에서 나온 것이다. 이런 현상은 환자뿐 아니라 정상인에게도 미약하게나마 나타나는 현상으로 하나의 심리학적 법칙인 것 같다.

그러므로 우리는 미스 밀러가 때때로 현실감조차 앗아가던 그녀의 끈질긴 내향 뒤에 새로이 어떠한 외부세계의 인상에 의해 압도되리라고 예기할 수 있다. 그것도 그녀의 몽상만큼이나 강렬한 암시적 영향에 지배받게 될 수 있는 것이다. 그녀의 이야기를 계속 따라가보자.

"그런데 여행이 마지막에 이르렀을 때 고급 선원들은 최선을 다해 친절을 베풀었다tout ce qu'il y a de plus empressé et de plus aimable. 나는 그들에게 영어를 가르쳐주면서 여러 시간 즐겁게 보냈다. 시칠리아 해안의, 카타니아 항구에서 난 뱃노래를 하나 지었는데, 바다에서 잘 알려진 노래들과 매우 흡사한 것이었다(「Brine, wine and damsels fine」). 이탈리아 사람들 모두가 대체로 노래를 잘 불렀다. 또한 불침번을 서면서 갑판에서 노래를 부른 한 장교는 내게 깊은 감동을 주었고 그의 선율에 맞는 가사를 쓰도록 영감을 불러일으켰다. 그 직후 나는 '나폴리를 본 다음에 죽으라 Veder Napoli e poi morir'는 잘 알려진 속담을 거의 거꾸로 돌릴 뻔했다. 갑자기 너무 괴로워졌기 때문이다(위험할 정도는 아니었지만). 그러나 다시 회복되어서 육지로 가서 자동차를 타고 도시의 명소들을 볼 수 있었다. 이날은 몹시 피곤했다. 다음 날 피사를 보기로 했기 때문에, 나는 저녁에 늦지 않게 선실로 가서 누워, 장교의 아름다움과 이탈리아 거지의 추악함 외에 더 진지한 것은 생각하지 않고 곧장 잠이 들었다."

기대했던 깊은 감동 대신 사소해 보이는 막간극이나 시시덕거림 같은 것을 만나게 되어 우리는 좀 실망스럽다. 어쨌든 노래하는 장교는 그녀에게 상당히 인상적이었다("il m'avait fait beaucoup d'impression"). 글의 마지막에 한 말 "장교의 아름다움 외에 더 진지한 것은 생각하지 않고" 등은 물론 감동이 준 진지함을 다시 감소시킨다. 그러나 그러한 감동이 분명 적잖이 분위기에 영향을 주었을 것이라는 추측은 그 노래하는 장교를 기리는 하나의 시가 생겨난 것으로 보아 확실해진다. 흔히 우리는 모든 것을 단순하고 사소한 것으로 묘사하는 당사자들의 진술을 따르다가 그와 같은 체험을 가볍게 여기는 경향이 너무나 크다. 나는 이 체험에 좀 더 주목하고자 한다. 체험으로 볼 때 그러한 내향에 따른 감동은 정서에 깊은 영향을 끼치기 때문이다. 그런데 미스 밀러는 아마도 그러한 영향을 과소평가했던 것 같다.

갑자기 생겨난 일시적인 불편한 마음은 심리학적 해명을 필요로 하지만, 그렇게 하기에는 물론 근거가 부족하다. 그러나 다음에 그려질 현상은 바닥까지 파고든 감동에서 나온 것으로밖에 이해할 수 없다.

"배는 나폴리에서 리보르노까지 밤새 항해했다. 그동안 나는 어쨌든 잠을 잘 잤다. 나는 깊이 잠들거나, 꿈꾸지 않고 자는 적이 거의 없는데 말이다. 마치 다음의 꿈이 끝날 때 내 어머니의 목소리가 나를 깨운 것 같았다. 처음에 나는 단어들에 대해 어렴풋한 관념을 갖고 있었다. '새벽 별들이 함께 노래할 때'―그것은 창조에 관한, 또한 우주 만물에 울려퍼지는 웅장한 찬가에 관한 어떤 불확실한 관념의 서주序奏였다. 꿈이 원래 그렇듯이 모순에 찬 혼란하고 기이한 특성에도 불구하고, 뉴욕의 한 일류 음악 동호회에서 상연했던 오라토리오의 합창들과 그다음에 밀턴의 『실낙원』에 대한 기억이 혼합되었다. 그런 다음에는 세 절로 나누어진 몇 마디 단어가 이러한 뒤엉킴 속에서 서서히 나타났다. 더욱이 그것은 푸른 선이 있는 평범한 종이 위에, 내가 항상 지니고 다니는 나의 오래된 시집의 한 면에 내 자필로 씌어 있었다. 간단히 말해, 그것은 몇 분 후에 실제로 내 책에 씌었던 것과 정확히 똑같아 보였다."

그러자 미스 밀러는 다음의 시를 기록했다. 그녀는 이것을 몇 달 후에 어느 정도 재정리했는데 그녀가 보기에 꿈의 원본에 더 가까워진 것이었다.

> 영원한 분이 소리를 창조했을 때,
> 그것을 듣기 위해 무수한 귀들이 솟아났네.
> 그리고 우주 만물에 두루두루
> 깊고 선명한 메아리가 울렸다네.
> "소리의 신이여, 모든 찬미를 받을지어다!"
>
> 영원한 분이 빛을 창조했을 때,
> 그것을 보기 위해 무수한 눈들이 솟아났네.
> 듣는 귀들과 보는 눈들은
> 웅장한 합창을 다시금 올렸다네.
> "빛의 신이여, 모든 찬미를 받을지어다!"
>
> 영원한 분이 사랑을 창조했을 때,
> 수많은 심장들이 생명을 얻었네.
> 귀들은 음악으로, 눈들은 빛으로 가득 차,
> 사랑으로 넘쳐나는 가슴들과 함께 외쳤네.
> "사랑의 신이여, 모든 찬미를 받을지어다!"[3]

자기 고유의 착상을 통해 이렇듯 숭고한 창조의 근원을 밝혀내려는 그녀의 노력에 대해 살펴보기 전에, 지금까지 말한 소재를 간단히 개관해보고자 한다. 배에서 받은 감동은 이미 적절하게 강조했기 때문에, 이러한 문학적 계시를 유발한 역동적 과정을 포착하는 데는 별 어려움이 없을 것이다. 미스 밀러가 성애적 인상의 정도를 적잖이 과소평가했으리라는 말은 위에서 했다. 비교적 미약한 성애적 인상이 종종 과소평가된다는 경험으로 볼 때 이러한 추측은 개연성을 얻는다. 그런 현상은 당사자들이 사회적 혹은 도덕적 이유에서 어떠한 성애적 관계가 불가능하다고 여기는 경우(예컨대 부모와 자녀, 남매, 또한 나이 많은 남자와 나이 어린 남자 간의 관계 등)에서 가장 잘 볼 수 있다. 비교적 가벼운 인상일 경우 당사자에게는 그것이 아예 존재하지 않는 것이다. 인상이 강할 경우 온갖 어리석음을 유발할 수 있는 비극적인 의존성이 생겨난다. 분별력의 상실은 극단까지 갈 수 있다. 그런데 '성욕'에 대해서 말하려고 하면 모두들 도덕적 입장에서 심하게 격분한다. 일종의 교육이 암묵적으로 노리는 것은, 그러한 배경을 가능한 한 모른 채 심한 무지 상태에 있게 하는 것이다.[4] 그러므로 어떤 성애적 인상이 정확히 어느 정도인지에 대한 판단이 말하자면 보통의 경우 불확실하고 불충분하다는 것은 새삼스러운 일이 아니다. 우리가 살펴보았듯이, 미스 밀러는 깊은 감동을 받을 기질을 철두철미하게 지니고 있었다. 그러나 그로 인해 자극된 감정 중 드러난 것은 그다지 많은 것 같지 않다. 꿈이 엄격한 선별작업을 계속해야 했기 때문이다. 분석의 경험에서 볼 때, 환자들이 분석 시간에 가져오는 최초의 꿈이 특별히 흥미로운 것은 무엇보다도 그것들이 종종 의사의 인격에 대한 판단과 가치평가를 보여주기 때문이다. 그 이전에는 그것을 직접 물어보아도 답을 얻을 수 없던 것들이다. 꿈의 평가들은 환자가 자기의 의사에 대해 갖고 있던 의식적 인상을 흔히 상당한 정도로 풍부하게 해준다. 더욱이 그것은 바로 인상에 대한 일반적 폄하와 불분명한 판단 때문에 무의식이 해야 하는 성애적인 평가일 때가 종종 있다. 꿈의 노골적이고 과장된 표현방식 속에서 인상은 상징의 격에 맞지 않는 차원들로 인해 흔히 거의 이해할 수 없는 형태로 나타난다. 무의식의 역사적인 계층화 때문에 생겨난 것으로 보이는 또 다른 특이성은, 의식적 인정을 받지 못한 인상은 초기의 관계 형식을 장악한다는 것이다. 따라서 예컨대 어린 소녀의 경우, 첫사랑을 할 때 자신을 표현하는 데 상당한 어려움을 겪는 일이 있는데, 그 원인을 아버지 상, 또는 아버지-이마고 Vater-Imago[5]의 퇴행적 재활성화에 의한 장애로 돌릴 수 있다.

미스 밀러의 경우에 그와 유사한 면을 볼 수 있는데, 남성적인 창조적 신격神格이라는 관념은 언뜻 보기에 아버지-이마고[6]의 파생어이기 때문이다. 아버지-이마고는 무엇보다도 우선 아버지에 대한 아이의 관계를 대체해서 개인이 가족의 좁은 영역에서 인간 사회의 더 넓은 영역으로 들어가는 과정을 쉽게 겪도록 하는 것을 목적으로 한다. 물론 이것으로써 상像, Bild의 의미가 남김없이 설명된 것은 결코 아니다.

이러한 고찰에 따라, 시詩와 그 '서주序奏' 속에서 아버지-이마고로 퇴행하는 내향의 종교적-시적 산물을 살펴볼 것이다. 영향력 있는 인상에 대한 통각統覺, Apperzeption이 언뜻 결핍되어 보임에도 불구하고, 그 인상의 본질적 요소는 대체물 형성으로, 말하자면 그것의 유래를 나타내는 표식으로서 수용된다. 영향력 있는 인상이란 바로 불침번을 서며 노래한 장교였다("새벽 별들이 함께 노래할 때—"). 그의 이미지는 소녀에게 새로운 세계를 열어주었다('창조').

이 '창조주'는 처음에 소리를 창조했고 그 다음에는 빛을, 그리고 마지막으로 사랑을 창조했다. 소리의 첫 창조는 시몬 마구스Simon Magus

의 『창세기*Genesis*』에 나오는 '창조자의 말' 속에서 유사성을 찾을 수 있는데, 거기에서는 음성이 태양과 일치한다.[7] 또한 「포이만드레스 Poimandres」에 언급된 비탄의 소리, 또는 외침 속에서[8], 또한 라이덴의 파피루스 J 395에 있는 세계 창조에 나오는 신의 웃음 속에서[9] 유사성을 찾을 수 있다. 우리는 이제 이미 추정판독법을 감행해도 될 것이다. 그것은 뒤에 충분히 증명될 터인데, 다음의 연상 사슬을 볼 것이다: 노래하는 사람ㅡ노래하는 샛별ㅡ소리의 신ㅡ창조자ㅡ빛의 신ㅡ태양의 신ㅡ불의 신ㅡ사랑의 신. 이러한 명칭은 주로 성애적인 언어 속에서도, 또한 격정 때문에 어법이 고조되는 곳이면 어디에서나 찾아볼 수 있다.

미스 밀러는 무의식적 창조에 대해 이해하고자 노력했다. 그것도 심리학적 분석 방식과 원칙적으로 일치하는 절차를 통해서 해명하고자 하였기 때문에 그것과 같은 결과를 얻었다. 그러나 문외한과 초보자가 곧잘 저지르듯이 그녀는 밑바닥의 콤플렉스를 그저 간접적으로 묘사할 뿐인 착상들에 멈추어 서고 있다. 그래도 의미를 찾아내는 데에는 그 자체로 바로 완결된 사고라고 할 수 있는 단순한 추론 방식으로 충분하다.

미스 밀러는 처음에 그녀의 무의식적 환상이, 모세의 창조에 관한 보고대로 첫 번째 위치에 빛을 놓지 않고 소리를 놓은 것에 놀라움을 표시한다. 그러고는 참으로 이를 위해서 이론적으로 구성된 설명이 뒤따른다. 그녀는 말한다.

"아낙사고라스Anaxagoras 역시 일종의 회오리바람[10]을 통해 혼돈에서 우주가 생겨나게 한다는 것을 상기한다면 아마 흥미로울 것이다. 그런 일은 대개 울림이 만들어지지 않고는 일어나지 않는다. 그런데 이 시기까지 나는 아직 철학 공부를 하지 못했기 때문에, 아낙사고라스에 대해서도, 그의 누스Nous('정신'. 아낙사고라스는 이를 우주 질서의 원천으로 보았다) 이론에 대해서도 알지 못했다. 나는 분명 무의식적으로 누스를 따르고 있었다. 나는 당시 라이프니츠에 대해서도 마찬가지로 전혀 알지 못했고, 따라서 또한 그의 '신은 연산演算에 의해 세계를 만든다dum Deus calculat, fit mundus'는 학설에 대해서도 전혀 몰랐다."

아낙사고라스와 라이프니츠에 대한 이 두 가지 언급은 '생각'을 통한 창조에 관한 것인데, 말하자면 신적인 생각만이 어떠한 새로운 물질적 현실을 만들어낼 수 있다는 것이다. 이 말은 처음에는 이해하기 힘들어 보이지만, 그러나 곧바로 이해할 수 있게 된다.

이제 미스 밀러가 그녀의 무의식적 창조의 주된 근원으로 삼은 착상들을 살펴보자.

"우리 집에 있었고 어린 시절부터 내가 가장 좋아했던 것은 무엇보다도, 도레Gustave Doré의 삽화가 그려진 판본의 밀턴의 『실낙원』이다. 그 다음으로는 「욥기」인데, 나는 그 책에서 기억해낼 수 있는 부분을 자주 낭독했다. 게다가 『실낙원』의 처음 구절을 나의 첫 시행과 비교해보면 운율이 같다는 것을 알 수 있을 것이다.

'인간의 첫 불순종Of man's first disobedience…'

'영원한 분이 처음으로 소리를 창조했을 때When the Eternal first made sound'

또한 내 시는 「욥기」에 나오는 여러 구절과 헨델Händel의 오라토리오 「창조」[11]에 나오는 두 구절을 상기시킨다. 그것은 꿈이 시작될 때 이미 어렴풋하게 나타났던 것이다."

알려져 있다시피, 태초와 밀접하게 연관된 『실낙원』은 "인간의 첫 불순종…"이란 시행을 통해 더욱 상세하게 표현된다. 그것은 분명 원죄와 관계되는데, 이 맥락에서 그 주제는 몇 가지 의미를 얻게 될 것이다. 나는 여기서 사람들이 제기할 반론을 알고 있다. 즉, 미스 밀러가 어떤 다른 시행詩行을 예로 선택했을 수도 있는데, 단지 우연히 가장 뛰어난 첫 번째 시행을 들었을 뿐이며, 그것 역시 우연히 이러한 내용을 지니는 것이라는 반론 말이다. 착상의 방식에 가하는 비판은 흔히 그러한 논거로써 행해진다. 심리적 영역에서 나타나는 인과성을 진지하게 여기지 않는 데서 오해가 생겨나는데, 말 그대로 우연이란 존재하지 않으며 '똑같이 좋은' 것도 없다. 그게 그렇다고 할 때는 왜 그런지 충분한 이유가 있는 것이다. 이 시가 원죄와 관련이 있는 것은 사실이다. 그리고 이러한 암시 속에 우리가 앞에서 추측했던 바로 그 문제가 나타난다. 유감스럽게도 작자는 「욥기」의 어떤 구절이 그녀에게 떠올랐는지 언급하지 않고 있다. 그러므로 상식적으로 추측할 수밖에 없다. 먼저 『실낙원』과의 유사성을 살펴보자. 욥은 그가 가진 모든 것을 잃으며, 더욱이 사탄의 제안에 따라 신은 그를 시험한다. 또한 인간은 뱀의 유혹에 의해 낙원을 상실하게 된다. 인간들은 쫓겨나 지상의 고통 속으로 들어갔다. 『실낙원』의 회상을 통해 표현되는 이념, 혹은 분위기라 할 수 있는 것은 무엇인가를 잃었다는 감정이며 그것이 사탄의 유혹과 연관된다는 것이다. 여자도 욥처럼 무고하게 고통을 받는다. 왜냐하면 그녀는 정말 유혹에 빠지지 않았기 때문이다. 욥의 고통은 그의 친구들에게 이해받지 못한다.[12] 사탄이 그를 끌어들였는지, 욥이 정말로 무고한지는 아무도 모른다. 그는 끈질기게 자신의 무죄를 주장한다. 여기에 하나의 비유가 담겨 있을까? 어떤 노이로제 환자들과 특히 정신병 환자는 있지도 않은 공격에 대해 방어하기 위해 끊임없이 자신의 무죄를 주장한다는 것을 우리는 알고 있다. 그러나 자세히 살펴보면, 환자는 언뜻 보기에 이유도 없이 자신의 무죄를 주장하면서 그로써 단순히 자기기만의 술책을 수행하고 있음을 알 수 있다. 그 에너지는 바로 충동의 자극Triebregungen에서 나오는데, 그러한 자극의 특징은 바로 억측상의 비난이나 비방의 내용에서 드러난다.[13]

    욥은 이중으로 고통을 받는다. 한편으로는 행복을 잃어버림으로써, 다른 한편으로는 친구들의 몰이해로 인해 고통을 받는다. 친구들의 몰이해라는 주제는 「욥기」 전체를 관류하고 있다. 이해받지 못한 자의 고뇌는 시라노 드 베르주라크라는 인물을 상기시킨다. 그 역시 이중으로 고통을 받는다. 한편으로는 소망 없는 사랑으로, 다른 한편으로는 이해받지 못한다는 것 때문에 고통을 받는다. 우리가 살펴보았듯이, 그는 '거짓le Mensonge, 타협les Compromis, 편견les Préjugés, 비겁함과 어리석음les Lâchetés et la Sottise'에 맞선 가망 없는 최후의 싸움에서 쓰러진다. "그래, 내게서 월계관과 장미를 모두 빼앗아라!"

    욥은 탄식한다.

> 하느님이 날 악당에게 내어주시고,
> 경건치 않은 자의 손아귀에 던지시는구나.
> 내가 평안히 살았더니, 그가 날 꺾으시며,
> 내 목을 잡아 던져 나를 부서뜨리시며,
> 나를 세워 과녁을 삼으셨도다.
> 그의 화살은 내 주위를 날아다니며,
> 잔인하게 내 신장을 뚫고,

담즙을 땅에 토해놓게 하는도다.
그가 내 몸 구석구석을 파괴시키고,
용사와도 같이 내게 달려드시는도다.[14]

감정의 유사성은 막강한 자와의 소망 없는 싸움으로 인한 고통 속에 담겨 있다. 이러한 싸움은 아득하게 '창조'의 울림을 동반하는 것처럼 보인다. 그것은 무의식에 속해서 아직 상부세계의 빛을 뚫고 들어가지 못한 하나의 아름답고 신비스러운 이미지다. 우리는 말 그대로 이러한 싸움이 정말 창조와 관련된 어떤 것임을, 부정과 긍정을 놓고 벌이는 투쟁이라는 것을 알고 있다. 아니 그보다 더 많은 것을 예감할 수 있다.

크리스티앙과의 동일시를 통해 나타나는 로스탕의 『시라노』의 암시, 또한 밀턴의 『실낙원』과 친구들에 의해 이해받지 못한 욥의 암시는 시인의 심혼 속에서 무엇인가가 이러한 이미지들과 동일시된다는 것, 시라노와 욥처럼 고통을 받고 천국을 상실했으며 '창조'를 꿈꾼다는 것, 혹은 프노이마Pneuma(스토아 학파에서 기氣, 정신, 프네우마의 독일식 발음)의 바람에 의한 수태를—생각을 통한 창조를—계획한다는 것을 분명하게 말해준다.

이제 다시 미스 밀러의 설명을 따라가보자.

"내가 열다섯 살이었을 때 언젠가 나의 어머니가 읽어주었던 한 기사 때문에 강한 자극을 받았던 기억이 난다. 그것은 '자발적으로 그 대상을 만들어내는 이념'에 관한 것이었다. 나는 밤잠을 거의 설칠 정도로 흥분했는데, 그것이 무엇일까 하고 곰곰이 생각하고 또 생각했다. 나는 아홉 살부터 열여섯 살이 될 때까지 매주 일요일에 매우 학식 있는 분이 당시 목사로 계셨던 어느 장로교회에 다녔다.… 내가 그에 대해 간직해온 최초의 기억 가운데 하나 속에서 나는 아주 어린 소녀인 내가 바짝 깨어 주의를 집중하고자 부단히 애쓰며 커다란 교회 의자에 앉아 있는 것을 본다. 그러나 그가 '혼돈', '우주', 또 '사랑의 선물don d'amour'에 대해 우리에게 말할 때 그것이 무슨 뜻인지 맹세코 이해할 수 없었다."

이것은 말하자면 사춘기가 시작될 무렵(아홉 살에서 열여섯 살까지)의 매우 초창기의 기억으로서, 혼돈에서 탄생하는 우주의 이념을 '사랑의 선물'과 연관시킨 것이다. 이러한 연관성이 생겨나게 한 매개체는 그 애매모호한 말들을 했던 존경스러운 성직자에 대한 기억이다. '그 대상을 만들어내는' 창조적인 '생각'이라는 관념 때문에 흥분했던 그녀의 기억은 같은 시점에서 나온 것이다. 여기에 창조의 두 가지 길이 암시되어 있는데, 즉 창조적인 생각과 '사랑의 선물'과의 비밀스러운 관계가 그것이다.

나는 의과대학에서 마지막 몇 학기 동안 열다섯 살 된 한 소녀를 오랜 기간 관찰함으로써 그녀의 심혼 깊은 곳까지 통찰할 기회가 있었다. 당시에 나는 놀랍게도, 무의식적 환상의 내용이 어떤 것인가, 또한 그것이 그 또래의 소녀가 외면상 보여주고 외부에서 짐작할 수 있는 것과 얼마나 동떨어져 있는가를 발견했다. 그것은 그야말로 신화적 성격을 띤 대대적인 환상이었다. 분열된 환상 속에서 그녀는 무수한 종족의 시조녀始祖女,Stammutter였다.[15] 그녀의 뚜렷한 문학적 환상을 제하고 나면, 분명 그 또래의 모든 소녀들이 공유하고 있는 요소가 남는다. 무의식이란 개인적 무의식의 내용과는 비교할 수 없을 만큼 엄청난 정도로 모든 인간에게 공통적으로 있는 것이기 때문이다. 말하자면 그것은 역사상 보편적이고 빈번히 나타난 것을 압축한 것이다.

미스 밀러가 그 나이에 가졌던 문제는 보편적·인간적인 것이었다. 즉, 어떻게 하면 내가 창조적이 될까, 하는 문제였다. 이에 대해 자연은 먼저 유일한 답변을 해준다. 즉, '아이를 통해서(사랑의 선물?!)'라는 것이다. 그렇다면 어떻게 아이를 얻게 되는가? 경험에 의하면, 여기에서 아버지와 연관되는 문제가 발생하는데[16], 원래는 아이를 아버지와 관련지어서는 안 된다. 왜냐하면 그렇게 될 경우 금지된 근친상간에 연루되기 때문이다. 아이를 아버지와 묶어주는 본능적이고 강력한 사랑은 아이가 성장해서 가족을 떠나는 시기에 더 고차원적인 아버지의 모습으로, 권위나 '교부敎父들'에게, 또한 그들에 의해 이른바 가시적으로 구현된 아버지 신Vatergott에게 향하게 된다(그림 4). 그렇게 되면 아버지와의 연관성이라는 문제를 생각할 가능성이 더욱 희박해진다. 그렇지만 신화는 결코 위로에 궁한 적이 없다. 로고스Logos가 살이 되지 않았는가? 신적 프네우마와 로고스가 동정녀에게 들어가 잉태되지 않았는가? 아낙사고라스의 저 '돌풍'은 바로 그 자체로부터 세계가 된 신적 누스Nous였다. 무엇 때문에 우리는 순결한 어머니의 상을 오늘날까지 보존해왔는가? 그것이 아직도 충분히 위로가 되며 말이나 거창한 설교가 없이도 위로가 필요한 사람들에게 '나도 어머니가 되었다'—'자발적으로 그 대상을 만들어내는 이념'을 통해—고 말해주기 때문이다. 사춘기 때의 특징인 환상으로 인해 이러한 이념을 취했다면, 불면의 밤을 보낸 충분한 이유가 되었으리라고 생각한다. 그 결과는 예측할 수 없을 것이다.

모든 심리적인 것은 하위적인 의미와 상위적인 의미를 지니고 있다. "위의 하늘 / 아래의 하늘 / 위의 별 / 아래의 별. 위에 있는 모든 것 / 그것은 아래에도 있다. / 그것을 붙들라. 그리고 기뻐하라"[17]는 고대 그리스 후기 신비주의의 심오한 문장이 그것을 말해준다. 이로써 우리는

그림 4. 동정녀의 품속에 있는 그리스도.
오버라인의 대가.(1400년경)

모든 심리적인 것의 상징적 의미가 지닌 비밀에 닿게 된다. 따라서 만일 우리의 작가 미스 밀러가 겪은 그 불면의 밤의 흥분을 오로지 편협한 의미의 성적인 문제로만 돌리려 든다면, 그녀 고유의 정신적 특성을 제대로 알아내지 못할 것이다. 그것은 두 의미 중 하나일 뿐이며 더욱이 하위적인 절반의 특성에 지나지 않을 것이다. 다른 절반이란 실제적인 창조를 대신하는 관념적 창조를 말한다.

정신적인 작업에 분명 능력이 있는 사람의 경우, 정신적 결실에 대한 전망은 최고로 기대해볼 만한 가치가 있다. 많은 사람들에게 그것은 삶의 절박한 필요가 되기도 한다. 환상의 이러한 다른 측면도 미스 밀러의 흥분을 설명해준다. 미래의 일을 미리 예견하는 생각이 여기에 있기 때문이다. 메테를링크Maurice Maeterlinck[18]의 표현을 빌리자면 그것은 '상위 무의식inconscient supérieur', 즉 바로 그 잠재적 결합체의 '예견 능력'에서 나오는 생각이다.[19] 나의 일상적인 직업활동에서 겪은 특별한 경험 하나가 있다(소재가 복잡하므로 이 경험의 확실성을 주장하는 데는 최대한 신중할 수밖에 없다). 즉, 여러 해 동안 진행된 신경증의 어떤 사례들에서는 발병 시기에, 혹은 훨씬 그 이전에 자주 시각적으로 뚜렷한 꿈이 생겨났다는 사실이다. 그것은 기억에 각인되어 지워지지 않은 채 있다가 분석을 통해, 환자가 미처 몰랐던 이후의 인생사를 예견해주는[20] 의미를 드러낸다. 나는 미스 밀러의 저 불안한 밤의 흥분에도 이러한 의미를 부여하고 싶다. 왜냐하면 그 이후의 사건들은, 미스 밀리가 의식적, 무의식적으로 우리에게 드러내 보이는 한, 그 당시의 순간이 삶의 목표의 유지와 예견으로 파악될 수 있다는 추정을 완벽하게 뒷받침해주기 때문이다.

미스 밀러는 그녀에게 떠올랐던 일련의 생각을 다음과 같은 말로 정리한다.

> "'꿈은' 실낙원의 관념들이 혼합됨으로써, 욥으로부터, 그리고 '자발적으로 그 대상을 만들어내는 생각Gedanke', '사랑의 선물', '혼돈'과 '우주' 같은 관념들을 지닌 창조로부터 생겨나는 것 같다."

만화경이 채색 유리조각의 조합이듯이 그녀의 정신은 철학과 미학, 종교의 단편들이 결합되어 있을 수 있다.

> "여행과 스쳐 지나면서 본 나라들이 준 자극적인 영향 속에서, 바다의 거대한 침묵과 형용하기 어려운 마법에 얽매여… 오직 그뿐, 더는 아무것도 아니야…Ce ne fut que cela et rien de plus(Only this and nothing more!)."

이러한 말로 미스 밀러는 정중하면서도 강하게 우리를 이끌어나간다. 영문으로 다시 한 번 부인否認을 확인하고 있는 그녀의 작별의 말은 어떤 종류의 호기심을 남겨놓고 있다. 즉, 이 말은 어떤 입장을 부인하고 있는가, 하는 질문이다. "오직 그뿐, 더는 아무것도 아니야Ce ne fut que cela et rien de plus!" 말하자면 정말로 오직 '불가사의한 바다의 마법' 뿐이었다는 것이다. 불침번을 서면서 아름다운 노래를 불렀던 젊은 남자는 분명 잊혀졌을 것이다. 그리고 그가 새날의 창조에 앞서 나타난 샛별이었음을 아무도 모른다는 것, 최소한 꿈을 꾼 그녀조차 모른다는 것이다.[21] 그러나 '오직 그뿐'과 같은 문장으로써 자기 자신과 독자를 무마시키는 일은 삼가야 한다. 그렇지 않을 경우 곧바로 다시 자신을 부인해야 하는 일이 생길 수 있을 것이다. 미스 밀러에게도 그런 일이 일어난다. 그녀가 "오직 그뿐, 더는 아무것도 아니야"라는 영문으로 된 인용을 물론 출처도 밝히지 않은 채 따르게 할 때 그렇다. 인용의 출처는 에드거 앨런 포Edgar Allan Poe의 시 「까마귀The Raven」이며 해당 절은 다음과 같다.

> 내가 꾸벅 졸며 깜박 잠이 들었을 때, 불현듯 발자국 소리가 커졌네.
> 누군가 살며시 노크하듯, 내 방문을 두드렸네.
> "그저 한 객이", 난 조용히 말하네, "내 방문을 두드리는 거야."─
> "오직 그뿐, 더는 아무것도 아니야."

섬뜩한 까마귀 한 마리가 이슥한 밤에 그의 방문을 두드리며, 시인에게 다시는 돌아올 수 없는 떠나버린 '레노어Lenore'를 회상시킨다. 까마귀는 '네버모어Nevermore'라 불린다. 각 절의 후렴에서 그는 기분 나쁘게 '네버모어' 하고 깍깍댄다. 옛 기억은 고통스럽게 되돌아온다. 유령은 가차 없이 '네버모어'라고 말한다. 시인은 그 반갑지 않은 객을 내쫓으려고 애쓰지만 소용없다. 그는 까마귀에게 소리친다.

> "이것으로 끝장이야", 난 다급히 소리친다, "새인지 사탄의 새끼인지!
> 조용히 물러가라, 폭풍우 속으로, 감감한 플루토의 해안으로!
> 거짓의 증거인 새까만 깃털을 여기 나에게 남겨두지 말라!
> 나 홀로 조용히 있도록 해다오!ㅡ내 방문 위에서 그 가슴을 치워,
> 나의 심장에서 너의 부리를 치워, 내 방문에서 사라져!"

까마귀는 "네버모어" 하고 깍깍대네!

상황을 쉽게 극복하도록 이끌어가는 것처럼 보이는 "오직 그뿐, 더는 아무것도 아니야"라는 말은 잃어버린 사랑으로 인한 절망을 그리고 있는 한 텍스트[22]에서 유래한다. 그런데 우리의 시인 미스 밀러는 이 인용을 부정한다. 그녀는 밤에 노래하던 장교가 그녀에게 주었던 인상과 그것이 준 엄청난 영향을 분명 과소평가하고 있다. 그러한 과소평가가 바로 이 문제가 직접적으로 의식화 작업에 이르지 못한 원인이 되며 그로 인해 '심리학적인 수수께끼'[23]가 생겨난다. 그 인상은 무의식 속에서 계속 작업을 해서 상징적 환상을 창출한다. 처음에 그것은 '노래하는 샛별'이며, 그 다음으로는 실낙원이다. 그런 다음 갈망은 성직자의 복장을 한 채 세계 창조에 관한 애매모호한 단어들을 말한다. 그리고 그것은 마침내 경건한 찬가로 승화되어 결국 거기에서 자유를 향한 출구를 발견하게 된다. 그러나 찬가에는 그 유래가 지닌 특성이 담겨 있다. 말하자면, 밤에 노래했던 장교는 아버지-이마고와의 관계라는 우회로를 통해 창조자, 즉 소리와 빛, 사랑의 창조자가 되었다. 이것을 두고, 신격의 이념이 연인의 상실에서 나오는 것이라거나 혹은 그 자체가 인간적인 대상의 대체물에 지나지 않는 것이라고 말해서는 안 될 것이다. 분명 여기서는 리비도가 상징적 대상으로 이동하며 그로써 상징적 대상이 흡사 대체물처럼 만들어지는 것이다. 그 자체로 그것은 독자적인 경험 영역이긴 하지만, 모든 것이 그렇듯이 그러한 경험은 어떤 본래의 것이 아닌 목적을 위해 사용될 수 있다.

리비도의 우회로는 고통의 길인 것 같다. 적어도 『실낙원』과 그와 유사한 「욥기」를 기억하면 그런 결론을 내리게 된다. 처음에 암시된 크리스티앙과의 동일시는 결국 시라노에게 해당되는데, 그것은 우회로가 일종의 고통의 길임을 보여준다. 원죄 사건 이후 인간이 현세적 삶의 짐을 져야 했던 것처럼. 혹은 욥이 사탄과 신의 권력 아래서 고통을 겪고, 그 자신은 아무것도 모른 채 초월적인 두 종류의 권력 사이에서 게임 공이 되었던 것처럼.『파우스트*Faust*』도 이와 똑같은 '신의 내기'에 관한 극을 보여준다.

메피스토펠레스:
  내기를 할까요? 당신은 결국 그자를 잃고 말 겁니다.
  허락만 해주신다면
  녀석을 슬쩍 나의 길로 끌어내리리이다![24]

사탄:
  이제 주의 손을 펴서
  그의 모든 소유물을 치소서.
  그리하시면 당장 그가 정면으로 주를 저주하리이다.[25]

「욥기」에서는 단순히 선과 악의 두 줄기 큰 흐름의 특징이 있는 반면,『파우스트』의 일차적인 문제는 분명 성애적인 것이다. 여기서 사탄은 그가 맡은 유혹하는 자의 역할을 통해 정확히 그 특징을 드러낸다. 욥에게는 그러한 면이 없으며, 또한 그 자신의 심혼 속에 생긴 갈등을 의식하지도 못한다. 더욱이 그는 그의 마음속의 악을 확인시키려고 드는 친구들의 말을 계속 반박한다. 그런 점에서 파우스트는 갈기갈기 찢긴 자신의 심혼을 인정하기 때문에 갈등을 더 의식하고 있다고 할 수 있다.

  미스 밀러의 태도는 욥과 같다. 그녀는 자신을 인식하지 못하고 저 세상으로부터 선과 악이 다가오는 것을 그대로 놓아둔다. 이 점에서 보아도 욥과의 동일시가 특징적으로 나타난다. 또 하나의 중요한 유사점을 언급해야겠다. 즉, 생식한다는 것은, 자연의 관점에서 사랑이 무엇으로 파악되든 간에, 언뜻 보기에 성애적인 인상에서 끌어내온 신격의 본질적 속성으로 남아 있다는 것이다. 그렇기 때문에 찬가에서 신은 창조자로서 찬양받고 있다. 알다시피 욥은 그와 동일한 연극을 보여준다. 사탄은 욥의 생산성을 말살하는 자다. 신 자신이 산출하는 자이기 때문에 그는 욥기의 마지막에서 그 자신의 고유한 창조 능력을 찬미하는, 고도의 문학적 아름다움으로 가득 찬 찬가를 말하고 있다. 여기서 동물 세계의 두 혐오스러운 대표자를 떠올리게 하는 것은 이상한 일이다. 그들은 가장 거친 자연의 폭력을 대표하는 두 존재인 베헤모트Behemoth〔거대한 바다 짐승〕와 레비아탄Leviathan이다.

> 하마를 보라. 내가 널 지은 것같이 그것도 지었느니라.
>   그것은 소같이 풀을 먹는도다.
> 보라, 그 허리의 힘이 어떤지
>   또한 그 배의 근육이 얼마나 강한지!
> 그 꼬리는 삼나무처럼 뻣뻣하게 되고
>   정강이의 힘줄은 엮여 있도다.
> 그 뼈는 놋쇠 같고
>   그 다리는 철창 같도다.
> ……
> 누가 그의 눈을 붙들며
>   줄로 그 코를 꿰겠느냐?
> 네가 악어를 낚싯대로 낚을 수 있으며

>   노끈으로 그 혀를 묶어 누를 수 있겠느냐?
>
> 네가 갈댓잎 줄로 그 코를 꿰겠느냐?
>
>   갈고리로 그 아가미를 꿰찌르겠느냐?
>
> 그것이 네게 계속 간구하겠느냐?
>
>   아니면 너와 다정하게 말하겠느냐?
>
> 어찌 너와 계약을 하고
>
>   영원히 너의 종이 되겠느냐?

이것은 「욥기」 40장 10~13절과 19~23절(취리히 성서)을 정확하게 번역한 것이다. 미스 밀러가 제시한 영문 성서 텍스트는 루터의 번역처럼 어떤 점에서 암시적이다.

「욥기」 40장 15~19절:
> 보라, 저 베헤모트를
>
>   내가 너와 함께 만들었느니,
>
> 황소처럼 풀을 먹는도다.
>
>   보라, 저 억센 허리와 배 한가운데의 근력을.
>
> 꼬리를 삼(杉)나무처럼 움직이는,
>
>   고환의 심줄은 엮여 있도다.
>
> 그의 뼈는 놋쇠의 강판 같고,
>
>   그의 뼈는 쇠막대기와 같도다.
>
> 그는 하느님 솜씨의 으뜸이니라…

41장 1~4절:
> 너는 레비아탄을 낚시로 낚을 수 있느냐?

그 혀를 네가 내린 끈으로 맬 수 있느냐?
저 코에 낚시를 걸 수 있느냐?
혹은 그 턱을 갈고리로 꿸 수 있느냐?
그가 너에게 거듭 애원할 듯싶으냐?
그가 너에게 부드러운 말을 할 듯싶으냐?
그가 너와 계약을 맺을 듯싶으냐?
종신토록 그를 종으로 삼겠느냐?

신은 그의 위력과 근원적 힘을 단호하게 보여주기 위해 이 말을 한다. 신은 베헤모트나 레비아탄[26]과 마찬가지로 은총을 베풀고 생산하는 자연이다. 또한 자연의 제어할 수 없는 야성과 자유분방함이며, 또한 폭발적인 힘의 위압적인 위험이다.[27] 그러면 무엇이 욥의 지상적 낙원을 파괴했는가? 그것은 폭발적인 자연의 힘이다. 시인이 여기서 암시하고 있듯이, 신격은 악마라고 불리는 그것의 또 다른 측면을 그냥 일단 내보였으며, 자연이 주는 모든 공포를 욥을 향해 발했다. 연약한 인간이 두려움 때문에 얼어붙을 정도로 그런 무시무시한 일을 만든 신을 깊이 생각하게끔 하는 어떤 자질을 정말 내면에 숨기고 있음이 틀림없다. 그 신은 마음속에, 무의식 속에 거주하고 있다.[28] 말할 수 없는 공포에 대한 두려움과 공포에 항거하는 힘의 원천은 거기에 있다. 그러나 인간은, 다시 말해 그의 의식적 자아는 게임 공과도 같다. 그것은 사방에서 불어오는 폭풍우에 소용돌이치는 깃털과도 같아 때로는 희생물이 되고 때로는 희생시키는 자가 된다. 그는 둘 다 막을 수 없다. 「욥기」는 신이 창조자이며 파괴자로서 작업하는 것을 우리에게 보여준다. 그 신이 누구인가? 세상 도처에서 어느 시대를 막론하고 계속 새롭게 반복되며 유사한 형태로 집요하게 나타나는 하나의 사상이 있는

데, 그것은 생산하고 또한 죽이기도 하는 어떠한 초월적인 힘이다. 그것은 삶의 필연성과 불구속성Unverbindlichkeit의 이미지로서 우리는 그러한 힘에 내맡겨져 있다. 심리학적으로 이해하자면, 신상神像은 원형의 성질을 지닌 관념 콤플렉스Vorstellungskomplex이기 때문에, 그것을 어떠한 에너지(리비도)의 총합의 대표물이 투사되어 나타난 것으로 보아야 한다.[29] 우리가 볼 수 있는 가장 흔한 종교 형태들에 최소한 형태를 부여하는 것은 아버지-이마고인 듯하며, 옛 종교에서는 신격의 속성을 결정짓는 어머니-이마고인 것 같다. 그것은 압도적 힘으로서, 공포를 불러일으키고 분노 속에 박해를 가하는 부성(『구약성서』에서)이고 또한 사랑을 주는 부성(『신약성서』에서)이다. 신격에 대한 어떤 이교적 관념에서는 모성이 강하게 등장하며, 그 외에 가장 광범위하게 발전된 동물성 내지 반인반수성이 나타나기도 한다(그림 5).[30] 신의 관념은 하나의 이미지일 뿐 아니라 힘이기도 하다. 욥의 찬가에서 다시금 그러한 신의 관념에 속한 것으로 나타나는 근원적 힘, 절대성, 냉엄함, 부당성, 또한 초인성은 자연스러운 본능의 힘과 운명의 힘이 지닌 순수하고 정확한 속성이다. 그것은 우리를 '삶으로 이끌어가는' 것이며 '가엾은 자를 죄짓게' 하는 것이다. 그에 대항해 싸워도 결국은 소용이 없다. 인간은 이러한 의지와 어떻게든지 조화를 이루는 수밖에 없다. 리비도와의 협상은 결코 단순한 밀어붙이기가 아니다. 심리적 힘은 하나의 단일한 방향을 갖고 있지 않고 다양한 방향으로, 심지어는 상반된 방향으로 흐르기 때문이다. 단순히 그대로 흘러가게 둔다면 곧바로 치료 불가능한 혼란으로 이끌어갈 것이다. 기본 흐름을 감지하고 그로써 또한 고유한 방향을 감지하는 것은 아주 불가능한 일은 아닐지라도 대개는 힘든 일이다. 그런 일에서는 모든 경우에 충돌과 갈등, 오류를 피할 수 없다.

그림 5. 수퇘지의 머리를 한 모신母神 '인도의 세계의 어머니'.
수퇘지 머리를 한 비슈누Vishnu(바라하)의 샤크티shakti인 바라히.

우리는 미스 밀러가 무의식적으로 만든 종교적 찬가가 성애적 문제를 대신하고 있음을 본다. 그 소재는 대부분 내향화된 리비도를 통해 다시 환기된 회상에서 나온 것이다. 이러한 '창조'가 잘 이루어지지 않았다면, 미스 밀러는 성애적 감동에 내맡겨져, 그렇고 그런 결과에 이르든지 아니면 잃어버린 행복을 그만큼의 강한 슬픔으로 대치시키는 부정적인 결말에 이르렀을 것이다. 알려져 있다시피, 미스 밀러가 보여주듯, 성애적 갈등의 이러한 결말에 관해서는 두 가지 의견으로 나누어진다. 사람들은 성애적 긴장감을, 다른 많은 사람들을 기쁘게 하고 교화시킬 종교시宗敎詩의 숭고한 감정 속으로 은밀하게 녹아들게 하는 것은 아름답고 고상한 일이라고 말한다. 또한 그러한 해결이 무의식적으로 일어나는 것에 대해 이의를 제기하는 것은 일종의 부당한, 진리에 대한 광신이라고 한다. 나는 이 문제를 전자의 의미나 후자의 의미로 단정짓지 않고, 이른바 부자연스럽고 무의식적인 해결의 경우 우회적인 듯이 보이는 리비도의 길과 얼핏 자기 속임수로 보이는 것이 무엇을 의미하는지, 혹은 그러한 것이 어떤 목적을 추구하는지 살펴보고자 한다. '목표 없는' 심리적 사건은 없다. 다시 말해 정신이 필연적으로 목표지향적이라는 가설은 대단한 발견술적인 가치를 지닌다.

그 시詩의 뿌리와 원인을 사랑의 에피소드에서 찾았고 그것을 증명했다고 해서 시에 대한 충분한 설명이 이루어진 것은 아니다. 어쨌든 그것은 아직 목적에 관한 문제를 해결해주지는 않는다. 목적을 증명하는 것만이 심리적 문제에 대한 만족스러운 답을 줄 것이다. 어떠한 은밀한 목적지향성이 이른바 우회로나 '억압'과 결부되어 있다면, 그러한 과정은 분명 그처럼 쉽고 자연스럽게, 자발적으로 이루어질 수 없을 것이다. 또한 그것은 이런저런 형태로 그렇게 자주 일어나는 일도 아닐 것이다. 이러한 리비도의 변환이 본능적인 충동력 전반의 문화적 변화, 전환, 자리바꿈 같은 방향으로 진행된다는 사실은 의심할 여지가 없다. 그것은 분명 이미 진행된 길일 때가 자주 있는데, 그 길은 더욱이 너무 일상적인 것이어서 우리는 전환 자체를 거의, 혹은 아예 깨닫지 못한다. 도처에서 발생하는 충동력의 일반적인 변환과 여기서 말하고 있는 사례 사이에는 물론 어떠한 차이가 존재한다. 말하자면, 의심스러운 체험(노래한 장교)을 의도적으로 간과했다는, 다시 말해 모종의 '억압'이 발생했다는 의구심을 억누를 수 없다. '억압'이라는 용어는 원래, 그 자체로 오직 의식일 수 있는 하나의 의지주의적

voluntaristisch 행위가 앞에 놓여 있을 경우에만 사용해야 할 것이다. 신경증이 있는 사람들은 그러한 의지적 결정을 어느 정도 스스로에게 숨길 수 있기 때문에, 억압 행위가 완전히 무의식적으로 이루어지는 것처럼 보인다. 작가 자신이 제시한 맥락[31]은 매우 인상적이어서 그녀도 그러한 배경을 아주 생생하게 느꼈고 따라서 다소간 의식적인 억압 행위를 통해 상황의 변화를 이루었을 것이다.

그러나 억압은 갈등의 불법적인 해소 방법이다. 말하자면, 사람들은 그것의 존재를 눈치채지 못한다. 그러나 억압된 갈등이 어떻게 되겠는가? 주체가 그것을 의식하지 않는다 해도 갈등은 분명 계속 존재한다. 그러나 우리가 이미 살펴보았듯이, 억압은 이전의 관계나 관련 방식을 퇴행적으로 다시 환기시키는데, 이 경우에는 아버지-이마고를 환기시킨다. 우리가 아는 한, '활성화된konstellierte' 무의식 내용은 항상 곧바로 투사된다. 다시 말해 그것은 최소한, 외부의 대상에서 발견되든지, 아니면 자신의 정신 바깥에 존재한다고 주장된다. 분명 억압된 갈등과 그로 인한 감정은 어디에서든 다시 나타난다. 억압의 결과 발생하는 투사는 개인에 의해 의식적으로 만들어지는 것이 아니고 자동적으로 생겨난다. 또한 투사를 철회시킬 수밖에 없는 아주 특별한 상황이 벌어지지 않는 한 그 자체로 인식되지 않는다.

투사의 '이점'은 고통스러운 갈등에서 마침내 벗어난 것처럼 보이게 하는 데 있다. 어떤 다른 상황이나 외부적 상황이 이제부터 그 책임을 떠맡는다. 위의 사례에서는 다시 환기된 아버지-이마고로부터 신에 대한 찬가가 생겨난다. 더욱이 그것은 아버지의 관점에서 생겨나기 때문에 모든 것의 아버지인 창조자가 강조된다. 따라서 인간인 노래하는 장교 대신에 신이 들어서며, 지상의 사랑 대신에 천상의 사랑이 들어선다. 위의 자료에서 그것을 증명할 수는 없지만, 미스 밀러가 당시 어떤 갈등 상태를 의식하지 못했다는 것은 정말 있을 수 없는 일이다. 최소한 성애적 인상이 억압 행위의 발생에 의해 언뜻 손쉽게 종교적인 승화로 변환된 것을 설명할 수 있을 정도라도 말이다. 이러한 견해가 옳다면, 등장한 아버지 신격Vatergottheit은 투사를, 그것을 떠맡은 절차는 일종의 자기기만의 술책을 나타낸다. 그러한 술책은 실제로는 이미 존재하는 어려움을 비현실적인 것으로 만들고자 하는, 다시 말해 그러한 것의 존재를 벗어버리고자 재주를 부리는 부당한 목적을 지닌다.

그런데 찬가와 같은 산물이 억압 행위 없이, 다시 말해 무의식적이고 자발적으로 생긴다면, 우리는 여기서 완전히 자연스럽고 자동적인 변환 과정을 볼 수 있을 것이다. 그러한 경우 예컨대 아버지-이마고에서 생겨나는 창조 신격은 더는 어떠한 억압 행위의 산물이나 대체물이 아니고 필연적인 자연현상일 것이다. 반쯤 의식된 갈등 동기 없이 일어나는 그러한 자연적 변환은 순수한 예술적인 창조 행위, 혹은 그 밖의 창조 행위와 같은 것이다. 그러나 창조 행위가 억압 행위를 통하여 인과적으로 유발되는 정도에 따라 거기에는 콤플렉스에 의한 제약이 따른다. 이로 인해 그 과정은 점점 더 신경증적으로 왜곡되어 흡사 대체물이 되기에 이른다. 몇 가지의 경험만으로도 이러한 특성으로부터 그 유래를, 말하자면 억압 행위로부터의 기원을 결정하는 것은 그다지 어렵지 않다. 살아 있는 형상을 세상에 내놓는, 혹은 '투사하는' 어떤 자연적인 탄생이 억압 없이 일어날 수 있듯이, 예술적이고 정신적인 창조도 일종의 자연적 과정을 보여준다. 투사된 것이 어떤 신적 형상이라 하더라도 그렇다. 그것은 결코 어떤 종교적 혹은 철학적 문제이거나 혹은 심지어 어떠한 종파적인 문제가 아니라 보편적으로 널려 있는 자연현상이다. 그러한 자연현상은 심지어 신神의 표상들 Gottesvorstellungen 자체의 토대를 형성하는데, 그런 표상들은 너무 오래

되어서 사람들은 그것이 아버지-이마고에서 나온 것인지, 아버지-이마고가 그러한 관념에서 나온 것인지 정확히 알지 못한다. (어머니-이마고에 대해서도 똑같이 말할 수밖에 없다.)

자발적인 창조 행위에서 생겨나는 신상神像은 살아 있는 형상으로서 그 고유의 권리를 지닌 존재이므로 그의 표면상의 창조자에게 자동적으로 맞선다. 이러한 사실을 증명하기 위해, 창조자와 피조물의 관계는 변증법적인 관계라는 것, 또한 경험에 의하면 인간은 부름에 반응하는 자Angesprochener인 경우가 드물지 않다는 것을 말해야 할 듯하다. 이로부터 단순한 오성의 소유자는 옳든 그르든 생겨난 형상을 절대적 존재라고 결론짓고, 또한 그가 그 형상을 만든 것이 아니라 그 형상이 그의 내부에서 모사되었다고 가정하는 경향이 있다. 그런 가능성에 대해서는 어떠한 비판도 반박할 수 없다. 바로 이러한 형상이 생겨나는 것은 목표를 지향하며, 그 안에서 원인과 목표가 선취先取되는 하나의 자연적 과정이기 때문이다. 그것이 자연현상이기 때문에, 신상神像이란 만들어지는 것인지, 아니면 스스로 만드는 것인지의 문제는 아직 미정이다. 단순한 정신의 소유자는, 신상의 독립성을 고려하여 그것과의 변증법적 연관성을 실질적으로 발전시키지 않을 수 없다. 이것은 온갖 힘든, 혹은 위험한 상황에 처하여 신상이 임재하기를 호소하는 데서 나타나는데, 여기에는 감당하기 힘들어 보이는 어려움을 거기에 떠맡기고 도움을 구하려는 의도가 있다.[32] 심리학적 영역에서 보면, 그것은 마음을 괴롭히는 콤플렉스가 의식적으로 신상에 '전이'됨을 의미한다. 그런데 주목할 일은 그것이 바로 억압 행위와 정반대가 된다는 사실이다. 억압의 경우에는, 콤플렉스를 망각하고자 하는 가운데 그것이 어떤 무의식적 심급에 내맡겨진다. 그러나 종교적 수련에서는 우리의 어려움, 다시 말해 '죄'가 의식된 상태로 있는 것이 매우 중요하다. 이를 위한 훌륭한 수단은 상호 간의 죄의 고백인데(「야고보서 Jakobus」 5장 16절), 그것은 죄가 무의식화되는 것을 효율적으로 막아준다.[33] 이러한 방책은 갈등을 의식하는 것을 목표로 하며, 그것은 정신요법의 필수적 조건이기도 하다. 의료에서는 의사가 환자의 갈등을 떠맡는 인물로 투입되듯이, 기독교 수련에서는 구세주가 그런 역할을 한다. 성서에서 말하듯이, "그의 안에서 우리는 그의 피로 구원을 얻었나니, 곧 죄 사함을 받았기"[34] 때문이다. 그는 구원자이며 우리의 죄를 되산 자이고, 죄를 초월해 있는 신이다. "그는 죄를 짓지도, 거짓을 말하지도 않았다."[35] 또한 "그는 친히 나무에 달려 그 몸으로 우리의 죄를 담당했다".[36] "이와 같이 그리스도도 한 번 희생당한 후 많은 사람들의 죄를 담당하게 된다.···"[37] 이 신의 특징은 그 자신은 죄가 없으며 스스로 희생 제물이 된다는 것이다. 기독교적 교육이 지향하는 의식적 투사는 그로써 이중으로 심적인 은총을 가져다준다. 첫째, 우리는 서로 거스르는 두 성향 간의 갈등을 지속적으로 의식하게 되는데, 그 결과 억압과 망각이 우리가 알고 있는 고통을 모르게 만들고, 그로써 더 큰 괴로움을 주는 고통으로 만드는 것을 막아준다. 둘째, 우리는 모든 해결책을 알고 있는 신에게 짐을 떠맡김으로써 거기에서 벗어난다. 그런데 신적 형상은 무엇보다도 일종의 심리적 상이며 원형적 성질을 지닌 관념 콤플렉스Vorstellungskomplex다. 그것은 믿음에 의해 하나의 형이상학적 존재자Ens와 동일시된다. 학문은 이러한 설정에 대해 판단을 내릴 능력을 지니고 있지 않다. 오히려 그 반대로 그와 같은 실체화 없이 설명을 시도하는 수밖에 없다. 따라서 학문을 통해서는, 객체적 인간의 자리에 언뜻 주체적 형상으로 보이는 것, 즉 관념 콤플렉스가 들어섰다는 것을 확인할 수 있을 뿐이다. 경험으로 보아 이러한 콤플렉스는 일종의 기능적 자율성을 지니고 있다. 그것은 하나의 정신적 존재임을 알 수 있다. 그로써 우선적으로 심리학적 경험과 관련된다. 그런 만큼 이런 경험 역시 과학의 대상이 될 수 있다. 그런데 과학은 다만 정신적 요소의 존재만을 확인시켜줄 수 있을 뿐이다. 신앙으로 이 한계를 넘어서지 않는 한, 우리는 이른바 형이상학적인 모든 문제 속에서 오직 정신적 존재들과 씨름하게 된다. 정신적 존재들은 바로 그 정신적 특성에 걸맞게, 개인적 인격과 내면 깊숙이 얽혀 있고 따라서 모든 변화의 가능성에 내맡겨져 있다. 그런 점은 그 동일형식성과 지속성이 전통적·제도적으로 보증된 신앙적 요청과는 완전히 다르다. 그러므로 학문적 입장에서 타당한 인식론적 제약은 다음과 같은 사실을 필연적으로 수반한다. 즉, 종교적 형상은 본질상 하나의 정신적 요소로 나타나는데, 단지 이론적으로만 개별적 심리와 분리될 수 있다는 것이다. 종교적 형상이 개별적 심리와 개념적으로 동떨어질수록 그것은 조형성과 구체성을 상실한다. 왜냐하면 그것은 개별적 심리와 깊숙이 결합될 때에 그야말로 뚜렷한 형태와 생명력을 얻기 때문이다. 학문적 관찰 방식은 신앙인이 그야말로 확신하고 확실시하는 신적 형상의 사실성(심리학적 의미에서의)을 의심하지는 않지만, 그러한 형상을 변화 가능하고 규정하기 힘든 크기로 만들어버린다. 과학적 관찰 방식은 그러니까 신앙의 확고부동성 대신에 인간적 인식의 불확실성을 갖다 놓는다. 그로써 제약된 태도상의 변화는 주체에게 때로는 심각한 결과가 되기도 한다. 즉, 그의 의식은 정신적 요소들의 세계 속에서 고립된 자신을 본다. 이때 오직 극도의 세심한 주의와 성실성만이 정신적 요소들을 동화시키고 자신과 동일시하는 것을 막을 수 있다. 직접적인 체험(꿈이나 환영 등) 속에서는 종교적 형상이 여러 가지 변형된 형태로 나타나는 성향을 적잖이 보이기 때문에 그러한 위험은 특별히 크다. 그러한 형상은 자주 개별적 심리의 소재로 덧입혀져 그것들이 결국 주체에 의해 만들어진 것이 아닐까 의심하게 될 정도다. 그것은 의식의 착각Illusion이긴 하지만 매우 빈번하게 나타난다.[38] 실제로 내적 경험은 우리가 마음대로 조정할 수 없는 무의식에서 유래한다. 그러나 무의식은 결코 속이지 않는 성질을 가지고 있다. 우리는 다만 우리 자신을 속일 뿐이다. 그런데 과학적 연구 방식은 오로지 입증 가능한 경험만을 근거로 하여 형이상학적인 해석을 도외시하기 때문에, 그것은 우리를 정신적인 것의 가변성으로 인해 생긴 불확실성에 곧바로 빠지게 만든다. 그러한 방식은 신앙고백의 공통성을 공공연히 위협하는 종교적 경험의 주관성을 막바로 강조한다. 기독교 공동체의 제도는 이와 같이, 늘 느끼고 자주 경험해온 위험에 직면하고 있다. 그것의 심리학적 의미가 「야고보서」(야곱의 서한)의 다음과 같은 지시에 가장 잘 표현되어 있다. "그러므로 너희 죄를 서로 고하라."[39] 공동체를 유지하는 것, 더욱이 상호 간의 사랑을 통해 그렇게 하는 것은 특히 중요한 일로 강조된다. 사도 바울의 지시를 보면 그에 대해 의심할 여지가 없다.

"사랑으로 서로 섬기라."[40]

"형제 사랑하기를 계속하라."[41]

"서로 돌아보아 사랑과 선행을 격려하고 모임을 폐하지 말며…"[42]

기독교 공동체 안에서의 상호 간의 결속은, 그 열망하는 상태를 무엇이라 부르든, 구원의 조건인 듯이 보인다. 「요한일서」(요한의 제일서한)에서도 그 점에서 유사한 말을 하고 있다.

"그의 형제를 사랑하는 자는 빛 속에 거하며…." "그러나 그의 형제를 미워하는 자는 어둠 속에 있고…."[43]

"아무도 하느님을 본 적이 없으되, 만일 우리가 서로 사랑하면 하느님이 우리 안에 거하시고…."[44]

죄가 서로 간에 알려지고 마음의 어려움은 신적 형상에게 전이되었음을 우리는 위에서 언급했다. 이로써 신적 형상과 인간 사이에 어떠한 내적 결합이 이루어진다. 그러나 인간은 신과 결합될 뿐 아니라 같은 인간과도 사랑으로 결합되어야 한다. 인간 상호 간의 관계는 정말 신과의 관계만큼이나 중요한 것 같다. 그런데 우리가 '형제를' 사랑할 경우에만 신이 '우리 안에 머문다면', 사랑이 신보다 훨씬 중요하다는 생각까지 할 수 있을 것이다. 후고 폰 세인트 빅토르Hugo von St. Victor〔12세기 전반부의 대표적인 스콜라 철학자이며 법학자〕의 말을 좀 자세히 살펴보면 이 문제는 그다지 엉뚱한 것 같지도 않다. "오, 위대한 힘을 가진 사랑이여, 그대만이 천상의 신을 지상으로 내려오게 할 수 있도다. 오, 신조차 사로잡을 수 있었던 그대의 굴레는 얼마나 강한 것인지… 그대는 신을 이끌어와 그 굴레 속에 사로잡고 그대의 화살로 상처를 입혔도다.… 고통을 모르는 자에게 상처를 입히고 천하무적의 존재를 사로잡고 부동의 존재를 끌어당겼으며, 영원한 자를 유한하게 만들었도다.… 오, 사랑이여, 그대의 승리는 얼마나 위대한가!"[45] 이것을 보면 사랑의 힘은 결코 작지 않은 것 같다. 그것은 바로 신 자신이다.[46] 다른 한편 '사랑'은 한마디로 신이 인격화된 것이라 할 수 있으며, 배고픔에 버금가는 인간 고유의 심리적인 충동력이다. 심리학적으로 볼 때, 그것은 한편으로 관계의 기능이며, 다른 한편으로는 감정이 강조된 심리적 상태다. 그러한 상태는 분명 말하자면 신상神像과의 합일이다. 사랑이 충동적인 결정인자를 지니고 있다는 것은 의심할 여지가 없다. 사랑은 또한 인간의 속성이고 행위다. 종교적 언어에서 신을 '사랑'으로 정의할 경우, 인간의 내부에서 영향을 끼치는 사랑을 신의 영향과 혼동할 우려가 크다. 위에서 언급한, 개인의 심혼 깊숙이 얽혀 들어가 있는 원형의 경우가 여기서 분명하게 제시되어 있다. 그 경우 개인적 심리에서 최소한 개념상으로라도 집단적 유형을 분리해내는 데는 최대한의 주의를 필요로 했다. 인간적 '사랑'을 신의 임재를 위한 필수적 조건으로 여기는 한[47] 그러한 구분은 문제가 있기 때문이다.

인간과 신의 관계를 심리학과 별개로 생각하고자 하는 사람들에게는 이것이 결코 무시할 수 없는 문제를 제기한다. 심리학자에게는 이 상황이 덜 복잡한 편이다. '사랑'은 경험상 말 그대로 운명의 힘으로 나타난다. 그것이 천박한 탐욕이든 고도로 정신적인 애정이든 마찬가지다. 그것은 인간의 일 중 가장 강력한, 감동을 불러일으키는 인자이다. 사랑을 '신성한' 것으로 여길 때, 그러한 명칭이 붙는 것은 당연하다. 왜냐하면 예전부터 정신 안에 있는 그야말로 가장 강력한 것을 '신Gott'이라고 불렀기 때문이다. 신을 믿든 믿지 않든, 경배하든 저주하든, 늘 '하느님Gott'이란 단어는 입에서 쏟아져 나온다. 언제든지 어디에서나 정신적 힘을 지닌 것은 '신神'과 같은 것으로 불린다. 그럴 때 '신'은 늘 인간과 대립되며 그것과 뚜렷이 구분된다.

사랑은 물론 양자가 함께하는 것이다. 인간이 사랑할 능력이 있는 한, 사랑은 인간 고유의 것이 된다. 그러나 인간이 사랑의 대상이 되거나 희생물이 될 때 사랑은 다이몬δαίμον에게 속한다. 심리학적으로 살펴보자면, 리비도Libido는 욕구하고 추구하는 힘이며, 넓은 의미로는 심리적 에너지로서 부분적으로 자아의 통제를 받는다. 그러나 다른 한편으로는 자아에 맞서 자율적 태도를 취하고 경우에 따라서는 자아를 규제하기도 하기 때문에, 자아가 뜻하지 않게 궁지에 빠지든지, 혹은 리비도가 자아에 에기지 않게 부차적인 힘의 원천을 열어주기도 한다. 무의식의 의식과의 관계는 결코 단순히 기계적 혹은 보완적 komplementär인 것이 아니라 오히려 보상적kompensatorisch이고 또한 의식적 태도의 일방성에 맞춰져 있기 때문에, 무의식적 활동의 지적知的인 성격을 부인할 수가 없다. 이러한 경험에서 보면 신상神像을 하나의 인격적 존재로 여기게 된 것이 바로 납득된다.

그런데 인간의 **영적 소명**은 넓은 의미에서, 그리고 점점 더 높은 정도로 결국 무의식으로부터 강요되어왔기 때문에[48], 그런 경험에서 신상이란 일종의 영靈, Geist이며 영이고자 한다는 해석이 자연스럽게 나왔다. 그것은 기독교나 철학자들이 고안해낸 것이 아니라 보편적 인간의 근원적 경험으로서, 무신론조차도 그러한 경험이 존재한다는 것을 인정한다. (이 경우에는 그것을 긍정하느냐 부정하느냐가 문제되는 것이 아니라, 무엇에 대해 말하고 있는가가 중요하다.) 그러므로 신에 대한 또 다른 정의를 다음과 같이 내릴 수 있다. "하느님은 영이시라."[49] 프네우마적인 신상은 특별히 로고스로 첨예화되었는데, 이로써 신으로부터 오는 '사랑'은 '기독교적 사랑'의 개념 특유의 추상화라는 특별한 성격을 띠게 되었다.

인간 공동체를 결속시키는 것은 이러한 '영적 사랑geistige Liebe'인데, 그것은 원래 인간보다 훨씬 더 신에게 속한 것이다. "그러므로 그리스도께서 우리를 받아들여 하느님께 영광을 돌린 것같이 너희도 서로 받아들이라."[50]

그리스도가 인간을 '신적神的'인 사랑으로 '받아들였음'은 당연하다. 따라서 이 구절이 말하고 있는 것처럼, 인간의 사랑도 '영적인', 또는 '신적'인 특성을 마땅히 지녀야 할뿐더러, 또한 그럴 수 있다. 그런데 심리학적으로 볼 때 그러한 일이 당연한 것은 아니다. 원형의 에너지는 대개 의식에 공급되어 마음대로 쓸 수 있게 하지 않기 때문이다. 그래서 인간적인 형태의 사랑이 '영적인' 것으로나 더욱이 '신적인' 것으로 통하지 않는 것 또한 당연하다. 원형의 에너지는 인간의 자아가 원형의 자율적인 활동에 의해 영향을 받거나 사로잡힐 때에만 자아에 전달된다. 그러므로 이러한 심리학적 경험에서 볼 때, 인간이 영적인 사랑을 할 때는 무엇보다도 도눔 그라치에donum gratiae[은총의 선물]을 통해 거기에 사로잡힌 것이라고 결론지을 수밖에 없을 듯하다. 인간이 그 자신의 방법으로, 바로 그러한 사랑 같은 어떤 신적인 행동을 취할 수 있으리라고는 생각하기 힘들기 때문이다. 그러나 그는 바로 도눔 아모리스donum amoris[사랑의 선물]에 의해 이런 의미에서 신의 자리에 들어설 수 있다. 심리학적으로 볼 때 실제로 원형은 자아Ich를 사로잡아 심지어 그것(즉, 원형)의 뜻에 따라 행동하도록 강요한다는 것을 확인할 수 있다. 인간은 원형의 형상으로 나타나 그에 상응하는 영향력을 발휘할 수 있다. 그는 어떤 의미에서 신의 자리에 들어설 수 있기 때문에, 다른 사람들이 신과 관계를 맺는 것은 가능할 뿐 아니라 뜻 깊은 일이기도 하다. 알려져 있다시피, 심리학적으로 가능한 그러한 일은 가톨릭 교회에서는 제도화되어 있는데, 그 심리학적 영향력은 의심할 여지가 없다. 이러한 관계에서 원형적 성질을 지닌 공동체가 생겨난다. 그러한 공동체는 추구하는 목표나 목적이 인간적-내재적 유용성이 아니고, 지배적인 원형의 특성과 일치하는 초월적인 상징이라는 점에서 다른 공동체와 구분된다.

그러한 공동체를 통해 인류는 서로 가까워지며 여기서 하나의 정신적인 친밀성이 생겨난다. 이 친밀성은 다시 '인간적' 사랑이라는 개인적 충동 영역에 접하게 되고 따라서 그 자체에 일종의 위험을 품게 된다. 이때 어쩔 수 없이 배정되고 활성화되는 것은 무엇보다도 권력과 에로스(싱애)의 충동이다. 친밀성은 인간 사이의 간격을 최대한 좁혀준다. 그 결과 인간은 인간적인 것의 매력에 너무 쉽게 이끌린다. 기독교가 사람들을 바로 그것에서 자유롭게 하고자 하는데도 말이다. 그것은 이미 고도로 문명화된 서기 원년 이후 전환기 시대의 인간이 감당해야만 했던 그 모든 결과와 필연성을 수반한다. 고대 그리스의 종교적 체험이 주로 신격과의 육체적 결합으로 이해되었듯이[51], 몇몇 예배 의식에는 온갖 양태의 성욕이 배어들어 있었다. 성욕은 사람들 간의 관계를 지나치게 좁혀주었다. 기원후 초기 몇 세기 동안의 도덕적 타락은 하나의 도덕적 반응을 불러일으켰는데 그것은 사회 최하층의 어둠 속에서 싹텄다. 그것은 2세기와 3세기의 두 대립적인 종교, 기독교와 미트라스교Mithraismus 속에서 가장 뚜렷하게 표현되었다. 이 두 종교는 투사된('육화된') 이념Idee(로고스λόγος)이라는 표징 속에서 고차원적인 형태의 공동체를 만들고자 했는데, 여기서는 이전에 인간을 하나의 열정에서 또 다른 열정으로 몰아넣은 온갖 종류의 가장 격렬한 충동력이 사회의 유지를 위해 도움이 될 수 있었다. 고대인들은 그것을 사악한 별들의 강압으로, 에이마르메네εἱμαρμένη(운명)로 여겼는데[52], 심리학적으로는 그것을 리비도 강압Libidozwang이라고도 번역할 수 있을 것이다.[53] 수많은 예 중의 하나로서 여기서 나는 아우구스티누스의 『참회록Bekenntnissen』에 나오는 알리피우스Alypius의 운명에 대해 언급하고자 한다.

> "쓸모없는 연극 속에서 자신들의 모든 야성을 나타내는 카르타고인들의 도덕성 부재야말로 그를 이 불행의 소용돌이 속으로 끌어내렸다."—(아우구스티누스는 지혜로 그를 개종시켰다)—〈그리고 그는〉"그 말을 들은 후, 자신의 의지로 빠져들었고 불행한 쾌락 속에서 눈멀게 한 늪의 심연에서 헤어나왔다. 대담한 금욕으로 그는 심혼의 때를 씻어냈다. 곡예단의 모든 오물은 그에게서 떨어져 나갔다. 그는 다시는 그곳에 발을 딛지 않았다."(알리피우스는 그 이후 법을 공부하기 위해 로마로 갔다. 그런데 거기서 그의 옛날 버릇이 되살아났다.)—"그는 거기서 불행하게도 검

투사 극에 대한 열정에 믿을 수 없으리만치 철저히 빠져들었다. 처음에는 그도 그것을 싫어하고 저주했는데, 이 잔인하고 살인적인 극이 상연되던 날, 식사하고 오다가 만난 몇몇 친구들과 학교 동료들이 우정 어린 힘으로 그를 원형극장으로 이끌어갔다. 그가 사력을 다해 거부하고 저항했음에도 불구하고 말이다. 그때 그는 그들에게 말했다. '너희가 내 육체까지 그곳으로 이끌어가서 묶어놓아야 나의 혼과 눈도 그 극을 향할 수 있겠지? 그러나 그곳에 있어도 내 마음은 딴 곳에 있을 것이고 너희에게도, 이 연극에도 빠져들지 않을 것이다.' 그 말을 듣고도 그들은 그가 정말로 그 말을 실행할 수 있을지 확인하려는 욕망에 차서 그를 계속 데리고 간다. 그들이 그곳에 이르러 자리 잡은 곳에는 아직 한 자리가 공공연하게 남아 있었다. 모든 것은 비인간적일 정도로 욕망에 불타고 있었다. 그는 눈을 감고 자신의 영혼이 그런 위험 속에 빠지지 않도록 했다. 아, 그가 자신의 귀까지도 막았더라면. 누군가 싸우다 쓰러지고 온 군중이 울부짖었을 때 그는 호기심에

그림 6. 엘레우시스Eleusis 비의秘儀의 장면.
베일을 쓴 입문자가 옥수수통의 정화능력을 머리 위로 받고 있다.
한 묘지의 화병에서.(1세기)

굴복해 눈을 떠버린 것이다. 그가 원한 광경이라 할지라도 과감히 무시할 마음으로 말이다. 그러자 그의 심혼은 그가 보기를 갈망했던 자가 육체에 입은 것보다도 더 심한 상처를 입었다. 그리고 군중을 아우성치게 했던 그 쓰러진 자보다도 더 비참하게 그는 추락했다. 그 아우성은 그의 귀를 뚫고 들어왔으며 눈을 뜨게 해, 공격받기 쉬운 취약한 부분을 노출시켰다. 그렇게 해서 그는 쓰러졌던 것이다. 그는 강하다고 하기보다는 차라리 겁이 없을 정도였지만, 주님을 의지하지 않고 자신을 의지할수록 약해져 갔다. 그가 피를 보자마자 바로 피에 대한 굶주림이 그를 사로잡았다. 그는 다시는 돌아서지 않고 얼굴을 그 위로 숙인 채 광분 속에 휘말려들었다. 그러나 그것을 알지도 못하고 잔인한 싸움을 즐겼으며 피가 주는 만족감에 열광했다. 이제 그는 더는 처음 왔을 때의 그가 아니었으며, … 그를 이끌어왔던 패거리와 똑같은 자였다. 무슨 말을 더 할 수 있겠는가? 그는 바라보며 함께 소리를 지르고 격분했다. 그때부터 그는 그를 자극한 광기 어린 욕구에 사로잡혀, 처음에 그를 끌어왔던 자들과 함께, 아니 아예 그 누구보다도 선두에 서서 다른 사람들을 이끌며 계속해서 그곳으로 가고자 했다."[54]

인류의 문명화는 가장 무거운 대가를 치르고 이루어진 것이라고 생각해도 좋을 것이다. 스토아 철학의 이상이 생겨난 그 시대는 무슨 목적으로, 무엇에 대항해서 그것이 만들어졌는지 알고 있었을 것이다. 세네카Seneca가 루실리우스Gaius Lucilius에게 보낸 41번째 편지의 유명한 구절에 영향을 끼친 것은 네로 시대라는 시대적 배경이었다.

"한 사람이 다른 사람을 잘못된 길로 끌고 간다. 저지하는 사람이 아무도 없다면, 온 세상이 우리를 더 깊은 심연으로 몰아넣는다면, 우리가 어떻게 구원에 이를 수 있을까?"

"그대가 어디에선가, 위험에도 놀라지 않고 욕망에도 초연하며 불행 속에서도 행복하고 폭풍우 한가운데서도 평온한 자를 만난다면, 유한한 일상을 초월하고 신들과 동등한 단계에 있는 자를 만난다면, 그때 또한 경외심에 사로잡히지 않겠는가? 그런 숭고한 존재는 한낱 비참한 육신과는 다르다고 말해야 하지 않을까? 거기에는 어떠한 신적인 힘이 작용하고 있다. 그러한 완전하리만치 고상한 정신, 모든 하찮은 것에 초연하고, 우리들이 두려워하거나 추구하는 것을 보며 미소 짓는 그런 혼이 살아나게 하는 것은 어떠한 천상의 힘이다. 그러한 것은 신격의 협조가 없이는 존재할 수 없다. 그와 같은 혼은 대부분 그것이 본래 나온 지역들에 속한다. 태양의 광선이 지구에 닿긴 하지만 그것이 나온 원래의 장소에서만 편안히 머무르듯이, 우리가 신격에 대해 더 잘 알도록 하기 위해 우리에게 보내진 위대한 성인은, 우리와 교류하긴 하지만 본래는 자신의 원래 고향에 속해 있다. 그곳에서 그는 바라보며 정진한다. 그는 고차원적인 존재로서 우리 가운데 소요하는 것이다."[55]

그 시대의 인간은 육화된 로고스와 동일시될 만큼 성숙했고, 하나의 이념[56]에 의해 통합된 사회를 세울 수 있었다. 그 이념의 명분 속에서 서로 사랑하고 형제[57]라 부를 수 있었던 것이다. 메시테스$\mu\varepsilon\sigma i\tau\eta\varsigma$, 즉 중재자의 이념이라는 명분 속에 사랑의 새로운 길이 열렸는데, 그것은 실현되었고 그렇게 해서 인간 사회는 엄청난 진보를 이루었다. 그런 결과를 가져온 것은 머리로 사색하는 어떠한 철학이 아니라 정신적 무지몽매함 속에서 근근이 살아가는 대중의 자연적 욕구였다. 분명 가장 절박한 필요가 그렇게 이끈 것이다. 인류는 자유방종한 상태에서는 편치 못했기 때문이다.[58] 기독교와 미트라스교, 이 제식들의 의미는 분명하다. 즉, 동물적 충동을 도덕적으로 제어하는 것이다.[59] 두 종교의 대대적인 확산은 초기 신자들의 마음속에 있던 구원의 감정을 드러내고 있다. 그런데 오늘날 우리는 더 이상 그런 것을 느낄 줄 모른다. 이 시대에 다시금 무슨 일이 일어나고 있는지 우리가 분명하고 철저하게 볼 수 있다면 그것을 다시 이해할 수 있게 될 것이다. 오늘날의 문화인은 그런 감정과는 너무나 동떨어져 있는 것 같다. 그는 단지 신경증적인 사람이 되었을 뿐이다. 그리하여 우리에게는 기독교 공동체의 필요성조차 사라져버렸다. 그 의미를 더 이상 알지 못하기 때문이다. 우리는 기독교 공동체가 무엇에 대항하여 우리를 보호하는지 알지 못한다.[60] 계몽된 사람들에게 종교성이란 이미 거의 신경증이나 다름없는 것으로 여겨지기도 했다.[61] 물론 기독교 영성 교육이 불가피하게 신체의 가치를 지나치게 폄하시킴으로써 어떤 의미에선 인간에 대한 낙관적이며 왜곡된 상을 만들어냈다는 사실을 지적하지 않을 수 없다. 이 상에 의하면 인간들은 너무 선하고 너무 영적이며 너무 소박하고 너무 낙관적인 존재로 보인다. 두 차례의 세계대전을 통해 세계의 심연이 다시 입을 벌렸고, 그보다 더 두려운 것은 생각할 수도 없는 가르침을 전해주었다. 집단정신이 또다시 우리를 지배할 경우, 인간이 어떤 것을 할 수 있는지, 우리를 위협하는 것이 무엇인지 이제 우리는 안다. 집단심리학이란 상상할 수 없을 정도로 축적된 이기주의다. 그 목표가 초월적이지 못하고 내재적immanent이기 때문이다.

이제 우리는 처음에 출발했던 문제로 되돌아가자. 그것은 미스 밀러가 그녀의 시를 통해 가치 있는 것을 창조했는가, 그렇지 않은가 하는 문제다. 기독교가 어떠한 심리학적 또는 풍속사적 조건에서 생겨났는지를 고려한다면, 다시 말해 극도의 야만성이 다반사였던 시대에 생겨난 점을 생각한다면, 우리는 전 인격을 사로잡은 종교적 감동과 엄청나게 쇄도하는 악으로부터 로마 문화 속의 인간들을 보호했던 종교의 가치를 이해하게 된다. 그 시대의 사람들이 자신에게 있는 죄의 속성을 계속 의식하는 일은 어려운 일이 아니었다. 그들은 매일 눈앞에서 죄가 확산되는 것을 보았기 때문이다. 그러나 미스 밀러는 그녀의 '죄'를 하찮게 여겼을 뿐 아니라, '짓누르는 가혹한 고난'과 그것의 종교적 산물 사이의 연관성조차도 생각지 않았다. 그리하여 그 산물은 종교적인 것의 살아 있는 가치를 상실하였다. 그것은 성애적인 것이 감상적으로 개조되는 것과 그다지 다르지 않아 보인다. 그러한 개조는 은밀하게 의식의 변두리에서 수행되며 따라서 우리의 개입 없이도 생겨나는 꿈과 원리상 거의 동일한 윤리적 가치를 지닌다.

현대인의 의식이 종교 이외의 완전히 다른 종류의 일에 열정적으로 몰두하는 만큼이나 종교와 그것의 대상인 기본적인 죄에 관한 의식은 대부분 무의식 속으로 사라졌다. 그러므로 오늘날 사람들은 종교도, 죄의 속성도 믿지 않는다. 사람들은 심리학의 불순한 환상을 비난하며, 고대 그리스의 종교사와 풍속사를 얼핏 살펴보는 것으로 너무 쉽사리 인간의 심혼에 자리 잡고 있는 악마가 어떤 것인지 단정 내릴 수 있다고 여긴다. 인간의 본성에 깃든 야성을 이처럼 부인하려 드는 것은 종교의 의미에 대한 무지와 관련된다. 무의식 상태에서 종교적 행위로 변형된 충동력은 그 산물이 비록 미적美的으로 가치 있는 것이라 할지라도 윤리적으로는 무가치한 것이며 흔히 히스테리적인 권력에 지나지 않는다. 윤리적 결정이란 갈등이 모든 측면에서 의식되는 곳에서만 이루어진다. 종교적 입장을 취하는 것도 이와 마찬가지다. 그것이 무의식적 모방 이상의 의미를 지니기 위해서는, 입장 표명 자체와 그 근거는 의식적인 것이어야 한다.[62]

기독교는 세속적 교육 작업을 통해 고대 그리스와 그 후 야만적이었던 수 세기 동안 나타난 동물적 충동을 강력하게 제어했기 때문에, 문명의 건설을 위한 엄청난 양의 충동력이 남아 있을 수 있었다. 그러한 교육의 효과는 먼저 하나의 근본적인 태도 변화에서 나타나는데, 수 세기 동안의 초기 기독교 시대를 지배했던 세상의 덧없음과 내세성來世性의 의식이 그것이다. 그 시대는 내면성과 영적 추상화를 추구했다. 사람들은 자연을 혐오했다. 나는 부르크하르트Jacob Burckhardt가 아우구스티누스에게서 인용한 구절을 기억한다. "인간은 높은 산과 바다의 거센 파도를 찬미하기 위해 그곳으로 간다.… 그리고 자기 자신을 떠난다."[63]

그러나 영적이고 내세적인 목표에 대한 집중을 유혹하고 흩뜨리면서 방해한 것은 세상이 주는 그러한 심미적 아름다움만이 아니었다. 악마적인 혹은 마술적인 영향은 자연으로부터도 흘러나왔다.

미트라스 제의祭儀에 대한 뛰어난 전문가 프란츠 쿠몽Franz Cumont은 고대 그리스 시대에 행해졌던 자연과의 결속을 다음과 같이 말한다.

"신들은 도처에 있었고 일상의 모든 일에 섞여 들어갔다. 신자들의 식량을 마련해주고 데워주는 불, 그들의 갈증을 해소시켜주며 그들을 정화시키는 물, 또한 호흡하는 공기, 그리고 그들을 밝혀주는 대낮은 그들이 경배하는 대상이었다. 어떠한 종교도 미트라스교가 그 신봉자들에게 주었던 만큼 기도할 기회와 찬미거리를 가져다주지 못했다. 입문자가 저녁나절 숲의 정적 속에 숨어 있는 신성한 동굴을 향해 갈 때면, 한 걸음씩 발을 옮길 때마다 그의 가슴속에서 새로운 감동이 불가사의한 흥분을 불러일으켰다. 하늘의 빛나는 별, 잎사귀를 흔드는 바람, 촬촬거리며 골짜기로 흐르는 샘물, 혹은 개울, 심지어는 그가 밟는 대지조차, 이 모든 것은 그의 눈에 신성했다. 그를 에워싼 자연 전체가 만물을 주관하는 무한한 힘에 대한 경외심과 두려움을 그의 내면에 일깨웠다."[64]

세네카는 이러한 자연과의 종교적 결합을 다음의 말로 묘사한다.

"엄청나게 큰 고목들이 있고 하늘을 바라볼 수 없을 정도로 크고 작은 가지들로 얽혀 있는 숲 속으로 들어갈 때면, 그 작은 숲의 숭고함이, 그곳의 고요가, 울창하면서도 트여 있는 아치 천장의 멋진 그림자가 그대의 내면에 고귀한 존재에 대한 믿음을 일깨워 주지 않는가? 또한 산의 암벽 밑 구멍 뚫린 바위 속으로 동굴이 이어진 곳에서는 그대의 심정에 일종의 종교가 스며들지 않는가? 그것이 인간의 손으로 만들어진 것이 아니고 자연에 의해 새겨진 것이라면 말이다. 우리는 큰 강물의 수원水源을 신성시한다. 어두운 바닥으로부터 물이 솟아나는 곳에는 제단이 놓여 있다. 따뜻한 원천을 우리는 숭배한다. 많은 호수들이 그 알 수 없는 어둠으로 인해, 측량할 수 없는 깊이로 인해 신성시된다."[65]

기독교에서의 세상 도피는 고대 그리스 시대의 자연에 대한 종교적 감정과 극단적으로 대조된다. 아우구스티누스는 그 점에 대해 매우 구체적인 설명을 하고 있다.

"내가 당신을, 하느님을 사랑한다면 대체 무엇을 사랑한다는 것일까? 육체의 외형도, 일시적인 매력도 아니고, 나의 눈에 그렇게 찬란한 빛의 광채도, 변화무쌍한 노래들의 달콤한 가락도 아니며, 꽃이나 냄새 좋은 향유, 그윽한 향기의 향료도 아니다. 만나Manna〔이스라엘 사람이 아라비아 사막을 방랑할 때 하늘에서 내려진 음식·맛있는 음식〕도 꿀도 아니며, 몸을 포옹할 때 느끼는 쾌적한 팔다리도 아니다. 신을 사랑한다는 것은 그런 것을 사랑하는 것이 아니다.… 나의 내적 인간의 빛, 목소리, 냄새, 음식, 포옹을 나는 사랑한다. 공간이 붙잡지 못하는 무언가가 내 영혼을 비추는 곳, 시간이 앗아가지 못하는 무언가가 울리는 곳, 바람이 날려버리지 않는 무언가가 향내를 풍기는 곳, 어떠한 식탐에도 줄어들지 않는 무언가가 맛을 내는 곳, 그리고 어떠한 권태도 떼어놓을 수 없는 그 무언가가 합일되어 있는 곳, 내가 하느님을 사랑할 때 사랑하는 것은 바로 그런 것이다."[66]

  세상과 세상의 아름다움을 피해야 하는 이유는 세상의 공허함과 무상함 때문이 아니라, 창조물에 대한 사랑이 인간을 곧바로 그것의 노예로 만들어버리기 때문이다. 아우구스티누스는 인간이 사랑 때문에 거기(피조물)에 예속되며, 예속된 자로서 판단력을 상실할 수 있다고 말한다.[67] 물질에 대한 애착에 사로잡히고 판단력조차 잃어버리는 것이다. 물론 무언가를 사랑하는 것, 다시 말해 무의지적으로 빠져들지 않고도, 더욱이 이성적인 판단을 저버리지 않고도 어떤 것에 대해 긍정적인 태도를 지니는 것이 가능하다고 생각할 수 있다. 그러나 아우구스티누스는 그 시대의 인간을 알고 있으며, 더욱이 신격과 이교적 신들의 위력이 어느 정도까지 세상의 아름다움 속에 자리 잡고 있는지를 알고 있다.

> 아 여신이여, 바로 당신만이 우주 만물을 조정합니다.
> 당신이 아니고서는 유한한 피조물은 그 누구도 빛의 나라로 들어갈 수 없습니다.
> 당신이 아니고서는 세상의 기쁨은 있을 수 없으며 빛이 생겨날 수도 없습니다.…[68]

이처럼 루크레티우스Lukrez는 '자비로운 비너스alma Venus'를 만물을 다스리는 자연의 원리로서 찬미한다. 이러한 유혹을 문턱에서부터 무조건적으로 거부하지 않는 한 인간은 그러한 악마적 힘에 무기력하게 굴복한다. 여기서 문제는 감성과 심미적인 유혹만이 아니다. 또한 결정적으로 문제되는 것은 이교적 정신이며, 그것이 종교적으로 자연과 결합되어 있다는 점이다(그림 7). 신들은 피조물 속에 거주하기 때문에, 인간은 신들에게 예속된다. 그래서 인간이 신들의 힘에 제압당하지 않으려면 그들로부터 완전히 등을 돌려야 한다. 위에 언급한 알리피우스의 예는 이 점에서 극히 교훈적이다. 세상 도피에 성공할 경우, 인간은 쇄도해오는 감각적 인상들을 끝까지 막아낼 수 있는 영적인 세계를 세울 수 있다. 감관세계와의 투쟁은 외적세계로부터 독립된 사고를 실현할 수 있게 했다. 인간은 심미적 인상들에 대항할 수 있는 이념이 독립성을 획득했기 때문에, 사유가 인상들이 주는 감정석인 영향력에 더는 휘말리지 않게 되었는데, 처음에는 항거를 하다가 나중에는 심지어 그것을 성찰적으로 바라보는 경지에 이르게 되었다. 그로써 인간은 고대 그리스 정신이 세운 토대 위에서 자연과 새롭고 독립적인 관계를 맺을 수 있었다.[69] 그리고 기독교가 세상을 외면함으로

그림 7. 만물의 어머니. (16세기)

써 배제시켰던 자연과의 관계를 다시 세울 수 있었다. 새로이 도달한 정신적 차원에서 이제 세상과 자연과의 결합이 이루어지는데, 그것은 고대 그리스 때의 태도와는 달리, 대상이 발하는 마법에 빠져드는 것이 아니라 그것을 성찰적으로 관찰하는 것이었다. 당연히 종교적 신심信心의 어떤 것이 자연 대상에 헌신하는 배려 속으로 흘러들어갔고, 종교적 윤리성의 어떤 것은 과학적인 진실성과 정직성에 배어들었다. 비록 르네상스 시대에 예술[70]과 자연철학[71]에 고대 그리스적인 자연 감정이 눈에 띄게 터져나왔고 기독교적 원리가 때로는 뒷전으로 내몰렸지만, 새로이 획득한 합리적이고 지적인 독립성이 확인되었으며 인간의 정신은 이전에는 생각할 수도 없었던 자연의 심오함에 점점 더 빠져들 수 있었다. 새로운 과학적 정신의 획득과 확산이 성공적으로 그 모습을 지니게 될수록, 그 정신은 갈수록 더—항상 승리자는 그렇게 되듯이—그것이 정복했던 세계의 포로가 되었다. 그 세기의 초엽까지만 해도, 예컨대 한 기독교적 작가의 경우, 현대 정신을 이른바 로고스의 두 번째 화신으로 해석할 수 있었다. 칼트호프Albert Kalthoff는 말한다. "현대 회화와 문학에서 나타나는 자연의 충만함을 더 깊게 살펴보면, 아무리 엄밀한 과학적 작업도 더는 없앨 수 없는, 살아 있는 직관을 쉽게 인식할 수 있다. 그것은 그리스도의 옛 유형에 대항해 그것의 세계 왜곡을 지적하고 그것의 피안성을 박탈해 새로운 육화肉化를 찬미하는, 그리스 철학의 로고스와도 같다."[72] 그러나 로고스의 육화보다는 오히려 안트로포스Anthropos〔최초의 인간〕 또는 누스Nous가 육체로 추락하는 것이 문제임을 인식할 수 있기까지는 그다지 오래 걸리지 않았다. 신들만 세상에서 사라진 것이 아니라 영혼들도 사라졌다. 관심의 초점이 내면세계에서 외부세계로 옮아감으로써 자연에 대한 인식은 이전에 비해 무한정 확대되었지만, 그런 만큼 내면세계에 대한 인식과 체험은 감소되었다. 흔히 가장 강하고 따라서 가장 결정적이었던 종교적인 관심은 내면세계를 벗어났으며, 노그마의 형상들은 이 세상에서 낯설고 이해하기 힘든 잔존물이 되어 온갖 비판에 내맡겨진다. 현대 심리학조차도 인간 심혼의 존재 권리를 되돌려오기 위해 엄청난 노력을 해야만 한다. 심혼이란 탐구 가능한 성질을 가지고 있는 존재 형태이며 따라서 경험 과학의 대상이 될 수 있다는 것을 확신시키고자 하며, 그것이 외부에 결부되어 있을 뿐 아니라 또한 자율적인 내면을 지니고 있다는 것, 자아의식을 나타낼 뿐 아니라 본질상 간접적으로만 해명할 수 있는 존재를 나타낸다는 것을 알리고자 노력한다. 그런 입장에서 보면, 신화는 교회적인 도그마이며 불가능한, 그래서 불합리한 진술을 모아놓은 것으로 보인다. 현대의 합리주의는 계몽주의적이며, 그 우상 파괴적 성향을 심지어 도덕적으로 도움이 되는 듯이 행하고 있다. 일반적으로 사람들은 도그마의 진술이 구체적으로 있을 법하지 않은 어떤 것을 의도한다는, 별로 지적이지 못한 해석으로 만족한다. 그러나 그것이 어떤 특정한 관념 내용에 대한 상징적 표현이라는 생각은 아무도 하지 않는다. 그러한 관념이 어디에 존재하는지 곧바로 말할 수는 없었을 것이다. 또한 '자아'가 알지 못하는 것은 아예 존재하지 않는 것이다. 따라서 이러한 계몽된 무지몽매함 속에서는, 의식되지 않은 정신은 없다.

상징이란 알레고리Allegorie(비유)도 기호Semeion(Zeichen)도 아니며, 대부분 의식을 초월한 내용으로 이루어진 상像,Bild이다. 그러한 내용이 진실이라는 것, 다시 말해 동인動因,agentia이라는 것을 이제 발견해야 한다. 그러한 내용에 관한 논의는 있을 수 있는 일일 뿐 아니라 심지어 필요한 것이다.[73] 그렇게 발견해가는 가운데, 도그마가 무엇을 다루고 무엇을 말하는지, 무엇 때문에 생겨난 것인지에 대해서도 살펴볼 것이다.[74]

나방의 노래

위에 기술한 사건이 일어난 직후 미스 밀러는 제네바에서 파리로 여행을 했다. 그녀는 다음과 같이 말한다.

"기차 여행에서 나는 너무나 피곤했기 때문에 한 시간도 잠을 잘 수 없었다. 여성용 객실은 끔찍하리만큼 더웠다."

새벽 4시에 그녀는 열차 안의 빛을 향해 날아온 나방 한 마리를 발견했다. 이어 그녀는 다시 잠을 청했다. 그때 불현듯 그녀에게 다음과 같은 시가 떠올랐다.

    태양을 향한 나방

    처음으로 의식 속으로 기어 들어갔을 때, 난 그대를 그리워했네.
    내가 아직 번데기로 누워 있을 때, 나의 모든 꿈은 그대에 관한 것이었다네.

나와 같은 종류의 수많은 무리가 자주 생명을 버린다네.
그대에게서 나온 희미한 불꽃에 부딪치며.
단 한 시간만 더—그러면 나의 가련한 삶이 끝나리.
나의 마지막 갈망은, 그러나 최초의 소망과 마찬가지로
조금이라도 그대의 장엄함 가까이에 다가가는 것. 그런 뒤,
단 한 번의 황홀한 눈길을 붙들 수 있다면, 난 만족스럽게 죽어가리라.
언젠가 내가 그의 무한한 광휘 속에서 볼 수 있을 것이기에,
아름다움과 온기, 그리고 생명의 원천을!

   미스 밀러가 이 시의 이해를 돕기 위해 제시한 자료를 살펴보기 전에, 먼저 시가 탄생하게 된 심리학적 배경을 일별해보도록 하자. 무의식이 마지막으로 적나라하게 표명된 지 몇 주 혹은 몇 달이 흐른 것 같다. 그 시기에 대해 우리는 전혀 아는 바가 없다. 우리는 그 사이 시기의 분위기와 환상에 대해 아무것도 알지 못한다. 그러한 침묵에 대해 뭔가를 추론해보아도 된다면, 예컨대 시들이 나온 막간의 시기에 정말로 아무런 중요한 일이 일어나지 않았으리라는 것, 따라서 새로운 시는 수개월에 걸친 무의식적 콤플렉스 작업에서 나온 것으로서 다시금 널리 알려지게 된 작품이라는 것을 생각할 수 있을 것이다. 이전과 똑같은 갈등이라는 것은 거의 틀림없는 듯하다.[1] 그러나 이전의 작품인 「창조주의 찬가」는 이번의 시와 유사점이 거의 없다. 지금 말하는 시는 그야말로 희망이 없는 우울한 성격을 띤다. 즉, 나방과 태양, 이 둘은 결코 만날 수 없다. 그렇다면 나방이 정말로 태양을 향해 가는가, 하는 질문을 할 수밖에 없다. 우리는 나방이 빛 속으로 날아들어 자신의 날개를 태운다는 잘 알려진 상투적인 말은 알고 있지만, 태양을 향해 날기

위해 발버둥친다는 나방의 전설은 알지 못한다. 분명 여기서는 의미상 완전히 일체를 이룰 수 없는 둘의 간격이 좁혀져 있다. 우선 그것은 오랫동안 빛의 주변을 맴돌다 타버리는 나방이며, 다음으로는 성좌의 영원성과는 초라한 대조를 보이며 불멸의 빛을 갈망하는 하루살이 같은 미미하고 덧없는 존재의 이미지다. 이러한 이미지는 『파우스트』를 상기시킨다.

> 저길 좀 보게나, 빛나는 저녁 햇살 속에
> 푸른 숲에 둘러싸인 오두막집이 빛나는 모습을!
> 석양이 기울어 하루의 생명이 다하면
> 태양은 서둘러 달려가 새로운 삶을 촉구한다.
> 오, 내게 날개가 있다면 땅에서 솟구쳐 올라
> 태양을 따라 어디든 날아갈 수 있으련만!
> 영원한 석양 속에
> 발아래 고요한 세계를 볼 수 있으련만…
>
> 그러나 결국 태양의 여신은 가라앉을 것이다.
> 그래도 내겐 새로운 충동이 깨어나
> 태양의 영원한 빛 마시기 위해 달려가리라.
> 낮을 앞에 안고 밤을 등지고,
> 위로는 하늘, 아래로는 푸른 물결 굽어보면서.
> 이것은 아름다운 꿈, 그 사이에 여신은 자취를 감추는구나.
>
> 아아! 정신의 날개 이토록 가벼운데
> 육신의 날개가 응해주질 못하누나.[2]

이후 오래지 않아 파우스트는 "검은 개가 묘목과 그루터기 사이를 배회하는" 것을 본다. 그 개는 악마이며 바로 유혹하는 자다. 그의 지옥 불에 파우스트는 자신의 날개를 태우게 되는 것이다. 태양과 대지의 아름다움을 향한 자신의 엄청난 그리움을 표현했다고 생각했을 때, "그는 자기 자신을 떠났고" 악마의 손아귀에 빠져들어갔다.

> 오냐, 저 다정한 지상의 태양으로부터
> 결연히 등을 돌리자![3]

잠시 전만 해도 파우스트는 사태에 대한 올바른 인식 속에서 이렇게 말했다. 자연의 아름다움에 대한 찬미는 이교적 사고로 귀결되기 때문이다. 한때 미트라스교가 기독교에 위협적으로 도전한 것과 같이, 그러한 이교적 사고는 적대적인 태세를 갖춘 채, 파우스트의 의식 속에 있는 종교와 나란히 자리하고 있다.[4]

파우스트의 그리움은 그의 파멸이 되었다. 내세적인 것에 대한 그의 요구는 그에게 필연적으로 삶의 권태를 가져다주었고 그는 자살 직전까지 가 있었다.[5] 현세의 아름다움에 대한 그의 그리움은 다시금 그에게 파멸과 회의, 고통을 가져다주었고, 그 결과 마르가레테의 비극적인 죽음이 도래하기에 이른다. 그의 오류는, 무절제한 엄청난 열정을 지닌 인간으로서 그가 두 방향의 리비도의 충동에 거리낌 없이 따른 것이었다. 그는 기원후 초기 전환기 때의 집단적 갈등을 다시 한 번 그대로 모사하고 있는데, 흥미로운 것은 순서가 뒤집어졌다는 사실이다. 절대적인 내세성에 대한 희망으로써 그리스도가 맞서야 했던 힘이 어떤 종류의 것이었는지는, 여러 번 언급한 알리피우스의 예가 보여준다. 그때의 문화는 인류가 스스로 그것을 배척했기 때문에 멸망할 수

나방의 노래 — 119

밖에 없었다. 기독교가 전파되기 이전에 이미 인류가 어떤 주목할 만한 구원의 소망에 사로잡혀 있었다는 것은 알려진 바와 같다. 베르길리우스Vergil의 목가는 이러한 분위기를 잘 표현하고 있다.

> 이미 쿠메의 노래들의 시대는 충족되었다.
> 이미 수백 년에 걸친 위대한 순환이 새로이 시작된다.
> 성녀[6]는 우리에게 돌아오고 사투르누스Saturnus(고대 로마의 곡신)의 제국이 돌아온다.
> 이미 드높은 올림푸스 산에서 하나의 새로운 종족이 우리 앞에 나타난다.
> 아들의 탄생이라네, 이 냉혹한 시대는 그를 곧바로
> 비켜가고 황금시대가 새로이 지상에 떠오른다.
> 순결한 루시나Lucina가 기울면, 이미 그대의 오빠 아폴로가 다스리리.
> …세월의 지배자가. 이제 비켜가네, 불손과 잔인함의
> 남아 있던 모든 흔적이. 나라들은 안도의 숨을 내쉰다.
> 신의 운명이 아이에게 주어지고, 영웅들은
> 열광한 무리가 배회하는 것을 본다. 그들은 직접 무리를 향해 상냥하게 인사하네.
> 아이가 나라를 다스릴 땐 선조들의 힘이 그를 보호하리라.[7]

기독교가 보편적으로 확산된 결과 금욕을 추구하게 된 그러한 전환은 많은 사람들을 새로운 모험으로 안내했는데, 수도원과 은둔이 그것이다. 파우스트는 반대의 길을 간다. 그에게 금욕적 이상은 죽음을 몰고 온다. 그는 거기에서 벗어나기 위해 싸우고, 악마에게 자신을 넘겨

줌으로써 삶을 얻는다. 그러나 그로써 자신이 가장 사랑하는 대상인 마르가레테를 죽음으로 몰고 간다. 그는 고통에서 벗어나, 많은 사람들의 생명을 구하는 일에 자신의 삶을 바친다.[8] 구원자이면서 죽음을 몰고 오는 자라는 그에 대한 이중적 규정은 이미 일찍이 준비 단계에서 암시되어 있다.

바그너:
  오, 위대하신 선생님,
  군중의 존경을 한 몸에 받으시니!
  …

파우스트:
  우리는 그 고약한 탕약을 가지고
  이 마을 저 골짜기를 찾아다니며
  흑사병보다 더 흉악하게 설쳐댔던 것이라네.
  나 자신도 수많은 사람에게 그 독약을 주었는데,
  그들은 말라 죽고 나는 살아남아
  뻔뻔한 살인자가 칭송하는 소리를 들어야 하는 거라네.[9]

괴테의 『파우스트』에 심오한 의미를 부여하는 것은 바로, 수백 년 전부터 있어온 문제를 언어로 표현했다는 점이다. 그것은 오이디푸스 드라마가 헬레니즘 문화권에서 행했던 역할과 같은 것이다. 세계 부정의 스킬라Scylla〔소용돌이를 만드는 괴물〕와 세계 긍정의 카립디스Charybdis〔스킬라 건너편 동굴에 사는 괴물〕 사이에서 하나를 택할 수밖에 없다면 어떻게 해야 할까?

창조주에 대한 찬가에서 시작된 희망에 찬 음조는 우리의 작가 미스 밀러에게는 오래 지속되지 못하는 것 같다. 자세는 단순히 약속일 뿐 결코 지켜지지 않는다. 이전의 그리움은 다시 생겨난다. 왜냐하면 무의식 속에서만 작업하는 모든 콤플렉스의 특성은, 비록 그것이 외부로는 거의 무한정 변형되어 표명될 수 있다 해도 결코 원래의 정감의 총량Affektbetrage을 상실하진 않기 때문이다. 그러므로 첫 번째 시를 어떠한 긍정적이고 종교적인 자세를 통해 갈등을 해소하려는 무의식적인 시도로 볼 수 있다. 그것은 기원후 처음 수백 년 동안, 의식적인 갈등을 해결하기 위해 어떤 종교적 입장을 대치시켰던 방식과도 같다. 그녀의 그러한 시도는 실패한다. 이제 두 번째 시 속에서, 훨씬 더 세속적 성향을 띤 두 번째 시도가 이어진다. 거기에 나타난 생각은 단호하다. 즉, 단 한 번만…(환희의 눈길 한번 붙드는 것…), 그리고 죽는 것이다. 『파우스트』[10]에서와 마찬가지로 시선은 종교적 내세성의 영역에서 빠져나와 현세적 태양을 향한다. 또한 이미 다른 의미를 지닌 무언가가 거기에 섞여든다. 그것은 날개가 타버릴 때까지 빛의 주변을 날아다니는 나방이다.

이제 우리는 미스 밀러가 시의 이해를 돕기 위해 제시하고 있는 부분으로 넘어간다.

"이 짤막한 시는 내게 깊은 감동을 주었다. 물론 나는 당장은 그것을 충분할 정도로 분명하고 식섭석으로 설명할 수 없었다. 그런데 며칠 후 나는 그 전해의 겨울 베를린에서 읽었고, 나를 감동시켰던 한 철학적 글을 다시 끄집어내 한 여자 친구에게 읽어주었을 때, '별을 향한 나방의 갈망, 신을 향한 인간의 동일한 열망'이라는 말에 마주치게 되었다. 나는 이 말을 완전히 잊고 있었다.

그러나 바로 이 말이 내가 꿈결에 쓴 시 속에 다시 등장했을 때에는 완전히 분명하게 보였다. 게다가 몇 년 전 내가 본 드라마인 「나방과 불꽃La Mite et la Flamme」도 내 시의 또 다른 가능한 동기로서 떠올랐다. '나방'이라는 표현이 얼마나 자주 내게 각인되었는지 볼 수 있을 것이다."[11]

시가 이 작가에게 깊은 감동을 주었다는 것은, 그것이 그만큼 강렬한 심적 내용을 표현하고 있음을 의미한다. '열망aspiration passionnée'이라는 표현에서 우리는 별을 향한 나방의, 신을 향한 인간의 열정적인 그리움을 본다. 다시 말해 나방은 미스 밀러 자신이다. '나방'이라는 표현이 그녀에게 자주 각인되었다는 그녀의 마지막 언급은, 얼마나 자주 그녀가 자신도 모르게 '나방'이란 이름이 그녀 자신과 어울린다고 느꼈는지 말해준다. 신을 향한 그녀의 갈망은 '별'을 향한 나방의 갈망과 같은 것이다. 독자는 이 표현이 처음의 자료에 이미 들어가 있음을 기억할 것이다. '샛별들이 함께 노래할 때', 불침번을 서면서 그 배의 장교는 갑판에서 노래한다. 신을 향한 그녀의 갈망은 노래하는 샛별을 향한 갈망과 같은 것이다. 앞 장에서 이러한 비유가 가능하다는 것을 보여주었다. "이처럼 난 거대한 것을 하찮은 것과 비교하곤 했다."

인간의 지고한 그리움이 바야흐로 인간을 진정 본연의 인간으로 만들어주며 또한 인간적인 너무나 인간적인 것에 직접적으로 접해 있다는 것에 대해 사람들은 수치스럽게 여기거나 분노를 자아낸다. 그러므로 부인할 수 없는 사실임에도 불구하고 그런 식의 연관관계를 반박하려 든다. 갈색 피부와 검은 턱수염을 지닌 한 항해사와 고도의 종교적 이념…? 우리는 이 두 대상이 비교 불가능하다는 것은 의문시하지 않을 것이다. 그러나 거기에는 하나의 공통점이 있다. 그 둘은 사랑의 갈구의 대상이다. 대상의 성격이 리비도의 성질을 얼마간 변화시키는지, 아니면 이 두 경우에 동일한 갈구, 다시 말해 동일한 감정적 과정이 내재되어 있지 않은지는 더 알아보아야 한다. 심리학적으로 볼 때—진부한 비유를 사용하자면—식욕 그 자체가 갈구의 성질과 어떠한 관계가 있는지 결코 분명치 않기 때문이다. 외적인 면에서 갈구의 대상이 어떤 것인가 하는 문제는 물론 사소한 일이 아니다. 그런데 내면적인 면에서도 갈구의 과정이 어떤 방식으로 진행되는가 하는 문제는 적어도 그만큼 중요하다. 그러한 과정은 말하자면 충동적, 강박적으로, 거리낌 없이, 무절제하게, 탐욕적이고 비이성적이고 관능적으로 진행되거나, 아니면 이성적이고, 사려 깊고, 절도 있고, 조화롭게 조정되어, 윤리적이고 깊은 성찰로 진행될 수 있다. 심리학적 판단에는 대상이 무엇인가 하는 것보다 이러한 방식 자체가 더 중요하다—"둘이 같은 일을 해도 똑같이 되는 것이 아니다".

갈구하는 것의 방식이 중요한 이유는, 그것이 대상에 아름다움과 선의 미적·도덕적 특성을 부여하고, 그로써 같은 인간과 세계에 대한 우리의 관계에 결정적으로 영향을 끼치기 때문이다. 자연이 아름다운 이유는 내가 그것을 사랑하기 때문이다. 내 감정이 '선하다'고 여기는 모든 것은 선하다. 가치는 우선적으로 주관적 반응의 방식으로부터 생겨난다. 이로써 이른바 '객관적' 가치의 존재를 부인하는 것은 결코 아니다. 그것은 물론 어떠한 보편적 동의consensus에 의해 타당성을 지니는 것이다. 대상이 얼마나 무의미한지, 그리고 주관적 행위가 얼마나 많은 의미를 지니는지 성애Eros의 범주를 보면 완벽하리만치 분명해질 것이다.

겉보기에 미스 밀러는 장교에 대해서 인간적으로 납득할 만한 관심을 거의 갖고 있지 않았다. 그럼에도 불구하고 그 관계에서 어떠한 깊고 지속적인 영향력이 생겨나는데, 그것은 신격까지도 관련된 문제다. 언뜻 그렇게 다르게 보이는 대상들에서 나오는 분위기는 대상 자체에서 오는 것이 아니라, 사랑의 주관적 체험에서 나오는 것이다. 따라서 미스 밀러가 신이나 태양을 찬미한다면, 본연적으로 그것은 그녀의 사랑을, 인간 존재의 가장 깊은 곳에 뿌리를 두고 있는 충동을 의미한다.

독자는 앞 장에서, '노래하는 사람―소리의 신―노래하는 샛별―창조자―빛의 신―태양―불―사랑'이라는 동의어 사슬이 제시되었던 것을 기억할 것이다. 성애적 인상을 긍정하다가 부정하게 되는 생각의 전환과 함께 대상은 주로 빛의 상징으로 여겨진다. 그리움이 더 공공연하고 과감하게 나타나는 두 번째 시에서 그것은 아예 현세적 태양이다. 리비도가 구체적인 대상으로부터 방향을 돌렸기 때문에, 그것의 대상은 우선적으로 어떤 심리적인 것, 예컨대 신이 되었다. 그러나 심리학적으로 볼 때 신은 어떤 매우 강력한 감정을 중심으로 모여드는 관념 콤플렉스Vorstellungskomplex의 명칭이다. 감정적 음조音調는 콤플렉스 본래의 특색이고 효과다.[12] 그것은 강력하게 표현되는 감정적인 긴장을 나타낸다. 빛과 불의 속성은 감정적 음조의 강렬함을 묘사하며, 따라서 리비도로서 나타나는 심적 에너지에 대한 표현이 된다. 신이나 태양 혹은 불이 숭배될 경우(그림 13 참조), 사람들이 숭배하는 것은 바로 그 강렬함이나 힘, 즉 심적 에너지의 현상이다. 모든 힘과 모든 현상 전반이 어떤 종류의 에너지의 형태다. 형태는 상Bild이며 출현방식이다. 그러한 형태는 두 가지를 표현하는데, 첫째 그것을 통해 형체를 얻는 에너지이고, 둘째는 에너지를 출현하게 하는 매개물이다. 그런데 에너지가 그 고유한 상을 만들어낸다는 주장이 제기될 수 있으며, 또 한편으로는 매개물의 특성상 에너지는 어쩔 수 없이 일정한 형태를 지닐 수밖에 없다는 주장이 제기될 수 있다. 혹자는 태양으로부터 신의 이념을 이끌어낼 것이고, 혹자는 그와 반대로 그것이 감정의 강조Gefühlsbetonung에 의해 생겨난 신성Numinosität이며 이를 통해 태양에 신적인 의미가 부여된다는 의견을 펼 것이다. 전자는 태도와 기질의 면에서 주변세계의 인과적 효과를 더 믿는 편이며, 후자는 심적 체험의 자발성을 더 믿는 편이다. 나는 이것이 잘 알려진 문제, 즉 달걀이 먼저냐 닭이 먼저냐 하는 문제가 될까봐 두렵다. 그럼에도 불구하고 나는, 이 경우에는 정신적 에너지의 현상에 우선권이 있을 뿐 아니라, 그것이 주변세계의 인과적 우월성을 내세우는 가설보다도 훨씬 더 많은 것을 설명해준다는 입장을 취한다.

따라서 내 의견은, 일반적으로 정신적 에너지, 즉 리비도는 원형적 모델을 사용해 신상을 만들어내며, 그에 따라 인간은 자신의 내부에서 활동하는 심혼의 힘에 신성한 경외심을 내보인다는 것이다(그림 8). 이로써 우리는, 심리학적 견지에서 볼 때 신상이란 현실적이긴 하지만 일단은 주관적인 현상이라는 편치 못한 결론에 이르게 된다. 세네카는 "신은 그대와 가까이 있고 그대 곁에 있으며 그대 안에 있다"고 말하며, 첫 번째 요한의 편지[요한일서]에서 "하느님은 사랑이시라", "우리가 서로 사랑하면, 하느님이 우리 안에 계시느니라"[13]고 말하고 있다.

리비도를 의식의 지배를 받는 정신적 에너지로만 이해한다면, 그에게는 그런 식으로 정의를 내린 종교적 관계는 당연히 자기 자신과 벌이는 우스꽝스러운 유희처럼 보일 것이다. 그러나 그 에너지는 원형 또는 무의식에 속한 것이고 따라서 우리가 마음대로 할 수 없는 것이다. 그러므로 언뜻 '자기 자신과 벌이는 유희'로 보이는 이러한 관계는 결코 우스꽝스러운 것이 아니다. 자신 안에 신이 내재하고 있다는 것에는 많은 뜻이 들어 있을 것이다. 즉, 그것은 행복이나 권력의 보증이 되며, 심지어는 그 속성이 신격에 상응하는 한 전능의 보증이 된다는

그림 8. 태양륜으로서 붓다의 가르침을 숭배.
아마라바티의 사리탑.(2~3세기)

것이다. 신을 자신 안에 품고 있다는 것은 거의, 그 자신이 신이라는 의미 같기도 하다. 육욕적인 관념이나 상징들이 최대한 말살된 기독교에서도 이러한 심리학의 흔적을 볼 수 있다. 물론 사제가 축성을 통해 스스로 신으로 숭배받는 이교적 비의들 속에서 그러한 신격화는 더 뚜렷이 나타난다. 혼합주의적인 이시스 비의[14]의 축성식의 마지막에서 그는 종려나무 화관을 쓴 채 주각柱脚 위에 세워져 헬리오스Helios로 추앙받는다(그림 9). 디터리히가 편집한 『미트라스 제의Mithrasliturgie』인 마술적 파피루스에는 사제의 신성한 말이 담겨 있다. "나는 당신과 함께 궤도를 운행하며 심연으로부터 빛을 내는 하나의 별입니다."[15]

나방의 노래 — 127

그림 9. 루시우스의 축성.(1648)

사제는 종교적 무아경 속에서 성좌와 동일시되는데, 그것은 중세의 성인聖人이 성흔인각Stigmatisation을 통해 그리스도와 동일시되는 것과 같다. 프란츠 폰 아시시Franz von Assisi는 심지어 이를 두고 남매인 태양과 달보다도 더 가까운 친족관계라고까지 했다.[16]

히폴리토스Hippolytos는 신자가 장차 신격화될 것이라고 주장한다. "그대는 신이 되었다." "그대는 신의 동반자가 되며 그리스도의 공동 상속자가 될 것이다." 신격화에 대해 히폴리토스는 이렇게 말한다. "그것은 '너 자신을 알라'는 것이다."[17] 예수조차도 「시편」 82편 6절의 "나는 너희가 신들이라고 말했다"[18]는 말을 원용해 유태인들에게 자신이 하느님의 아들임을 내세웠다.

신격화의 관념은 태곳적부터 있어왔다. 옛 신앙에서는 그것을 사후의 시기와 관련시켰는데, 비의에서는 미리 현세로 가져온다. 한 이집트 텍스트에 그러한 관념이 가장 아름답게 묘사되어 있다. 그것은 고양되는 심혼의 개선가다.

> 나는 홀로 존재한 아툼Atum 신이로다.
> 나는 첫 광채를 발하는 레Rê 신이로다.
> 나는 스스로를 창조한 위대한 신이로다… 그 어느 신도 견줄 수 없는, 신들의 신이로다.
> 나는 과거였으며 또한 미래를 안다. 내가 말했을 때, 신들의 전쟁터가 만들어졌다. 나는 그 안에 머물고 있는 위대한 신의 이름을 아노라.…
> 나는 머리 위에 깃털을 얹으며[19] 현현하는 민Min 신이로다.
> 나는 나의 나라 안에 있으며, 나의 도시로 가노라. 나는 내 아버지 아툼과 늘 함께 있도다.

나의 불결함은 지워졌고, 내게 있던 죄악은 내던져졌도다. 헤라클레스 폴리스에 있는 두 개의 커다란 못에서 난 몸을 씻었네. 그 속에서는 인간들의 제물이 그곳에 머물고 있는 위대한 신을 위해 깨끗이 씻긴다네.

나는 의인들의 호수에 내 머리를 씻은 그곳으로 길을 떠나는도다. 이 정화된 자들의 나라에 도착해 장엄한 문으로 들어갈 것이어라.

앞에 계신 신들이여, 내게 손을 내밀어주소서. 내가 그입니다. 나는 당신들과 같은 자가 되었나이다. 나는 내 아버지 아툼과 늘 함께 있나이다.[20]

신격화에는 반드시 개인의 의미와 권력의 상승[21]이 뒤따르게 된다. 그것은 우선적으로 목적을 지닌 것처럼 보인다. 말하자면 그것은 개인의 삶에서 나타나는 극도의 취약성과 불확실성에 대해 개인을 강화시키는 것이다. 그런데 힘에 대한 의식이 강해진 것은 신격화의 외적인 결과일 뿐이다. 훨씬 더 중요한 것은 심층에 놓인 감정적 사건이다. 리비도를 내향화하는 사람, 다시 말해 외부의 객체에서 빼앗아오는 사람은, 먼저 내향에 뒤따르는 필연적인 결과에 빠져든다. 즉, 내면으로, 주체의 내부로 향해 있는 리비도는 개인의 과거를 다시 포착해 기억의 보고寶庫로부터 저 옛날에 보았던 이미지들을 끄집어낸다. 그 이미지들은 세계가 아직 풍요롭고 완전하던 시절을 환기시킨다. 무엇보다도 먼저 떠오르고 우선적 위치를 차지하는 것은 어린 시절의 기억이며, 그중에서도 아버지와 어머니의 이미지다. 그것은 유일무이하고 영원한 것이다. 그러므로 성인成人의 삶 속에서 그러한 기억을 다시 일깨우고 활성화시키기란 그다지 어려운 일이 아니다. 종교에서는 아버지-

이마고와 어머니-이마고의 퇴행적 재활성화가 중요한 역할을 한다. 종교에서 얻는 은혜는 부모가 아이를 돌봄으로써 주는 효과와 같다. 그리고 그 신비스러운 감정은 유아기에 경험하는 어떤 애정에 대한 무의식적 기억, 즉 위의 찬가에서 표현되는 원형적 직관에 뿌리를 둔다. 찬가에서는 다음과 같이 말하고 있다. "나는 나의 나라 안에 있으며, 나의 도시로 가노라. 나는 내 아버지 아툼과 늘 함께 있도다."[22]

그런데 세계의 가시적인 아버지는 태양이나 천상의 불이다. 따라서 아버지, 신, 태양, 불은 신화학적 동의어들이다. 태양의 힘 속에서 자연의 거대한 생산력이 숭배된다는 잘 알려진 사실은, 인간이 신격 속에서 원형의 에너지를 보고 숭배한다는 것을, 아직까지 확신이 없는 사람이 있다면 명확하게 말해줄 것이다. 이러한 상징성은 디터리히가 주석을 단 파피루스의 세 번째 말에 매우 구체적으로 나타난다: 두 번째 기도를 한 후 태양륜으로부터 사제들을 향해 별들이 온다. "다섯 개의 첨두를 지닌 수많은 것들이 모든 창공을 가득 채우며", "태양륜이 열릴 때, 그대는 무한히 큰 원과 잠겨 있는 불타는 문을 보리라". 사제는 다음과 같이 기도한다.

> "간청하나이다, 내 청을 들으소서.… 영靈의 입김으로 천상의 불타는 성들을 잠근 당신이여, 두 개의 몸을 가진 이여, 불을 다스리는 자여, 빛의 창조자이며 불을 내뿜는 이여, 불처럼 용감한 자여, 영을 비추는 자여, 불을 기뻐하는 이여, 아름다움을 비추는 자여, 빛의 지배자여, 불의 형체를 지닌 자여, 빛의 조달자여, 불을 뿌리는 이여, 불처럼 노호하는 이여, 빛의 생명을 지닌 자여, 불처럼 소용돌이치는 이여, 빛을 일으키는 자여, 번개처럼 노호하는 자여, 빛의 영광이여, 빛을 퍼뜨리는 자여, 불빛을 만드는 이여, 성

좌를 제압하는 자여" 등이다.[23]

여기서 보듯이 간구하면서 빛과 불의 속성으로 부르는 호칭은 거의 무진장하며, 과장된 점에서는 기독교 신비주의자의, 이와 유사한 사랑의 형용사들과 비교될 수 있다. 증거 자료가 될 수 있는 많은 원전 중에서 메히틸트 폰 마그데부르크Mechthild von Magdeburg(1212~1277)의 글에서 한 구절을 택한다.

"오 주여, 나를 힘껏 사랑해주소서. 자주자주 오래도록 날 사랑하소서. 당신이 날 사랑하면 할수록 내가 깨끗해지겠나이다. 당신이 날 힘껏 사랑하면 할수록 내가 아름다워지겠나이다. 당신이 날 오래 사랑하면 할수록 내가 지상에서 더욱 거룩해지겠나이다."

신이 응답한다. "널 사랑하는 것은 내 본성에서 나온 것이다. 나 자신이 사랑이기 때문이다. 널 힘껏 사랑하는 것은 나의 욕망에서 나온 것이다. 나 또한 사람들이 날 힘껏 사랑해주길 갈망하고 있기 때문이다. 널 오래 사랑하는 것은 나의 영원성에서 나온 것이다. 나는 끝이 없고 영원하기 때문이다."[24]

종교적 퇴행은 분명 부모의 이마고를 사용하지만 그저 하나의 상징으로시만 사용한나. 날하자면 원형을 부모의 이미지로 덧씌우는 것이다. 그것이 원형의 에너지를 불이나 빛, 열[25], 수태능력, 생산력 등의 감각적인 관념으로 드러내는 것과 같다. 밀교密教에서는 내면에서 본 신적 존재가 단순히 태양이나 빛일 경우가 많으며, 인격화되기까지 한 경우는 거의 없다(그림 10). 예컨대 『미트라스 제의祭儀』에는 다음과 같

그림 10. 신의 눈.(1700)

은 의미 있는 구절이 있다. "눈에 보이는 신들의 길은, 신이며 나의 아버지인 태양을 통해 나타날 것이다."²⁶

힐데가르트 폰 빙겐Hildegard von Bingen(1100~1178)은 다음과 같이 표현한다.

"내가 바라보는 빛은 장소에 얽매이지 않고 광대하며, 태양을 나르는 구름보다 훨씬 밝다.… 이 빛의 형체를 나는 어떤 방법으로도 알 수 없다. 태양의 순환 원을 완전히 바라볼 수 없는 것처럼. 그러나 이 빛 속에서 나는 자주는 아니지만 때때로, 살아 있는 빛이라 일컬어지는 또 하나의 빛을 본다. 내가 언제, 어떤 식으로 그것을 보는지 말할 수는 없다. 그런데 그것을 볼 때면 모든 슬픔과 고통이 내게서 떠나간다. 그러면 나는 한 늙은 여자가 아닌, 한 단순한 소녀와도 같이 행동하게 된다."[27]

신新신학자 시메온Symeon der Neue Theologe(970~1040)은 다음과 같이 말한다.

"나의 혀는 말을 잃는다. 내 안에서 무슨 일이 일어나고 있는지 나의 영은 보겠지만 그것을 설명하진 못한다.… 그것은 보이지 않는 것을 바라본다. 어떠한 형체도 없는 것, 조합되지 않은 그야말로 단순한 것, 무한히 위대한 것을. 왜냐하면 나의 영은 시작도 끝도 바라보지 않으며, 결코 어떠한 중간을 의식하지 않기 때문이다. 또한 보는 것을 어떻게 말해야 할지 알지 못하기 때문이다. 존재 자체로서가 아니라 일종의 참여에 의해, 어떠한 전체적 존재가 출현한다는 생각이 든다. 불에서 그대는 불을 지피며, 그대는 전체 불을 받아들이기 때문이다. 불은 줄어들지 않고 나눠지지 않은 채 이전의 상태로 있다. 그럼에도 불구하고 전달되는 그 무언가가 처음의 것으로부터 떨어져 나온다. 그것은 형체를 지니고 다양한 빛 속으로 들어간다. 그러나 전달되는 것은 영적인 것이며 측량할 수 없고 분리할 수 없으며 무궁무진한 것이다. 그런 것이 어딘가에 빠져들 때는 여럿으로 갈라지지 않으며 분리되지 않은 채로 그 안에 머물기 때문이나. 그것은 내 안에 있으며, 나의 초라한 가슴속에서 태양과 같이, 혹은 둥근 태양률과도 같이 빛처럼 솟아오른다. 그것은 바로 빛이기 때문이다!"[28]

내면의 빛으로서, 피안의 태양으로서 인식되는 것이 정신의 정동적

그림 11. 태양의 이동.
저녁 범선 안에 서 있는 서쪽의 여신이 아침 범선 안에 서 있는 동쪽 여신에게
태양륜을 건네고 있다.(이집트 말기)

요소라는 것을 시메온의 말에서 분명히 알 수 있다.

"그리고 나의 영은 그를 따라다니며 내가 본 광채를 붙잡으려고 했지만, 그를 피조물로서 찾을 수 없었다. 그리고 피조물들로부터 벗어나 창조된 것이 아닌 그 붙잡을 수 없는 광채를 붙들 수 없었다. 그럼에도 불구하고 내 영은 모든 곳으로 옮겨 다니면서 그를 보려고 애썼다. 공중을 샅샅이 탐색했고 창공을 돌아다녔으며, 심연을 건너갔고 세상의 끝을 보이는 대로 모두 주시했다.[29] 그렇지만 내 영은 아무것도 찾지 못했다. 왜냐하면 모든 것이 창조되어 있었기 때문이다. 나는 탄식했고 슬퍼했으며 심장이 타들어갔다. 그리고 넋이 나간 사람처럼 살았다. 그러나 그는 스스로 원할 때 왔다. 엷은 안개구름처럼 내려오면서 그가 내 머리 전체를 에워싸는 듯해서, 나는 깜짝 놀라 소리를 질렀다. 그러나 그는 다시 날아가며 날 혼자 버려두었다. 힘들게 그를 찾아다니다가 나는 불현듯 그가 내 자신 안에 있다는 것을 알았다. 그러자 내 심장 중심부에 그는 순환 원을 그리는 태양의 빛과도 같이 나타났다."[30]

니체의 「영광과 영원성 Ruhm und Ewigkeit」에서 우리는 본질적으로 매우 유사한 상징성을 만나게 된다.

> 조용히!—
> 위대한 것들에 대해—나는 위대한 것을 본다!—
> 사람들은 침묵하거나
> 떠들어대야 한다.
> 떠들어대라, 매혹적인 나의 지혜여!
>
> 나는 위를 올려다본다—
> 그곳엔 빛의 대양이 흘러든다:
> —오 밤이여, 오 침묵이여, 오 죽은 듯 고요한 소음이여!…
> 나는 표징 하나를 본다—,
> 아득한 먼 곳으로부터
> 별자리 하나가 반짝거리며 나를 향해 서서히 내려앉는다…[31]

오래된 제례의 종교적 체험이 제식적인 표상들로 드높여진 어떤 이미지들이 니체의 깊은 고독으로 인해 다시금 되살아나는 것이라면 놀라운 일도 아니다. 미트라스 제례의 외형에서 매우 흡사한 관념을 만날 수 있는데, 우리는 이제 어렵지 않게 그것을 망아적 리비도 상징 ekstatische Libidosymbole으로 이해할 수 있다.

"두 번 기도하고 나면, 말하자면 두 번 침묵하고, 이어서 두 번 휘파람을 불고 두 번 쩝쩝 소리를 내고 나면, 곧바로 너는 다섯 첨두를 지닌 무수한 별들이 온 창공을 가득 채우며 태양륜에서 내려오는 것을 보게 될 것이다. 그러나 다시금 말하라. 침묵하라, 침묵하라고"[32] 등등.

휘파람과 쩝쩝대는 소리는 태고로부터 전해 내려온 유물로서 반인반수의 신을 부르는 행위다. 짖는 행위도 비슷한 의미를 지닌다. "그를 올려다보며 허리를 누르고 각적角笛을 불듯이 온 힘을 다해 길게 울부짖으라. 그리고 부적에 입 맞추라" 등이다.[33] "나의 영혼은 굶주린 사자의 울음소리를 내며 울부짖는다"고 메히틸트 폰 마그데부르크는 말한다.[34] 「시편」 42편 2절(루터 역 성서)은 이렇게 말한다: "사슴이 시냇물을 찾으며 부르짖듯이 내 영혼이 하느님 당신을 찾으며 부르짖나이다." 예배 의식은 자주 은유가 되곤 했다. 이른바 슈레버의 『포효의 기적』[35]을 보면, 정신분열증(조현병) 속에서 옛 의식이 다시금 되살아난다. 그 포효의 기적을 통해 슈레버는 인간에 대해 잘못 알고 있는 신에게 자신의 존재를 알린다.

침묵이 주어지면 빛의 환상이 나타난다. 사제의 상황과 니체의 문학적 환상의 유사성은 놀라운 것이다. 니체는 '별자리'를 말하고 있다. 별자리는 알다시피 주로 반인반수의 신 내지 인격화된 신이다. 파피루스는 '장밋빛 손가락 모양의' 에오스Eos와 같이 다섯 손가락 모양의 별을 말하고 있는데, 그것은 인격화된 신의 이미지다. 그러므로 차분히 살펴보면, '불꽃 이미지'에서 생명이 있는 존재, 반인반수적 혹은 인격화된 신의 성질을 지닌 '별자리'를 보는 것을 기대할 수 있다. 왜냐하면 리비도의 상징성은 태양이나 빛, 불에 계속 머물러 있지 않고 완전히 다른 표현수단을 사용하기 때문이다. 니체의 말을 들어본다.

봉화 Das Feuerzeichen

이곳, 대양 사이 섬이 생겨난 곳에,
제물을 드리는 바위 하나가 가파르게 솟아 있네.
이곳 새까만 하늘 아래에서
차라투스트라는 드높이 솟은 그의 불을 점화시키네…

잿빛 몸통의 이 불꽃은
―냉기 서린 먼 곳으로 그 탐욕의 혀를 날름거리네,
오를수록 깨끗해지는 상공을 향해 그 목을 구부리며―
뱀 한 마리가 초조하게 곤추선다.
나는 이 징표 앞에 가서 섰다네.

나의 심혼은 바로 이 불꽃이라네.
새롭고 먼 곳을 향해 물릴 줄 모르고
그 고요한 열기는 앞으로 앞으로 타오르네…

온갖 고독을 낚고자 나 이제 낚싯줄을 던진다.
불꽃의 초조함에 답을 해다오.
높은 산 어부인 내게 낚여다오.
나의 마지막인 일곱 번째 고독을![36]

여기서 리비도는 불, 불꽃, 뱀으로 된다. 이집트의 '살아 있는 태양륜'의 상징, 즉 두 마리의 코브라가 있는 원반(그림 12)에는 리비도의 두 가지 유례가 결합되어 있다. 수태의 온기를 지닌 태양륜은 수태하

그림 12. 날개 달린 태양륜.
투탕카멘 왕의 옥좌.(기원전 14세기)

게 하는 사랑의 온기의 유사물이다. 리비도를 태양과 불에 비유하는 것은 본질상 더욱 '유추적(아날로그적)'이다. 그 안에는 또한 '인과적인' 요소가 들어 있다. 왜냐하면 태양과 불은 유익한 힘으로서 인간의 사랑의 대상이기 때문이다(예컨대 태양의 영웅 미트라스는 '많은 사람들의 연인'으로 불린다). 니체의 시에 나타나는 비유 역시 인과적이지만, 그것은 정반대의 의미에서다. 즉, 뱀과의 비유는 분명 남근적phallisch인 면을 지닌다. 남근Phallus은 생명과 리비도의 원천이며 창조자이고 기적을 행하는 자로서, 어디에서나 숭배의 대상이 되었다. 따라서 우리는 리비도의 상징화가 세 가지 방식으로 나타나는 것을 본다.

1. 유추적 대비: 태양이나 불과 같음(그림 13).
2. 인과적 대비: a) 객체 비교. 리비도는 그것의 객체를 통해 표시된다. 예컨대 자선을 베푸는 태양을 통해. b) 주체 비교. 리비도는 그것의 도구나 유례를 통해 표시된다. 예컨대 남근 혹은 (유추하여) 뱀을 통해.

대비對比의 이러한 세 가지 기본 형태 외에 또 네 번째 비교가 수행되는데, 즉 그것은 활동상의 비교이다. 여기서 활동은 제3의 비유물tertium comparationis이다(예컨대 리비도는 황소처럼 수태를 하고—그 열정적 힘 때문에—사자나 수퇘지처럼 위험하며 당나귀처럼 욕정적이라는 등).

이러한 내비들은 그만큼이나 많은 상징의 가능성을 의미한다. 그리고 이러한 이유에서 끝없이 다양한 모든 상징은 그것이 리비도의 이미지인 한 원래 하나의 지극히 단순한 근원으로, 말하자면 바로 리비도와 그 특성으로 환원될 수 있다. 이러한 심리학적인 환원과 단순화는 역사적으로 문명이 추구하는 것, 즉 무수한 신들을 통합해 합일시키

그림 13. 게르만족의 태양 우상.

고 단순화시키려는 노력과 일치한다. 다양한 지방 데몬들Ortsdämonen 에서 나타난 한없는 다신주의를 결국 단순화시키고자 애썼던 고대 이집트에서 이미 그러한 시도를 볼 수 있다. 테베의 아몬Amon, 동방의 호루스Horus, 에드푸Edfu의 호루스, 엘레판틴의 크눔Chnum, 헬리오폴리스의 아툼Atum 등, 이 다양한 지방신 모두는 태양신 레Rê와 동일시되었다.[37] 태양 찬가에서는 복합적 존재인 아몬-레-하르마키스-아툼이 "진리 속에 거하는 유일한 신"으로 불렸다.[38] 이런 방향으로 가장 광범위한 시도를 했던 왕은 아멘호텝Amenhotep 4세(18왕조)인데, 그는 그때까지의 모든 신들을 "살아 있는 위대한 태양륜"으로 대치시켰다. 그것의 공식 명칭은 "두 영역을 다스리는 태양, 태양륜의 광채라는 이름 속에서 환호하는 태양"이다. "더욱이 숭배의 대상은 하나의 태양신이 아니라, 광선의 손[39](그림 14, 또한 그림 2와 16 참조)을 통해 그 안에 담긴 삶의 영원성을 생명체에 전하는 태양의 성좌 자체였다"고 에르만Adolf Erman[40]은 덧붙인다.

아멘호텝 4세는 개혁을 통해 심리학적 가치를 지닌 하나의 해석 작업을 완수했다. 그는 황소신[41], 숫양신[42], 악어신[43], 기둥신[44] 등 태양륜 속의 신들을 통합시켰고, 그로써 그들의 특수한 속성을 태양의 속성과 일치한 것으로 천명했다.[45] 헬레니즘과 로마의 다신주의에도 비슷한 운명이 닥쳤는데, 이후 수백 년 동안의 통합의 노력으로 인한 것이었다. 천상의 여왕(달)에게 드린 루시우스의 아름다운 기도가 그러한 사실을 뛰어나게 증명해준다.

"천상의 여왕이여, 당신이 곡식의 숭고한 어머니 케레스Ceres라 (불리든), 푀부스Phöbus의 누이이든, 혹은 밤새 슬피 울어 새벽을 자극하는 프로세르피나Proserpina이든… 그 여성적인 온화한 빛

그림 14. 생명을 공급하는 태양. 옥좌에 앉아 있는 아멘호텝 4세.
이집트 부조.

으로 모든 도시의 빛을 밝히시는 이여."[46]

    다신론적인 다양화와 분화에 따라 무수히 변형되면서 나누어지고 개별적 신들로 인격화된 원형을 다시금 극소수의 단위로 통합시키고자 한 이러한 시도는, 이미 오래전부터 집요하게 형태상의 유추가 이루어져왔음을 말해준다. 헬레니즘-로마 세계의 체계는 아예 말할 것도 없으며, 알려져 있다시피 헤로도토스에게서 그러한 관계가 풍성하게 나타난다. 그러한 통합의 시도에서는, 항상 다양성을 다시 만들어

나방의 노래 —— 143

내려는 훨씬 더 강력한 성향이 나타난다. 그렇기 때문에, 기독교 같은 이른바 엄격하게 유일신론을 내세우는 종교에서도 다신론적인 성향이 어쩔 수 없이 나타났다. 신격은 세 부분으로 나누어져, 천상의 서열이 거기에 부과된다. 다신론과 유일신론이라는 이 두 흐름은 끊임없는 투쟁 속에서 공존한다. 수많은 속성을 지닌 한 신이 존재하거나 혹은 수많은 신들이 존재하면서 단순히 지역에 따라 다르게 불리면서 원형의 이런저런 속성을 경우에 맞게 의인화하고 있다. 위에서 말한 이집트 신들에게서 그 예를 볼 수 있다.

이와 함께 다시 니체의 시 「봉화」로 되돌아가보자. 우리는 거기서 불꽃이 뱀으로서, 반인반수의 형상을 지닌 리비도의 이미지로서(동시에 심혼의 이미지[47]로서: "나의 심혼은 바로 이 불꽃이라네." 그림 15 참조)

그림 15. 메르쿠어의 뱀. 연금술에서 용과 뱀, 도룡뇽은 심리적 변환 과정의 상징이다.(1718)

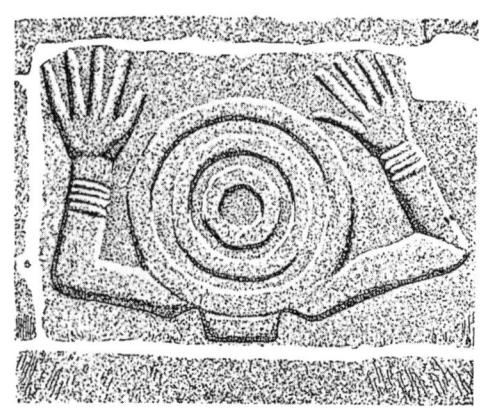

그림 16. 태양의 손.
부조, 튀빙겐의 슈피탈 교회.

묘사된 것을 보았다. 우리는 뱀이 성적으로 해석될 뿐 아니라 또한 태양 이미지(이집트의 태양 숭배) 또는 리비도의 상징으로도 나타나는 것을 살펴보았다. 따라서 태양륜이 손과 발 외에(그림 16, 그림 2도 참조) 하나의 남근을 지니고 있을 수 있다. 이에 대한 증거를 우리는 미트라스 예배의 기묘한 외관에서 보게 된다. "봉사하는 바람의 근원인 이른바 관䈁도 비슷하게 보일 것이다. 그대는 태양륜에 매달려 있는 관 같은 '어떤 것'을 볼 것이기 때문이다."[48]

미트라스 예배문과 같은 종교적 텍스트에서, 태양륜에 매달려 있는 관이라는 이 기이한 환상은 거기에 성적인 의미를 부여하지 않는다면 이상한 느낌을 줄 것이다. 관은 바람의 근원지다. 그러한 속성에서는 일단 성적인 의미를 찾을 수 없다. 그러나 바람은 능히 태양과도 같이 수태자이며 창조자라는 것을 떠올릴 수 있다.[49] 독일 중세의 한 화가는 생식에 대해 다음과 같이 표현하고 있다. "하늘에서 관 혹은 호스 하

나방의 노래 —— 145

나가 내려와 마리아의 치마 밑으로 들어간다. 성령이 비둘기의 형체로 날아오더니 그 속으로 들어가 성모를 수태시킨다."⁵⁰(그림 17, 또한 그림 4도 참조)

나는 한 정신질환자에게서 다음과 같은 망상을 관찰했다. 즉, 환자가 태양에서 남근의 발기를 보는 것이다. 그가 머리를 이리저리 흔들면, 태양의 페니스(음경)도 이리저리 흔들리며 그 결과 바람이 생겨난다. 미트라스 예배서를 알기 전까지 나는 오랫동안 이 기이한 망상을 이해하지 못하고 있었다. 그 망상은 또한 원전에서 내가 그야말로 애매모호하게 생각한 구절을 이해할 수 있도록 한 줄기 빛을 던져준다. 그것은 위의 인용에 바로 이어 나오는 다음 구절이다: εἰς δὲ τὰ μέρη τὰ πρὸς λίβα ἀπέραντον οἷον ἀπηλιώτην. ἐὰν ᾖ κεκληρωμένος εἰς τὰ μέρη τοῦ ἀπηλιώτου ὁ ἕτερος, ὁμοίως εἰς τὰ μέρη τὰ ἐκείνου ὄψει τὴν ἀποφορὰν τοῦ ὁράματος

디터리히의 번역은 다음과 같다.

"동풍이 끝없이 서쪽으로 간다. 동쪽으로 갈 운명이 다른 바람에게 주어져 있다면, 마찬가지로 그 얼굴은 서쪽을 향하고 있음(전진)을 그대는 보게 될 것이다."⁵¹

다음은 미드George R. S. Mead의 번역이다.

"그것은 마치 끝없는 동풍처럼 서쪽 지대를 향한다. 그러나 만약 동쪽 지역으로 향하는 다른 바람이 이에 봉사한다면 마찬가지로 그대는 그 지역을 향하여, 흔히 그(측면)를, 눈으로 본 모습의 반

그림 17. 마리아를 그늘로 가림Obumbratio Mariae.
라인 지방의 수제 양탄자.(15세기 말엽)

대편을 볼 것이다."[52]

'호라마Ὅραμα'(눈에 보이는 것, 광경)는 환영Vision, 즉 눈으로 본 것이다. 아포포라ἀποφορά는 원래 '옮겨놓는다, 빼앗는다'는 말이다. 따라서 눈으로 본 것은 그때그때 바람의 방향에 따라 이쪽 혹은 저쪽으로 옮겨지거나 방향이 바뀐다는 의미일 수 있다. 호라마ὅραμα는 '바람의 근원지'인 관으로서 때로는 동쪽으로, 때로는 서쪽으로 향하면서 아마

그림 18. 이브의 유혹.(아우크스부르크, 1470)

그와 똑같은 바람을 만들어낼 것이다. 이 정신질환자의 환영은 이러한 관의 움직임과 놀라우리만치 일치한다.[53] 이 주목할 만한 사례를 계기로 나는 정신병을 앓는 흑인들을 얼마간 연구하게 되었다.[54] 이 기회에 나는, 태양류의 익시온Ixion이라는 유명한 모티프(그림 90 참조[8권])가 교육을 받지 못한 한 흑인의 꿈에 나타난 것을 확인할 수 있었다. 그러한 사실과, 또 그와 비슷한 몇몇 다른 경험으로 나는 충분히 방향을 잡을 수 있었는데, 즉 문제는 어떠한 인종을 특징짓는 유전이 아니고 보편적 인류의 특성이라는 것이다. 또한 중요한 것은 어떤 유전된 표상들Vorstellungen이 문제되는 것이 아니고, 동류의 혹은 유사한 관념을 생산하는 어떠한 기능적 소인Disposition이라는 것이다. 그러한 소인을 나는 후에 원형Archetypus이라 불렀다.[55]

태양의 다양한 속성은 미트라스 제례에서 차례로 나타난다. 헬리오스[태양신]의 환영에 따라 뱀의 얼굴을 한 일곱 처녀와 검은 황소의 얼굴을 한 일곱 신들이 등장한다. 처녀는 리비도의 인과론적 비유로 쉽게 이해할 수 있다. 낙원의 뱀은 흔히 여성적인 것으로, 여성에게 있는

그림 19. 일곱 촛대 사이에 있는 사람의 아들.
베아투스Beatus의 주석.(12세기 말엽)

유혹적 원리로 생각된다(고대의 예술가들에 의해서도 여성적으로 그려진다).⁵⁶(그림 18) 그와 유사한 의미의 변천 속에서 고대 그리스에서는 뱀이 지구의 상징이 되었는데, 지구는 그 자체로 항상 여성적인 것으로 생각되었다. 황소는 잘 알려진, 생산성의 상징이다. 황소신들은 『미트라스 제의』에서 크노다코퓌라케스κνωδακοφύλακες, 즉 '세계축의 수호자'라고 불렸는데 이들은 '둥근 하늘의 축'을 돌린다. 그와 동일한 속성이 미트라스에게도 있는데, 그는 때로는 천하무적의 태양 그 자체이기도 하고 때로는 헬리오스의 반려이며 그의 지배자이기도 하다(그림 43과 77[8권] 참조). 즉, 그는 오른손에 '움직이면서 천구를 돌리는 곰자리 성좌'를 들고 있다. 미트라스 자신과 마찬가지로 신성하고 강한 청년들인 황소 머리의 신들에게는 더 젊은 자의 속성이 주어져 있는데, 그들은 같은 신을 속성에 따라 따로 분류한 것에 지나지 않는다. 미트라스 전례의 주신主神 자신이 미트라스와 헬리오스로 나누어지는데(그림 20 참조), 이 둘의 속성은 서로 아주 비슷하다. (헬리오스에 대해):
"…젊고 아름다우며 흰옷에 불처럼 붉은 곱슬머리를 한, 또한 불같이

그림 20. 검과 햇불을 든 미트라스. 로마의 부조.

붉은 화관을 쓰고 진홍빛의 외투를 입은 한 신을 그대는 보게 될 것이다."[57] (미트라스에 대해): (그대는 보게 될 것이다) "황금빛의 머리카락과 빛나는 얼굴을 지닌, 젊은 한 초능력의 신이 황금빛 화관을 쓰고 흰 옷에 폭넓은 바지를 입은 채 황소의 오른손에 황금빛 어깨를 기대고 있는 것을. 그 황금빛 어깨는 움직이면서 천구를 돌리며 시간마다 위 아래로 움직인다. 그러면 그의 눈에서 번개가, 그의 몸에서는 별들이 튀어나오는 것을 그대는 보게 될 것이다."[58]

황금과 불의 본질을 유사한 것으로 여긴다면, 이 두 신들의 속성에는 중요한 공통점이 드러난다. 이 신비스러운 이교의 신상의 대열에 합류할 만한 것은 「요한묵시록」의 환영들인데, 그것은 아마 그다지 더 오래전에 쓰인 것은 아닐 것이다.

"몸을 돌이켜 나에게 말한 음성을 알아보려고 하였을 때에 일곱 개의 황금 촛대를 보았는데, 촛대 사이에 사람의 아들과 같은 이가 발에 끌리는 옷을 입고 가슴에 금띠를 띠고, 그 머리와 털이 흰 양털 같고 눈같이 희고 그의 눈은 불꽃 같고, 그의 발은 풀무에 단련한 빛나는 주석 같고 그의 음성은 많은 물이 흘러가는 소리와 같으며, 그 오른손에 일곱 별[59]이 있고 그 입에서 좌우에 날선 검이 나오고[60] 그 얼굴은 해가 힘있게 비추는 것 같더라."(1장 12절 이하)

"…보라. 흰 구름이 있고 구름 위에 사람의 아들과 같은 이가 앉았는데, 그 머리에는 황금의 면류관 $\alpha\sigma\tau\acute{\epsilon}\varphi\alpha\nu o\nu\ \chi\rho\upsilon\sigma o\tilde{\upsilon}\nu$[61]이 있고, 그 손에는 예리한 낫을 가졌더라."(14장 14절)

"그의 눈은 불꽃 같았고 그의 머리에는 많은 면류관이 있었으며…."

"또 그가 피에 적신 옷을 입고 있었는데…."[62]

"하늘에 있는 군대들이 희고 깨끗한 세마포를 입고[63] 백마를 타고 그를 따르더라. 그의 입에서는 예리한 검이 나오니…."(19장 12절 이하)

묵시록과 미트라스교의 관념들 사이에 직접적인 의존관계가 있다고 생각할 필요는 없다. 두 원전의 환영적 이미지들은 한 곳으로만 흐르는 것이 아니라 많은 사람들의 심령 속에 존재하는 원천에서 길러낸 것이다. 거기에서 나온 상징들은 단지 한 개인의 것이라고 여기기에는 너무도 전형적인 것들이다.

내가 이 이미지들을 언급하는 것은, 빛의 상징이 어떻게 얼굴을 점점 깊이 숙이면서 차츰 "많은 사람들의 연인"[64]인 태양의 영웅이라는 이미지로 발전해가는지를 보여주기 위해서다.[65] 이 환영의 사건들은 비의들 속에 나타나는 태양의 대관식Sonnenkrönung의 심리학적 뿌리가 된다(그림 9와 아풀레이우스Apuleius, 『변형 *Metamorphoses*』, liber XI 참조). 그들의 의식儀式은 예배 형태로 굳어진 종교적 체험이다. 그러한 체험은 그 규칙성 때문에 보편타당한 외형을 지니게 될 수 있었다. 그 모든 것으로 볼 때, 옛 교회가 한편으로는 솔 노부스Sol novus[새로운 태양]로서의 그리스도와 특별한 관계를 맺고 있으면서도, 다른 한편으로는 그 이교적 상징에 저항하기 위해 얼마간 노력했던 것을 쉽게 이해할 수 있다. 이미 필론Philo von Alexandrien은 태양 속에서 신적 로고스의 이미지, 혹은 신 자체의 이미지를 보았다.[66] 암브로시우스 찬송가에서는 그리스도를 "오 솔 살루티스O sol salutis[오 구원의 태양이여]" 등으로 부른다. 마르쿠스 아우렐리우스Marcus Aurelius의 시대에 멜리톤Meliton은 『페리 루트로우περὶ λούτρου(목욕에 관하여)』란 글에서, 그리스도를 "동방의 태양… 하나의 태양으로서 그는 승천했다"[67]고 일컬었다.

위僞-사이프리언Pseudo-Cyprian의 구절에서 더 명확히 나타난다.

> "'오, 주님의 예언은 얼마나 위대하고 신성하게 이루어지는가.' 그는 외친다. '태양이 창조된 바로 그날, 3월 28일 수요일, 그리스도가 태어난 것을 보면 말이다. 그래서 예언자 말라키Malachias는 그에 대해 군중에게 당당히 말할 수 있었다. '정의의 태양이 너희에게 떠오를 것이다. 그 태양이 떠다닐 때 치유가 이루어지리라.'"[68]

요하네스 크리소스토무스Johannes Chrysostomus의 글이라고 하는「동지, 하지, 춘분, 추분에 관하여De solstitiis et aequinoctiis」에는 다음과 같이 씌어 있다.

> "주님 또한 겨울에, 12월 24, 25일 사이에 탄생하셨다. 그리고 사람들이 잘 익은 올리브를 짜면 그것으로 도유의 성사, 즉 성유 바르기를 한다―그런데 그들은 그것을 천하무적자의 탄생일이라고도 한다. 그러나 죽음을 정복하고 승리한 우리 주님처럼 완벽한 무적의 존재가 누구란 말인가? 다시 말해, 그들이 그날을 태양의 탄생일이라고 부른다면, 태양은 바로 예언자 말라키가 말한 그 정의의 태양 자체다. 즉, 빛과 밤의 주인, 예언자들이 '정의의 태양'이라고 불러온 창조자이며 지배자다."[69]

에우세비우스 폰 알렉산드리엔Eusebius von Alexandrien이 증명한 바에 의하면, 기독교인들도 떠오르는 태양의 숭배에 동참했는데, 그것은 5세기까지 지속되었다. "태양 앞에서, 달과 별 앞에서 엎드려 절하는 자들에게 화 있을지어다. 나는 태양 앞에서 엎드려 절하고 기도하는 수많은 사람들을 보았다. 태양이 떠오르면 벌써 그들은 이런 말로 기도를 올린다. '우리를 불쌍히 여기소서.' 태양 숭배자들과 이교도들만 그렇게 하는 것이 아니다. 기독교도들 역시 자신의 신앙을 망각한 채 이단자들 속에 섞여 있다."[70]

아우구스티누스는 그의 기독교 신도들에게 단호하게 말한다. "그리스도 구주가 태양이 된 것이 아니라, 그가 바로 태양을 창조한 자다."[71]

교회 미술을 보면 태양 숭배에 관한 많은 작품이 보존되어왔는데[72], 그것은 그리스도의 머리를 에워싼 광선이나 후광 같은 것이다. 기독교 설화는 성인들의 속성에 불과 빛의 상징을 많이 부여하고 있다.[73] 예컨대 열두 사도는 황도 12궁과 비유할 수 있고, 따라서 머리 위에 별 하나를 달고 있는 것으로 그려졌다.[74] 테르툴리아누스[75]가 알려주고 있듯이, 이교도들이 태양을 기독교의 신으로 여긴 것은 놀라운 일이 아니다. 마니교도들에게는 심지어 신이 실제로 태양이었다. 이교도적인 것과 아시아적인 것, 헬레니즘적인 것과 기독교적인 것이 섞여 있는 이러한 영역을 보여주는 그야말로 진기한 기념물 중 하나가 비르트 Albrecht Wirth가 편집한 『페르시아에서 일어난 일들에 관한 보고』[76]인데, 그것은 혼합주의적인 상징성을 깊이 통찰할 수 있게 해주는 일종의 우화집이다. 거기에서는 "위대한 신 제우스 헬리오스께, 왕이신 예수께"[77]라는 주술적인 헌사가 발견된다. 아르메니아의 몇몇 지역에서는 아직까지도 기독교도들이 떠오르는 태양을 향해 "그 발을 간구하는 자의 얼굴에 머무르게 해주시길"[78] 하고 기도한다.

우리는 '나방과 태양'의 상징 속에서 심혼의 역사적인 심층까지 파고들어갔다. 이 작업에서 우리는 매몰되어 있던 하나의 우상, 즉 '젊고 아름다운, 불처럼 붉은 곱슬머리를 하고' 빛의 면류관을 쓴 태양의 영웅이라는 우상과 맞닥뜨렸다. 그는 유한한 존재가 다가갈 수 없는 존재로서 영원히 지구 주변을 배회하며, 낮에 이어 밤이 오게 하고, 여름에 이어 겨울이, 삶에 이어 죽음이 오게 하고, 다시 휘황찬란하게 부활해 새로운 세대를 비춘다. 나방 속에 자신을 숨기는 이 꿈꾼 여성의 갈망은 태양을 향한 것이다.

고대 그리스와 서남 아시아 지역의 문화권에서는 죽고 부활하는 신 오시리스Osiris(8권의 그림 64 참조), 탐무즈Tammuz, 아티스-아도니스Attis-Adonis[79], 그리스도, 미트라스[80], 푀닉스Phönix 등의 상을 통해 태양 숭배가 행해졌다. 불은 유익한 만큼이나 파괴적인 힘을 갖고 있어서 숭배되었다. 우리가 욥의 신에게서 이미 보았듯이, 자연의 힘은 항상 두 측면을 지닌다. 이러한 이면을 보면 우리는 다시 미스 밀러의 시詩로 되돌아가게 된다. 그녀의 회상은 우리가 이미 추측한 대로 나방과 태양의 상像이 두 개의 상의 압축임을 입증한다. 그중 하나는 이미 위에서 언급한 바 있고 또 다른 상은 나방과 불꽃이다. 작가는 물론 우리에게 내용을 알려주지 않지만, 극의 제목으로서 '나방과 불꽃'은 익히 알려진 의미, 즉 날개가 타버릴 때끼지 열정의 불 주위를 날아다닌다는 의미일 것이다. 열정적인 욕구는 두 측면을 지닌다. 즉, 그것은 모든 것을 미화하며, 그러면서도 상황에 따라서는 모든 것을 파괴하기도 하는 힘이다. 그러므로 어떠한 격렬한 욕구가 그 자체로 이미 불안을 동반하든지, 아니면 그 뒤에 불안이 뒤따르는, 혹은 불안을 예감하게 된다는 것은 납득할 만하다. 열정은 운명을 초래하고 그로써 되돌릴 수 없는 어떠한 것을 만들어낸다. 그것은 시간의 바퀴를 앞으로 나아가게 하면서, 또한 추억에 돌이킬 수 없는 과거의 짐을 지운다. 운명에 대한 불안이야말로 이해하고도 남음이 있다. 그것은 예견할 수 없고 무한정하다. 그것은 알 수 없는 위험을 품고 있다. 그러므로 삶의 모험에 대한 신경증 환자의 주저함이 위험한 싸움에 얽혀들지 않기 위해 옆으로 비켜서 있으려는 소망에서 나온 것임은 어렵지 않게 설명될 수 있다. 몸소 체험하려는 모험을 포기하는 사람은 자기 안에 있는 그러한 모험에의 욕망을 질식시킴으로써 일종의 부분적 자살을 자행하는 셈이 된다. 욕망의 체념에 즐겨 뒤따르는 죽음의 환상은 이렇게 설명할 수 있다. 미스 밀러는 이미 이러한 환상을 말했으며, 위의 자료에 다음의 말을 덧붙이고 있다: "나는 바이런의 작품 중 하나를 선택해 읽었는데, 그것은 내 맘에 썩 들었고 깊은 인상을 남겼다. 게다가 나의 마지막 두 시행 'For I, the source…(내가 그 근원이므로…)'의 리듬과 바이런의 두 시행의 리듬은 매우 유사하다."

Now let me die as I have lived in faith
Nor tremble tho'the Universe should quake!
(믿음 안에 살았으니 이제는 나를 죽게 하오.
난 떨지 않아, 우주 만물이 요동친다 할지라도!)

일련의 착상들을 정리하고 있는 이 회상은 체념에서 생겨나는 죽음의 환상을 입증한다. 미스 밀러는 말하고 있지 않지만, 이 인용은 바이런의 미완성 시 「하늘과 땅Heaven and Earth」에서 나온 것이다. 시의 전문은 다음과 같다.

신이여 찬양받을지어다!
과거에 있었던 것을 위해,
현재 있는 것을 위해!
당신, 주님은
현재 있는 것과 과거에 있었던 모든 것 위에,
시간과 공간, 영원성과 죽음과 삶 위에,
보이는 것과 보이지 않는 것 위에 있기 때문.
당신이 준 것을, 당신이 앗아가네!
비방을 해야 할까, 하늘을 향해 소리쳐야 할까.
몇 번의 호흡을 위해?——아니야!
죽음과 삶 속에서 나는 신이 되리라——
난 떨지 않아, 우주 만물이 요동친다 할지라도!
(No; let me die, as I have lived, in faith,
Nor quiver, though the universe may quake!)[81]

이 말은 밀려오는 대홍수 앞에서 희망 없이 도주하는 한 '유한한 자'가 말하는 일종의 찬미 내지는 기도로 되어 있다. 미스 밀러는 그것을 인용함으로써 똑같은 상황 속에 들어간다. 다시 말해 그녀는 밀어닥치는 대홍수의 물에 의해 자신이 위협받고 있다는 것을 안 이 불행한 사람의 절망과 그녀의 감정 상태가 비슷하다는 것을 내보이고 있다. 이로써 그녀는 태양의 영웅을 향한 그녀의 그리움의 어두운 배후를 일견할 수 있게 해준다. 우리는 그녀의 그리움이 헛된 것임을 안다. 그녀는 유한한 존재이기 때문이다. 그래서 그저 한순간 최고의 그리움으로 빛을 향해 올라갈 수 있을 뿐이며, 그런 다음에는 죽음으로 떨어지거나 아니면 대홍수 앞에 선 인간들처럼 죽음의 두려움에 내몰려 더 높이 오르고자 하는 절망스러운 투쟁에도 불구하고 구제할 길 없이 파멸에 몸을 맡기게 된다. 그것은 『시라노 드 베르주라크』의 마지막 장면을 생생하게 상기시키는 분위기다.

시라노:

> 그대들은 말하는가. 소용없는 짓이라고?―그럴 거야, 난 알고 있어!
> 승리한다는 희망이 있어야만 싸우는가?
> 승산 없는 전쟁이 훨씬 아름다운 거지!…
>
> 난 알고 있어, 그대들은 승리하고 우편에 머무는구나.
> 그래서 어떻다는 건가? 나는 싸우고 싸우고 싸우노라![82]

인간적으로 이해할 수 있는 그녀의 기대는 헛된 것이다. 왜냐하면

그림 21. 달과 생명나무와 함께 있는 날개 달린 태양.
히타이트의 부조.

그녀의 욕망은 신적인 것을, 태양의 이미지로 숭배되는 '많은 이들의 연인'을 향하고 있기 때문이다. 여기에 제시된 자료를 보면, 이때 의식적인 결정이나 선택이 이루어지고 있다는 주장은 할 수 없다. 그보다는 미스 밀러가 대면하고 있는 사실은, 노래하던 장교의 자리에 그녀의 의도나 개입이 없이 한 신적 영웅이 들어섰다는 것이다. 그것이 더 유리한 일인가, 더 불리한 일인가 하는 문제는 아직 해답이 없는 채로 남아 있다.

바이런의 「하늘과 땅」은 '창세기의 다음 구절을 근거로 한 미스터리'다. "…하느님의 아들들이 사람의 딸들의 아름다움을 보고 자기들이 원한 자들을 아내로 삼았더라."[83] 그 밖에도 바이런은 그의 문학의 또 다른 모토로 콜리지Samuel Coleridge의 다음 구절을 내세운다. "또한 여자는 자신의 악마 같은 연인을 위해 울부짖고 있네." 바이런의 문학은 두 가지의 커다란 사건, 심리학적인 것과 지상적인 것을 구성하고 있다. 말하자면 그것은 한편으로는 모든 장애를 허물어버리는 열정이고, 다른 한편으로는 폭발적인 자연의 위력에 대한 경악이다. 천사 사

그림 22. 달의 궤도를 나타내는 뱀.
아시리아의 수사Susa 경계석.

미아사Samiasa와 아자지엘Azaziel은 카인Kain의 아름다운 딸들인 아나Anah와 아홀리바마Aholibamah에 대한 불경스러운 열정을 불태우며, 그렇게 유한한 존재와 불멸의 존재 사이에 놓인 경계를 허문다. 그들은 전에 루치퍼Luzifer가 그랬듯이 신에게 반항한다. 대천사 라파엘Raphael은 경고의 목소리를 높인다.

> …그러나 그에게 미혹되어,
> 인간은 그의 유혹에 귀 기울였다.
> 그리고 그대들은 여자의 유혹에.―그녀는 아름답지.
> 뱀의 속삭임은 결코 그녀의 입맞춤보다 유혹적이지 않았어.
> 뱀의 유괴는 먼지에 지나지 않았지.
> 그러나 그녀가 유혹한다. 천상의 법을 어기고,
> 천상의 군대가 지상으로 내려오네.[84]

신의 위력은 열정의 유혹에 의해 도전받는다. 천상에는 그의 천사의 두 번째 추락이 임박해 있다. 이러한 투사를 그 원래의 근원인 심리적인 것으로 다시 옮긴다면 다음과 같다. 지혜로운 법으로 세상을 다스리는 선과 이성의 힘은 열정의 혼란스러운 근원적 힘에 의해 위협받는다. 그렇기 때문에 열정은 근절되어야 한다. 그것은 신화적 투사에서, 카인의 종족과 죄를 지은 세상 전체가 대홍수에 의해 철저히 말살되어야 한다는 뜻이다. 그것은 모든 한계를 허물어뜨린 열정의 필연적인 결과다. 열정은 둑을 무너뜨린 바다와도 같고, 생산하고 수태하는, 인도 신화에서 일컫듯 '모성적'인 심연의 물이나 폭우와도 같다.[85] 이제 그것은 그 자연적 경계를 떠나 높은 산 위로 부풀어 오르고 모든 생물을 물속에 잠기게 한다. 의식을 초월한 힘으로서 리비도는 다이몬 δαίμων에게, 선한 신이나 마귀에게 속한다. 그러므로 악 자체가 제거될 수 있다면, '신적인 것' 또는 '마적魔的인 것das Dämonische' 전체가 상당한 손실을 입는 것이다. 그것은 신의 몸을 절단하는 일일 것이다. 두 반역자 사미아사와 아자지엘에 대한 라파엘의 탄식은 그것을 말해준다.

> 어찌할까? 세상이 생겨날 수 없는가.
> 몰락할 수 없는가.
> 천상의 영의 성열聖列을
> 둘로 갈라 깊은 틈이 생기게 하지 않고서는…[86]

열정은 인간으로 하여금 그 자신을 넘어서게 할 뿐 아니라 또한 그의 유한성과 현세성을 넘어서게 한다. 그리고 인간을 높이는 가운데 말살한다. 이러한 '높임'은 예컨대, 인간들에게 혼란을 가져오는 드높은 바벨탑 건축[87]에서, 혹은 루치퍼의 높임에서 신화적으로 표현되어 있다. 바이런의 시에서 그것은, 별들을 복종시키고 신의 아들들까

그림 23. 십자가에 못 박힌 그리스도 상의 이면으로서 높이 올려진 뱀.
히에로니무스 마그데부르거Hieronymus Magdeburger의 페스트 극복 기념 은화.
안나베르크Annaberg의 금세공.

지 유혹하려고 안간힘을 쓰는 카인 종족의 공명심이다. 지고至高의 것에 대한 갈망이 이미 정당한 것이라 해도, 그것이 인간에게 정해진 경계를 벗어난다는 상황이 벌써 불경스러운 월권이며 그로써 또한 타락이 된다. 별에 대한 나방의 동경은 별이 하늘 높이 떠 있다고 해서 순수하진 않다. 그것은 결코, 그렇게 고상한 희망에 이를 만큼 자신을 벗어나지 못하는, 한 마리 나방의 욕망이다. 인간도 결국 인간으로 머문다. 그의 과도한 욕망으로 인해 인간은 신적인 것까지도 그의 타락한 열정 속으로 끌어내릴 수 있다.[88] 그는 신적인 것을 지향하며 높여진 것 같지만, 그러나 그 때문에 자신의 인간성을 저버린다. 그러므로 아나와 아홀리바마의 천사에 대한 사랑은 신들과 인간에게는 몰락이 된다. 카인의 딸들이 천사를 불러낼 때 하는 간청은 미스 밀러의 시와 말 그대로 정확한 유례가 된다.

아나Anah.[89]

세라프 천사여! 어떠한 태양에[90]
당신의 거룩한 광채로 관을 씌우든,
머나먼 푸른 창공을
당신이 일곱 별들과 함께 지키든,
세상의 합창이
당신의 빛나는 날갯짓을 피해
무한한 우주로 흘러들어가든,
오 들으소서!
당신을 그리워하는 그녀를 생각하소서.
그녀는 당신에게 아무것도 아니옵니다.
살펴주소서, 당신은 그녀에게 모든 것입니다!

영원성이 당신의 연수年數 안에 있나이다.
당신 눈의 광휘 속에
영원한 아름다움의 힘 속에,
태어나지 않은, 변하지 않는 힘 속에.
그러나 당신의 광채처럼 드높이 나타납니다.
우리를 묶어주는 하나의 끈이 있나이다―
사랑이여!―그녀의 말을 듣고 믿으소서,
그보다 더 사랑스러운 티끌이
지상에서 눈물 흘린 적은 결코 없나이다.
당신은 온 세상을 두루 다니며[91]
그분의 위력을 보나이다.
당신을 그토록 위대하게 만든 분,

나는 그분의 말씀에 의해
에덴의 문에서 추방당한 마지막 사람들 중 하나입니다.
그럼에도 당신에게 간청하나이다.
오, 제 청을 들으소서!

당신은 날 사랑하시지요, 난 죽지 않으리다.
죽음을 안다는 것이 무엇인지를,
당신이 당신의 나라에서 그녀를 잊을 수 있다는 걸
모르게 될 때까지,
그녀의 사랑은 죽음조차도 깨뜨리지 못하는 것입니다.
두려움과 죄악 속에서 사랑할 수밖에 없는 이들의
사랑은 위대하도다.
죄악과 두려움, 그것들이 얼마나 싸우는지요.
내 심장에서 솟아나는 사랑의 용액과
유한한 자를 용서하소서!
나의 세라프 천사여, 그녀의 의심을 두려워하는 충동을.
고통은 우리의 본질이기 때문입니다…
시간이 되었습니다.
고독 속에 위로를 약속해주는!
오 가까이, 가까이 오소서!
세라프 천사여!
아자지엘, 나의 연인이여, 가까이 오소서.
별들을 그 빛에 내어 맡기소서!

아홀리바마Aholibamah.
> 나는 외치네―난 기다리네―당신을 사랑해!…
> 나는 티끌에서 만들어졌나이다.
> 당신은 작열하는 불에서,
> 아침의 광휘보다 더 밝게
> 지상의 강으로부터이지요.
> 그러나 당신의 성스러움은 내게 응답하지 않네.

그림 24. 관능.
프란츠 슈투크Franz Stuck(1863~1928)의 회화.

나보다, 내 사랑보다 더 따뜻한 사랑으로.
내 안에 한 줄기 빛이 있나이다.[92]
비록 숨어서 빛을 내지만, 그것은
신의 빛으로 점화되었나이다. 또한 당신의 빛으로.[93]

오랫동안 감추어져 있지요, 형벌 재판소가,
이를 통해 우리는 몰락과 죽음을
우리의 어머니 이브로부터 물려받지요.
내 영혼은 놀라지 않나이다.
이 몸이 언젠가 부서진다 해도,
내 심장은 당신의 사랑을 구하리라…

당신에게 일어날 것이 일어나기를,
난 함께할 수 있나이다, 영원한 고통일지라도.
당신은 나와 미천한 삶을 함께하나이다.
당신의 영원한 삶 앞에서 내가 얼마나 떨어야 할지?
아니올시다! 뱀을 내 심장에 똑바로 찔러 넣어주소서.
당신이 바로 뱀이라면, 날 휘감으소서.[94]
난 그저 미소 지으며
내 팔 안에 당신을 안고
지금보다 더 부드럽게 온기를 나누리다.
그러나 아래로 내려가리라.
한 세라프를 사랑하는,
그런 사랑이 무엇을 주는지
보여주기 위해…

간구에 이어 출현한 두 천사는 늘 그렇듯 번쩍이는 빛의 환영이다.

아홀리바마.
    그녀의 깃털에 구름이 날아 흩어지네.
    마치 아침이 깨어나듯이.

아나.
    우리의 아버지가 그 광휘를 바라보길!

아홀리바마.
    그는 믿을 거라오, 달이
    한 마술사의 노래에 홀려,
    평소보다 한 시간 먼저,
    하늘 끝에 떠오르는 것을.

아나.
    저길 보세요! 서쪽이 온통 불타고 있네요.
    두 번째 일몰과도 같이,
    아직 가려 있는 아라랏 산 중턱에
    선 하나가 그 길을 따라 형형색색으로 펼쳐집니다.
    보세요, 그것이 번쩍이는 것을, 부드러운 아치가 되어…[95]

그리움과 기대가 완전히 두 여성으로 그려지는 이 화려한 빛의 환영을 바라보면서, 아나는 예감에 찬 하나의 비유를 사용하는데, 그것은 갑자기 다시금 섬뜩한 심연을 열어 보여준다. 그곳으로부터 온화한 빛의 신이 지닌 놀라운 반인반수성이 한순간 나타난다.

…이제 그는 다시금 밤 속으로 내려앉는다.
레비아탄의 위력이
그 심연의 제국 밖으로 휘저어 몰아낸
소용돌이치는 거품과도 같구나.
고요한 파도 위에서 그가 유희를 할 때면,
철썩거리며 높이 치솟다가 다시 가라앉는다.
대양의 잠든 원천 깊은 곳으로.[96]

우리는 인간 욥을 재는 신의 우측 저울 접시의 이러한 압도적인 무게를 기억한다. 대양의 깊숙한 원천에는 레비아탄이 살고 있다. 그곳으로부터 모든 것을 파괴하는 홍수가, 열정의 바다가 솟아오른다. 밀려오는 충동의 짓누르고 조이는 듯한 느낌은 치솟아 오르는 홍수로서 투사되어 나타난다. 그것은 모든 생물을 말살시키는데, 그렇게 함으로써 더 나은 새로운 피조물을 탄생시킨다.

야페Japhet.
…그 어두운 마력을
영원한 의지가 영원히 풀어줄 것이다.
선과 악의 두려운 꿈을,
모든 시간과, 모든 것과 화해하라.
그것들을 그분의 전능의 날개 아래 모으며,
그런 다음 그분의 빛의 흐름으로부터 침몰하라.
무無 속의 지옥!
그것이 첫 아름다움의 행복을
거듭난 세상에 되돌려주리라.

영원한 낙원을.

정령.
그러면 언제 그 지고의 기적을 보게 되는가?

야페.
우리를 구하기 위해 구원자가 올 때,
처음엔 종의 형체로 고통 속에서,
그 다음엔 영광 속에서.

정령.
새로운 생명, 새로운 세상과 시간,
그러나 옛 눈물, 옛 죄악과 고통이,
태곳적의 저주와 내면의 투쟁이
그대들의 미래에 덮쳐올 것이다.
거대한 영웅들의 무덤 위 곧바로 넓고도 멀리
불어나는 물과도 같이.[97]

 야페의 예언적 조망에 관해서는 먼저 '주관적 단계'에서 설명해야 한다.[98] 즉, 불빛에 나방이 죽음으로써 단번에 위험이 제거되긴 했지만, 그것으로 문제가 해결된 것은 아니다. 갈등은 다시금 처음부터 시작된다. 그러나 그것은 '창공의 약속', 한낮의 고도까지 올라오고 다시금 하강해 밤의 냉기를 가져다주는 '많은 이들의 연인', 즉 예로부터 부활과 내세의 소망이 연결되는, 일찍 사멸하는 신이다.

제2부

서론

제2부[『전집』5권]의 기초가 되는 자료를 살펴보기 전에, 「태양을 향한 나방」[「나방의 노래」장]이라는 시의 분석에서 말한 독자적인 사고 과정을 다시 일별해볼 필요가 있겠다. 이 시는 그 이전의 창조주의 찬가와 매우 다르다. 그럼에도 불구하고 태양을 향한 그리움을 더 자세히 살펴보니 첫 번째 시의 관찰 결과와 밀접하게 연결되는 신화적인 기본 사고를 얻을 수 있었다. 즉, 「욥기」에서 이중적 성질을 뚜렷이 드러내는 창조주는, 두 번째 시를 깊이 살펴볼 때 전체 신화학적인 면에서, 더 정확히 말해 점성술적인 면에서 새로운 자격을 획득한다. 신은 태양이 되며, 그로써 빛나는 하느님 아버지 아니면 마귀라는 도덕적인 분해를 뛰어넘어 하나의 자연적 표현을 찾게 된다. 르낭Ernest Renan이 말한 대로, 우리가 지금 원시적 입장에 있든지, 현대 과학의 입장에 있든지 간에, 태양은 본연적으로 유일한 '이성적' 신상이다. 두 경우 모두 태양은, 세계의 수태자이고 창조자이며 이 세상 에너지의 원천인 아버지 신으로서, 모든 생물이 그의 도움으로 살아간다. 어떠한 내적 분열을 모르는 자연물인 태양 속에서는, 인간의 심혼을 사로잡은 분쟁이 조화롭게 해결될 수 있다. 태양은 도움을 줄 뿐 아니라 또한 파괴

그림 25. '태양신의 기념비'.
바빌로니아의 왕(기원전 870년경)인 네부아팔이디나가
태양왕에게 제사를 드리고 있다.

를 할 수도 있다. 그렇기 때문에 뜨거운 8월의 황도 12궁 그림은 가축 떼를 몰살시키는 사자인데, 그것은 유대의 영웅 심슨Simson[1]이 폐허화 되는 지구를 곤궁에서 구하기 위해 죽인 바로 그 사자다. 그런데 태양이 타오르는 것은 인간에게 자연스럽게 보인다. 그것은 태양의 고유한 성질이기 때문이다. 또한 태양은 의인과 악인을 동시에 비추며 유용한 생물이나 해로운 생물을 마찬가지로 자라나게 한다. 따라서 태양은 이 세상의 가시적인 신으로 그려지기에 적절하다. 다시 말해 그것은 우리 자신의 심혼이 지닌 원동력이다. 우리는 그것을 리비도라 부르는데, 유용한 것과 해로운 것, 선과 악을 생겨나게 하는 것이 그것의 본질이다. 이러한 비유가 단순한 말장난이 아니라는 것은 신비주의자들이 우리에게 가르쳐주었다. 즉, 내면화를 통해 그들 고유한 존재의 심층까지 내려가게 되면, 그들은 '자신의 마음속에서' 태양의 이미지를 발견한다는 것이다. 그들은 자기 고유의 '삶의 의지'를 발견한다. 그것을 태양이라고 부르는 것은 타당하다. 아마 물리적으로도 타당하다고 말할 수 있을 것인데, 우리의 에너지와 생명의 원천은 태양이기 때문이다. 그렇게 에너지의 과정인 우리의 물리적 삶은 완전히 태양이나 마찬가지다. 신비주의사가 내면에서 관조한 이 '태양 에너지'가 어떤 것인지는 예컨대 인도의 신화에서 나타난다. 『스베타스바타라-우파니샤드Svetâsvatara-Upanishad』 3부의 설명에서 루드라Rudra[2]와 관련된 다음 구절을 인용해보자.

2. 왜냐하면 오직 루드라가 있을 뿐이기 때문이다—그들은 결코 두 번째 존재를 허용치 않는다. 그는 온 세계를 힘으로 다스린다. 그는 모든 인간의 배후에 존재한다. 그가 온 세계를 창조한 뒤, 수호자인 그는 시간의 끝을 말아 올린다.
3. 도처에 눈과 용모, 팔과 발을 갖고 있는 그 유일한 신은, 하늘과 땅을 만들어낼 때 그의 팔과 날개로 그것을 한데 모아버린다.
4. 신들의 창조자이며 수호자인 그, 루드라, 위대한 예언자, 옛날 히라냐가르바Hiranyagarbha〔황금의 모태母胎(태장胎藏)〕로 태어난 그가 우리에게 선한 생각을 불어넣어주시길.[3]

이러한 속성은 그가 우주의 창조자임을, 또한 날개가 달리고 수천 개의 눈으로 세계를 감시하는 태양이 그의 안에 있음을 뚜렷이 확인시켜준다(그림 26 참조).[4] 다음 구절들은 이 말을 입증해주며, 그 외에도 태양이 개개의 피조물 안에도 존재한다는 중요한 점을 덧붙이고 있다.

그림 26. 호루스의 눈을 가진 베스Bes.
이집트 청동상.(기원전 6세기경)

7. 그의 저편에 있는 지고한 브라만Brahman을, 모든 피조물의 몸속에 숨어 있는 유일한 자로서, 주인으로서 모든 것을 에워싸고 있는 이 광활한 자를 알아보는 사람들은 불멸의 존재가 될 것이다.

8. 나는 모든 어둠의 배후에서 태양과 같은 광채를 발하는 이 위대한 인간(푸루샤purusha)을 안다. 진실로 그를 아는 자는 죽음을 넘어선다. 그 밖의 길은 존재하지 않는다.

11. … 그는 모든 존재의 동굴(심장) 속에 살고 있다. 그는 모든 것을 꿰뚫어본다. 따라서 그는 도처에 편재하는 시바Shiva다.

위력을 지닌 신은 태양과 동일한 존재로서 모든 것의 내면에 있으며, 그를 아는 자는 불멸의 존재가 된다.[5] 원전에 좀 더 접근하면 우리는 새로운 속성들을 알게 될 것인데, 그것은 루드라가 인간 내면에 어떤 형태와 모습으로 거하고 있는지 알려준다.[6]

12. 이 인간(푸루샤)은 위대한 주님이다. 그는 삶의 충동력이며, 모든 것을 할 수 있는 근원적 힘이고 빛이며 영원불멸하다.
13. 엄지손가락보다 크지 않은 그 인간(푸루샤)은 내면에 거주하는데, 항상 인간의 가슴속에 살면서 가슴으로 생각으로 영으로 인지된다. 그를 아는 자는 불멸의 존재가 된다.
14. 수천 개의 머리, 수천 개의 눈, 수천 개의 발을 가진 그 인간(푸루샤)은 사방에서 지구를 에워싸며, 손가락 폭의 열 배만큼 그것 너머로 뻗어나간다.
15. 오로지 이 인간(푸루샤)만이 과거에 존재했고 미래에 존재할 모든 것이다. 그는 또한 불멸의 주다. 그는 섭생에 의해 자라나는 모든 것이다.

그와 유사한 중요한 구절이 『카타-우파니샤드 Katha-Upanichad』[두 번째 아티아야Adhyâya, 네 번째 발리Vallî, p. 16]에서 발견된다.

12. 엄지손가락 크기의 그 남자(푸루샤)는 중심에, 자기自己의 한가운데에 거주하며, 과거와 미래의 주인이다.
13. 엄지손가락 크기의 이 남자(푸루샤)는 연기 나지 않는 불꽃과도 같으며 과거와 미래의 주인이다. 그는 오늘도 동일하며 내일도 동일할 것이다.

엄지손가락, 닥틸렌Daktylen(닥틸레, 닥틸로스δάκτυλος)과 카비렌Kabiren에는 남근적인 측면이 있다. 그것이 당연한 것은, 그것들은 인격화된 심상의 힘이고 또한 남근Phallus 상징이기 때문이다. 남근 상징은 리비도, 즉 정신적 에너지의 창조적 측면을 표현한다. 이 점은 꿈의 환상에서뿐 아니라 언어에서도 자주 등장하는 수많은 성적 상징 전반에 해당된다. 어떤 경우에도 그러한 상징을 말 그대로 취할 필요는 없다. 그것은 기호학적으로가 아니라, 다시 말해 어떤 특정한 것에 설정된 기호로서가 아니라 상징으로서 이해되어야 한다. 이 상징 개념은 규정하기 힘들고 완벽하게 인식할 수 없는 대상을 가리키는 어떤 불특정한 표현 내지는 다의적인 표현을 말하는 것이다. '기호'는 그것이 어떤 잘 알려진 대상에 대한 (관습적인) 축약이거나 보편적으로 사용되는 암시이기 때문에 고정된 의미를 지닌다. 따라서 상징에는 유례적인 변형이 무수히 있으며, 변형이 다양할수록 그것이 대상을 통해 구상하는 이미지는 더 완벽하고 적절한 것이 된다. 엄지손가락 등을 통해 상징화되

그림 27. 풍요의 신 프라이Frey.
스웨덴 쇠데르만란드Södermannland에서 나온 남근을 나타내는 청동상.(11세기)

는 그와 같은 창조적 힘은 남근을 통해서도 표현될 수 있고, 혹은 그 근원적 사건의 또 다른 측면을 묘사하는 그 밖의 상징들(그림 27)을 통해서도 표현될 수 있다. **조형 난쟁이**들은 숨어서 형상을 만든다. 남근은 생명체를 만들어내는데, 역시 어둠 속에서 그 일을 한다. 그리고 **열쇠**는 금지된 비밀의 문을 여는데, 그 뒤에서 뭔가 숨겨져 있던 것이 발견된다. 이러한 연관관계를 우리는 『파우스트』(어머니들의 장면)에서 찾아볼 수 있다.

메피스토펠레스:
헤어지기 전에 찬양을 해드리죠.
당신은 마귀를 알고 있는 것 같군요.
자, 이 열쇠를 받으시오.

파우스트:
이렇게 조그만 물건인가!

메피스토펠레스:
일단 받아요. 시시하게 생각해선 안 됩니다.

파우스트:
손에 쥐고 보니 커지는구나! 반짝반짝 빛이 나기 시작하는군![7]

메피스토펠레스:
어떤 보물이 손에 들어왔는지 아시겠습니까?
이 열쇠가 올바른 곳을 알아낼 것입니다.

그놈을 따라가면 어머니들한테로 갈 수 있지요.[8]

악마는 처음에 이미 검은 개의 형체로 파우스트에게 접근할 때와 같이, 다시금 파우스트의 손에 기적의 도구를 건네준다. 그때 그는 "자넨 대체 누군가?" 하는 파우스트의 질문에 다음과 같이 답한다.

항상 악을 원하면서도, 항상 선을 창조해내는
힘의 일부분입지요.[9]

여기에 묘사되는 리비도는 창조적으로 형상을 만들고 생식할 뿐 아니라, 또한 독립적인 생명체와도 같이(그러기에 인격화될 수 있다!) 직감을 지니고 있기도 하다. 그것은 대체적으로 가장 관심 끄는 비유 대상인 성욕처럼 일종의 목표지향적인 충동이다. 말하자면 '어머니들의 나라'는 자궁(그림 28), 즉 매트릭스matrix와 적잖은 관계를 지니고 있는데, 그것은 그 자체로 흔히 무의식의 구체적인 생산적 측면을 상징한다. 그 리비도는 선하면서 동시에 악한, 다시 말해 도덕성과 무관한 일종의 자연의 힘이다. 이 힘과 연합함으로써 파우스트는 그 자신

그림 28. 분만하는 동굴. 한 멕시코 리엔조Lienzo에서.

의 필생의 과제, 즉 처음에는 악의적인 모험을, 다음에는 인류의 축복을 가져오는 데 성공한다. 어머니들의 나라에서 그는 삼발이, 즉 '왕의 결혼식' 파티가 열리는 곳인 헤르메스의 그릇을 찾는다. 여기서 파우스트는 최고의 기적을 수행하기 위해, 말하자면 파리스와 헬레나[10]를 만들어내기 위해 성적인 마술 지팡이를 필요로 한다. 파우스트의 손에 늘린 그 보이지 않는 기구는 무의식의 어두운 창조력을 표현하는데, 그 힘은 사람들이 그것을 따를 때에 나타나고 그 힘의 기적을 수행할 수 있다.[11] 이 역설적인 인상은 보편적인 것처럼 보인다. 『스베타스바타라-우파니샤드』에서도 난쟁이 신에 대해 다음과 같이 말하고 있기 때문이다.

19. 그는 손 없이도 붙잡으며, 발 없이도 서둘러 가고, 눈 없이도 보고, 귀 없이도 듣는다. 그는 알 만한 것은 모두 안다. 그러나 그를 아는 자는 아무도 없다. 사람들은 그를 제일인자, 위대한 자(푸루샤)라고 부른다.
20. 작은 것보다 더 작고 큰 것보다 더 큰 자기Selbst.…

남근적 성적인 상징은 대개 창조적인 신을 나타내는데, 그 적절한 예가 헤르메스다. 남근은 독립적인 것으로 여겨진다. 그것은 고대에 자주 나타났던 관념일 뿐 아니라, 우리 시대의 어린아이들과 예술가의 그림에도 등장한다. 그러므로 신화적 예언자, 예술가, 마법사에게서 어떠한 일치된 특징이 다시 발견된다는 것은 그리 이상한 일이 아니다. 헤파이스토스Hephaistos, 대장장이 빌란트Wieland와 마니Mani(마니교의 창시자로서 예술성도 높이 평가받는다)는 불구의 발을 가지고 있다. 그런데 바로 그 발은 역시 생식하는 마법의 힘을 지니고 있다. 나는 그것을 다음에 설명할 것이다. 또한 예언자가 장님이라는 것, 제식적인 남근을 도입했다는 늙은 예언자 멜람푸스Melampus가 검은 발Schwarzfuß 이라는 독특한 이름을 갖고 있다는 것[12]은 전형적인 것으로 보인다. 초라함과 기형은 비밀스러운 지하계의 신들, 기적을 행하는 막강한 능력이 주어진 헤파이스토스의 아들들, 카비렌들(그림 29)의 매우 독특한 특징이 되었다.[13] 그들의 사모트라케Samothrake〔사모트라케에서 발견된 승리의 여신상 조각. '니케'라고도 불림〕숭배는 발기된 남근을 지닌 헤르메스와 매우 긴밀하게 융합되어 있다. 헤로도토스의 보고에 따르면, 헤르메스는 펠라스고인들이 아티카로 데려간 자다. 카비렌들 역시 메갈로이 테오이μεγάλοι θεοί, 즉 위대한 신들이라 불린다. 그들과 가장 가까운 친족은 신들의 어머니들에게 세공술을 배웠던 이다Ida산에 살았다는 닥틸레들(손가락 혹은 엄지손가락들[14])이다. ("이 열쇠가 올바른 곳을 알아낼 것입니다. 그놈을 따라가면 어머니들한테로 갈 수 있지요.") 그들은 첫 현자들이고 오르페우스의 스승들이었는데, 에페소스의 주문呪文과 음악의 리듬을 발명했다.[15] 우리가 위에서 『우파니샤드』 원전과 『파우스트』를 두고 말한 특성상의 불균형은 여기에서도 발견되는데, 즉 막강한 힘을 지닌 헤라클레스가 이다산의 닥틸로스로 통했던 점에서 그

그림 29. 기형의 카비렌 모습을 한 오디세우스.
카비렌 화가의 것으로 알려진 잔.(기원전 400년경)

렇다. 기술에 뛰어났으며 레아Rhea[16]를 섬겼던 거구의 프리기아인들도 마찬가지로 닥틸레들이었다. 막역한 지우인 이 둘은 카비렌들과 관계가 있는데[17], 그들 역시 이 비밀스러운 신들에게 속한 특징적인 뾰족한 두건[18](필레우스pileus)을 쓰고 있다. 그것은 어떤 은밀한 인식표와도 같이 거기서부터 증식한다. 아티스는 필레우스를 쓰고 있으며 미트라스도 마찬가지다(그림 20과 49[8권]). 오늘날 우리가 말하는 지하계의 요정들, 하인첼맨헨Heinzelmännchen들에게는 이러한 두건이 전통적인 것으로 되었다.

난쟁이 형상은 신적인 소년, 영원한 소년puer aeternus, 소년παῖς, 어린 디오니소스, 유피터 앙쿠루스Iupiter Anxurus, 타게스Tages 등의 상으로 이어진다. 위에서 말한 테베의 화병 그림에는 수염 난 디오니소스가 카비로스Καβίρος로 지칭되어 있고, 그 곁에는 파이스Παῖς인 한 소년의 모습이, 또한 희화화된 한 소년의 형체가 프라톨라오스Πρατόλαος라고 지칭되어 있고, 그리고 다시 미토스Μίτος라고 지칭되는 희화화된 수염 난 남자의 형상이 있다(그림 30).[19] 미토스는 원래 실을 의미하는데, 오르페우스교의 언어에서는 씨앗의 의미로 사용된다. 이러한 형상들의 나열은 성소의 제의祭儀적인 그림들과 일치했을 것으로 추측된다. 그

그림 30. 카비로스Kabiros의 주연酒宴. 카비렌 화가의 잔.(기원전 435년경)

러한 생각은 제의의 역사와 들어맞는다. 알려져 있다시피 그것이 원래 페니키아에서 행해진 아버지와 아들[20]에 대한 제의, 즉 그리스의 신들에 다소간 동화된 늙은 카비렌과 어린 카비렌에 대한 제의라고 추정되는 한 그렇다. 동화同化의 대상으로는 성인이면서 어린아이인 디오니소스의 이중 형상이 특히 적합했다. 사람들은 이 우상을 또한 큰 인간과 작은 인간이라고 부를 수 있었다. 그런데 다양한 측면에서 볼 때, 디오니소스 제의에서는 남근이 하나의 중요한 구성 요소가 되었다. 예컨대 아르기브의 황소-디오니소스 제의에서 그렇다. 그 밖에도 남근 모양의 신의 주상柱像은 디오니소스-남근을 인격화시키는 계기가 되었는데, 그것은 프리아푸스Priapus(생식, 풍요의 신)나 마찬가지인 팔레스Phales 신의 형상을 하고 있다. 그는 헤타이로스ἑταῖρος[반려자] 혹은 쉥코모스 바키우σύγκωμος Βακχίου[바쿠스Bacchus의 동반자]라고 불린다.[21] 『우파니샤드』 원문에 강조된 크고 작음의 역설성, 난쟁이와 거인의 역설성은 여기에서는 소년과 남자, 혹은 아들과 아버지로 더 원만하게 표현되어 있다. 카비렌 숭배에서 두드러지게 사용되는 기형의 모티프(그림 29 참조)는 화병 그림에도 마찬가지로 나타나는데, 거기서 디오니소스와 파이스Παῖς의 유사 형상은 희화화된 미토스와 프라톨라오스이다.[22] 앞에서는 키의 차이가 분리의 계기가 되듯이 여기서는 기형이 계기가 된다.

우리의 사고 과정을 통해 드러나는 점은, 프로이트가 도입한 용어 '리비도'가 성적 개념을 내포하고 있다는 것을 결코 부인할 수 없지만[23], 그러나 이 개념을 편협하게 오로지 성적 의미로만 규정하는 것은 거부해야 한다는 것이다. 아페티투스Appetitus(자연적 욕구, 식욕)와 콤풀시오compulsio(강박 충동)는 모든 충동과 자동운동Automatismen의 특성이다. 언어의 성적 메타포를 말 그대로 취할 수 없듯이, 충동 과정, 징후, 꿈에서 나타나는 그와 같은 유례들도 마찬가지다. 심리적 자동운동에 관한 성 이론은 근거 없는 선결Präjudiz이다. 심리적 현상 전체가 하나의 충동에서 유추될 수 없다는 간단한 사실이 이미 리비도에 대한 편협한 규정을 용납하지 않는다. 나는 이 개념을 이미 전통적 언어가 부여한 보편적인 적용의 범위에서 사용한다. 키케로Cicero는 리비도를 매우 광범위한 의미로 파악한다.

"당신은 기쁨과 쾌락이 상상 속에서 어른거리는 두 가지 재산에서 생긴다고 생각할 것이다. 말하자면 기쁨은 이미 손에 넣은 재산을 생각하는 데에 머물러 있고, 쾌락은 좋아 보이는 것에 의해 끌리고 불타오르고 마음을 빼앗기는 것이라고 말이다. 모든 인간은 천성에 따라 재산으로 보이는 것을 추구하며 그 반대의 것은 피하기 때문이다. 따라서 재산이라 여겨지는 어떤 것에 대한 표상이 생겨나면, 본성은 그것을 얻도록 스스로를(인간을) 충동질한다. 그런데 신중함과 끈기 속에서 그런 일이 일어나는 경우, 스토아 철학자들은 그러한 욕망을 '욕구Boulesis'라고 부르고, 우리는 그것을 '소망Wollen'이라고 부른다. 그들의 견해로는 그것은 오로지 현인의 내면에서만 찾아볼 수 있다. 소망이란 이성이 갈망하는 것이라고 그들은 정의 내린다. 그러나 이성에 맞서고 너무 격하게 흥분되어 있는 것은 리비도, 혹은 모든 우매한 자들에게 내재된 무절제한 욕망이라고 한다."[24]

여기서 리비도의 의미는 욕구함Wünschen인데, 스토아 학파식으로 그것을 소망함Wollen과 구분하면 무절제한 탐욕이라는 뜻이 된다. 키케로는 리비도를 그와 같은 의미, 즉 "이성에 의해서가 아니라 제멋대로 탐욕에서 행해진 것"[25]이라는 의미로 사용한다. 살루스트Sallust는 이와 같은 의미에서 "급작스러운 분노는 탐욕의 일부"라고 말하는데, 또 다른 곳에서는 우리가 사용하는 개념에 가까운 더 온건하고 일반적인 의미로 말하고 있다: "그들은 창녀나 술자리보다는 멋진 무기와 전투용 말馬에 더 강한 쾌감을 느꼈다."[26] "네가 고향에 대해 참다운 관심을 가진다면"[27], 하는 말도 마찬가지다. 리비도란 말의 사용은 매우 보편적이어서 "리비도는 잘 알고 있다libido est scire"라는 상투적 문구는 단순히 "나는 원한다", "나는 그것을 좋아한다"는 의미를 지닌다.[28] "상당한 리비도가 요기를 자극한다aliquam libido urinae lacessit"라는 문구에서 리비도는 충동이라는 뜻이다. 또한 성적인 탐욕의 의미도 고대에는 있었다. 아우구스티누스는 적절하게도 '리비도'를 "모든 탐욕을 가리키는 보편적인 말"이라고 하면서 리비도는 통상적으로 '충동Trieb'으로 번역된다고 했다:

> "분노라고 부르는 복수의 충동이 있고, 소유욕이라고 하는 돈을 소유하려는 충동이 있다. 고집이라고 하는 어떤 방법과 수단으로든지 이기려는 충동, 과시욕이라고 하는 뽐내려는 충동이 있다. 말하자면, 여러 종류의 수많은 충동이 있는데, 그중 어떤 것은 고유한 명칭을 갖고 있기도 하지만 어떤 것은 그렇지 않다. 예를 들어, 독재자의 마음에서 또한 내전內戰에서 절대적인 역할을 하는 지배의 충동을 누가 쉽게 표현할 수 있겠는가?"[29]

그에게 리비도는 배고픔과 갈증 같은 식욕appetitus(자연적 욕망)을 의미한다. 또한 성욕에 관해서 그는 "쾌락Lust보다 먼저 생기는 것은 배고픔과 갈증 같은 몸속에서 느끼는 어떤 지향성인데, 그것은 동시에 탐욕Begierde으로 이어진다"³⁰ 등으로 말하고 있다. 이 개념에 대한 이같은 아주 일반적이고 고전적인 사용은 리비도란 단어의 어원학적인 맥락과도 일치한다.

리비도Libido 혹은 루비도lubido(리벳libet과 함께, 고어古語는 루벳lubet) = 어떤 것을 좋아한다. 그리고 리벤스libens 혹은 루벤스lubens = 좋아하는, 기꺼이. 산스크리트어 루비아티lúbhyati = 격렬한 욕구를 느끼다, 로바야티lôbhayati = 욕구를 자극하다, 룹다ubdha-h = 탐욕적인, 롭다ôbha-h = 욕구, 탐욕. 고트어 리우프스liufs. 고대 고지高地 독일어 리옵liob = 사랑스러운. 그 외에도 다음의 단어들을 여기에 포함시킬 수 있다. 고트어 루비안스lubians = 희망. 고대 고지 독일어 로본lobôn = 칭찬, 명예. 고대 불가리아어 류비티ljubiti = 사랑한다, 류비ljuby = 사랑Liebe. 리투아니아어 리아웁신티liaupsinti = 칭송하다obpreisen.³¹

로베르트 마이어Robert Mayer³² 이후 물리학적인 영역에서 에너지 개념이 그렇듯이, 심리학적인 영역에서 리비도 개념에는 동일한 의미가 주어진다고 말할 수 있다.

리비도의 개념에 대하여

「성욕설에 대한 세 편의 논문Drei Abhandlungen zur Sexualtheorie」에서 프로이트는 그의 리비도 개념을 도입하고, 위에서 언급했다시피 그것을 성적인 의미로 정의했다. 리비도는 분리될 수 있는데 '리비도 보충libidinöser Zuschüsse'의 형태로 그 자체로는 성욕과 무관한 다른 기능과 영역들에 전달될 수 있다. 프로이트는 이러한 사실에서 리비도를 분할 가능하고 정체될 수 있으며 과도하게 흘러 상호 간에 넘치는 성질을 지닌 전류와 비교한다.[1] 따라서 프로이트는 리비도를 성욕으로서 정의하지만, '모든 것'을 '성적인' 것으로 설명하는 것은 아니고, 그 성질로 보아 더는 알 수 없는 특수한 충동력Triebkräfte이 있음을 인정한다. 그는 그러한 힘이 분명 '리비도 보충'을 수용할 수 있는 능력을 갖고 있다고 보았다. 그 기초가 되는 가설적 이미지는 '충동의 꾸러미Triebbündel'[2]인데, 그중 성충동은 일종의 부분 충동Partialtrieb의 형태를 지닌다. 그것이 다른 충동 영역에 침입한다는 것은 경험으로 보아 사실이다.[3] 이러한 견해로부터 나온 프로이트의 이론, 즉 어떠한 신경증적 체계의 충동력은 다른(성적 성질을 지니지 않은) 충동 기능들에 더해지는 바로 그 리비도 보충과 일치한다는 것[4]은 정신분석적 신경증 이론(빈 학파의 학설을 말한다)의 토대가 되었다. 그러나 그 직후 프로이트는, 리비도가 결국은 관심 전반과 일치하는 것이 아닌가 하는 의문을 가질 수밖에 없었다. 이러한 생각을 갖게 한 것이 분열증적 편집증 사례였다는 사실을 언급하지 않을 수 없다. 해당 구절을 여기에 그대로 옮겨보면 다음과 같다.

"여기서 전개한 견해를 바탕으로 한 세 번째 숙고는 다음의 의문을 제기한다. 즉, 외부세계로부터의 리비도의 일반적인 분리가 그것으로써 '세계의 몰락'을 설명할 수 있을 정도로 충분히 영향력을 가진 것으로 볼 수 있겠는가, 이 경우 외부세계와의 의사소통을 유지하는 데에는 고정적인 자아점거自我占據,Ichbesetzungen로 충분한 것이 아니겠는가 하는 의문이 생겨난다. 그렇다면 우리가 리비도 점거(성애적 원인으로 인한 관심)라 부르는 것을 관심Interesse 전반과 같은 것으로 여기든지, 아니면 리비도의 수용에서 나타나는 수많은 장해가 또한 자아점거에서 나타나는 그만큼의 장해를 이끌어낼 가능성을 고려해야 할 것이다. 그런데 그런 문제에 답하기에는 우리는 너무 무기력하고 부족할 뿐이다. 우리가 어떤 확실한 충동이론에서 출발할 수 있다면 완전히 달라질 것이다. 그러나 현실적으로 우리는 전혀 그렇게 할 수 없다. 우리는 충동을 신체적인 것과 심적인 것 사이의 경계 개념으로 파악하고, 그 속에서 유기적 세력의 정신적 표상을 본다. 그리고 자아충동Ichtrieb과 성충동이라는 대중적인 구분을 받아들이는데, 그러한 구분은 그 자신의 보존과 종족의 보존을 위해 애쓰는 개별 존재의 생물학적인 이중적 위치와 일치하는 듯이 보인다. 그러나 그 외의 모든 것은, 우리가 애매모호한 심적 사건의 혼란 속에서 방향을 잡기 위해 세우다가 다시 자발적으로 허물기도 하는 구조물이다. 병적인 심적 과정에 대한 정신분석적 연구를 하면서 우리는 곧바로, 그것을 통해 충동 학설의 문제들에 대해 어떠한 확답을 내릴 수 있기를 기대한다. 이러한 연구는 아직 초기 단계이고 개별적으로 수행되고 있기 때문에 그 기대가 아직 충족되지 않았을 것이다."[5]

프로이트는 그러나 결국 편집증적 변화는 성적 리비도의 후퇴를 통해 충분히 설명할 수 있다는 결론을 내린다. 그는 다음과 같이 말한다.

"…그러므로 세상에 대한 관계의 변화는 오로지 혹은 주로, 리비도 관심Libidointeresse의 상실로써 설명된다는 것이 거의 확실하다고 나는 생각한다."[6]

위에 인용한 구절에서 프로이트는, 내가 「조발성 치매의 심리학 Psychologie der Dementia praecox」[7]이란 글에서 주의를 환기시킨 바 있는, 편집증(그리고 정신분열증[조현병][8])의 잘 알려진 원인인 현실성 상실을 오로지 '리비도적 상태'의 후퇴로만 돌릴 것인지, 아니면 그러한 리비도적 상태가 이른바 객관적인 관심 전반과 일치하는 것인지 하는 문제에 접근하고 있다. 정상적인 '현실의 기능fonction du réel'(자네Pierre Janet[9])이 오로지 '리비도적 부가물(출연)Libidinöse Zuschüsse', 다시 말해 성애적인 관심에 의해서만 뒷받침된다고 생각하기는 힘들 것이다. 아주 많은 사례에서 현실 자체가 사라져버리기 때문에, 환자가 심리학적 적응의 흔적을 단 하나도 보이지 않는 것이 사실이다. (이러한 상황에서는 현실이 무의식의 내용에 파묻히게 된다.) 성애적인 관심뿐 아니라 관심 전반이, 다시 말해 현실과의 전반적인 관계가 마지막 하찮은 잔재까지도 다 상실되어 있음을 어쩔 수 없이 말하지 않을 수 없다. 리비도가 정말로 단지 성욕에 지나지 않는 것이라면, 거세된 사람은 어떻게 연관 지을 수 있는가? 그런데 그들의 경우에는, 현실에 대한 '리비도적' 관심이 곧바로 없어지더라도 그렇다고 반드시 정신분열증(조현병)으로 반응하지는 않는다. '리비도적 부가물'이라는 표현은 매우 의심쩍은 크기를 가리키고 있다. 언뜻 성적으로 보이는 수많은 내용과 과정은 단순한 은유나 비유에 지나지 않다. 예컨대 '불'은 정열을, '열기'는 분노를, '결혼'은 밀접한 결합을 나타낸다. 그런데 우리는 '수키왓장Mönch(수도사)'을 '암키왓장Monne(수녀)' 위에 올려놓는 모든 기와장이와 '남성적' 그리고 '여성적' 열쇠를 다루고 있는 모든 소설을 두고, 특별한 '리비도적 부가물'이라고 만족해한다는 것을 결코 받아들일 수 없을 것이다.

나는 일찍이 내 논문 「조발성 치매의 심리학」에서 '정신적 에너지'라는 표현으로 도움이 되었다. 왜냐하면 어떤 상실된 것이 있다면, 그것은 단순한 성애적 관심 이상의 것이기 때문이다. 바로 그 관계의 상실, 즉 인간과 세계의 정신분열증(조현병)적 분리를 오로지 성애Erotik의 후퇴에 의한 것으로만 설명한다면, 그로 인해 프로이트식 해석의 당연한 특징인 성욕 개념을 부풀리는 일이 벌어질 것이다. 그렇게 된다면 주변세계와의 모든 관계 자체를 성적인 관계로 설명해야 할 것이고, 그럴 경우 대관절 '성욕'이라는 말이 원래 무엇을 뜻하는지 더는 알 수조차 없을 정도로 성욕 개념이 흐려지게 될 것이다. 이 개념이 팽창된 징후를 보여주는 한 뚜렷한 예가 '정신성욕Psychosexualität'이라는 용어다. 정신분열증(조현병)에서는 우리가 보다 엄격한 의미에서 성욕의 책임으로 돌릴 수 있는 것보다 훨씬 더 많은 것이 현실에서 사라진다. 그만큼 많은 '현실의 기능'이 결핍되어서, 어떠한 성적 특성도 부여할 수 없는 충동력까지도 상실될 정도가 된다. 현실이 하나의 성적 기능에 지나지 않는다고 하면, 아무도 이해하지 못할 것이다. 더군다나 그렇다면 리비도의 내향화로 인해 (보다 엄격한 의미에서) 이미 신경증에서 현실성 상실의 결과가 나타날 수밖에 없을 것이고, 그것은 더욱이 정신분열증(조현병)에서의 그것과 비견될 정도가 될 것이다. 그러나 그런 경우는 없다. 프로이트 자신이 보여주었듯이, 내향과 성적 혹은 성애적 리비도의 퇴행은 가장 심한 경우일지라도 신경증으로 될 뿐이지 정신분열증(조현병)으로까지 되지는 않는다.

성 이론에 대한 나의 유보적 입장은, 내가 「조발성 치매의 심리학」의 서문에서 프로이트가 말한 심리학적 기제를 모두 인정하면서도 그런 입장을 취했던바, 당시의 리비도 이론의 처지 때문에 어쩔 수 없는 것이었다. 즉, 리비도 이론의 이해에 있어서는, 성욕의 영역에 관련된 만큼이나 다른 충동 영역들에 관련된 기능 장해들을 하나의 편협한 성욕주의적 이론을 통해 설명하는 것이 내게는 불가능했던 것이다. 내게는 프로이트의 「세 논문」의 성 이론 대신에 에너지 측면에서의 해석이 더 적절하다고 생각되었다. 그런 식의 해석을 통해 나는 '정신적 에너지'라는 표현을 '리비도'라는 용어와 동일시할 수 있었다. 후자는 어떠한 도덕적 심급審級, 혹은 그 밖의 심급에 의해 저지를 받지 않는 일종의 욕구 또는 충동을 나타낸다. 리비도는 자연적 상태에 있는 일종의 욕구appetitus다. 발전사에서 보면, 리비도의 본질을 이루는 그것은 배고픔, 갈증, 수면, 성욕, 그리고 감정적 상태, 정감Affekte이다. 이 모든 요소는 고도로 복잡한 인간 정신 속에서 차별화되고 극히 섬세하게 세분화된다. 극도의 세분화도 근원적으로는 더 단순한 초기의 형태에서 나온 것이라는 데에는 의심의 여지가 없다. 그러므로 지금은 결코 성적 특성을 지니고 있다고 볼 수 없는 수많은 복잡한 기능들은 원래는 증식 본능Propagationstrieb에서 유래한다. 알려진 대로, 상승하는 동물 계열에서는 증식의 원리에 어떠한 중요한 자리바꿈이 이루어졌는데, 즉 증식 원리에 따른 수태의 우연성에 의한 번식물의 양이, 확실한 수태와 효율적인 부화 보호 때문에 갈수록 제한된 것이다. 난자와 정자의 생산이 감퇴됨으로써 상당한 에너지의 양이 방출되었고, 그 에너지의 양은 새로이 적용될 수 있는 길을 추구하였고 또한 그것을 찾았다. 그래서 우리는 증식 본능에 기여하는, 동물 계열에서의 일차적인 예술 충동이 발정기에 제한되어 있는 것을 볼 수 있다. 이러한 생물학적 현상의 원래의 성적 특성은 조직의 고착과 기능적 독립성 때문에 사라져 버린다. 음악이 원래는 증식 범주에 속한다는 것은 이미 의심할 나위 없는 사실이라 해도, 음악을 성욕의 범주 속에서 파악하려는 것은 역시 타당치 못하고 낯선 이해 방식이 될 것이다. 그런 식의 해석을 할 경우, 쾰른 성당이 특히 돌로 이루어져 있다고 해서 그것을 광물학의 대상 속에 넣는 결과가 될 것이다.

리비도를 증식 충동이라고 말한다면, 비슷한 식으로 배고픔에 대비되는 리비도는 어떤 것인가, 종족 보존 본능이 어떻게 자기 보존 본능에 대립되는가 하는 문제를 이해하는 데 제약을 받게 된다. 자연 속에는 당연히 이러한 인위적인 분리가 존재하지 않는다. 자연 속에서는 단 하나의 연속적인 삶의 충동, 즉 개체의 보존을 통해 종 전체의 번식을 이루고자 하는 존재에의 의지만을 볼 수 있다. 우리가 외부에서 본 움직임을 내적으로 단지 소망Wollen이나 요구Verlangen, 혹은 충동으로 파악할 수 있다면, 그런 식의 해석은 쇼펜하우어의 의지Willen 개념과 일치한다. 이처럼 심리학적 관념을 객체 속으로 들여놓는 것을 철학적으로 '투입Introjektion'이라 칭한다.[10] 투입에 의해 세계상은 본질적으로 주체화된다. 그러한 투입으로 인해 힘의 개념Kraftbegriff이 존재할 수 있다. 이미 갈릴레이가 분명하게 말했듯이, 힘의 개념은 자기 근육의 힘을 주관적으로 인지한 데서 생겨난 것이라고 할 수 있다. 따라서 욕망cupiditas 혹은 욕구appetitus로서의 리비도의 개념 역시 에너지상의 정신적 과정에 대한 하나의 해석인데, 그것을 우리는 욕구의 형태로 체험한다. 그 개념의 바탕이 무엇인지 우리는 잘 모른다. 정신Psyche이라는 것이 그 자체로 무엇인지 잘 모르는 것과 마찬가지다.

그런데 만일 이미, 원래는 알과 종자의 생산에 사용되던 리비도가, 이제는 예컨대 둥지 만드는 기능으로 확고히 조직되어 그 외의 다른 곳에는 사용할 수 없게 된다는 대담한 추정에 이르렀다면, 우리는 필연적으로 모든 추구와 갈망 전반을, 즉 배고픔이나 우리가 충동이라고 이해하는 것 모두를 역시 에너지의 관점에서 바라볼 수밖에 없다.

이러한 관점은 '의도한다Intendieren'의 개념 전반으로 확장되는 리비도 개념으로 우리를 이끌어간다. 위의 프로이트 인용이 말해주듯, 어떤 개별적 충동의 우월성을 인정하기에는 우리는 사실 인간 본능의 성질과 그것의 정신적 역동성에 대해서 아는 바가 너무 없다. 그러므로 우리가 리비도에 대해 말할 때 그것을 어떤 특수한 충동이 아니면서, 그 어떤 영역으로, 즉 권력, 배고픔, 증오, 성욕, 종교 등으로 옮겨갈 수 있는 에너지의 가치라고 이해하는 것은 더 신중한 이해방식이라 할 것이다. 쇼펜하우어는 다음과 같이 적절한 말을 하고 있다. "物 자체로서 의지는 物의 현상과 전적으로 다르며, 그것이 출현할 때 바로 처음에 취하는 현상의 모든 형태로부터 완전히 자유롭다. 그러한 형태들은 物의 객관성과 관련될 뿐이며 물 자체에는 낯선 것들이다."[11]

인간이 주관적인 체험으로만 알고 있는 창조의 힘을 표현하고 구체적으로 보여주고자 하는 신화적, 철학적 시도는 무수히 많다. 몇몇

그림 31. 알 속에 있는 파네스Phanes.
오르페우스교 예배의 화상畫像.

예를 들자면, 헤시오도스[12]가 말한 에로스의 우주론적 의미, 파네스 Phanes의 오르페우스교적 형상(그림 31), 또한 '빛을 비추는 자', 첫째가 된 자, '에로스의 아버지의 형상'을 떠올릴 수도 있다. 파네스는 또한 (오르페우스 비교秘敎의) 프리아포스Priapos의 의미를 지니며 양성兩性이고 테베의 디오니소스, 리시오스Lysios와 동일시된다.[13] 파네스의 오르페우스교적 의미는, 사랑의 신이고 역시 우주론적 원리인 인도의 카마Kâma와 일치한다. 신플라톤주의자 플로티노스Plotin는 세계 심혼 Weltseele을 지성의 에너지로 본다.[14] 플로티노스는 유일자das Eine(창조의 근원적 원리)를 빛 자체에 비유하며, 지성Intellekt을 태양(☉)에, 세계 심혼을 달(☾)에 비유한다. 또 다른 비유로, 플로티노스는 유일자를 아버지에, 지성을 아들에 비유한다.[15] 우라노스Uranos라고 부르는 유일자는 초월적 존재다. 크로노스Kronos인 아들은 가시적인 세계를 통치한다. 세계 심혼(제우스Zeus로 지칭되는)은 그에게 종속된 존재로 나타난다. 플로티노스는 전 존재의 유일자, 혹은 우시아Usia를 실체Hypostase라고 칭했으며, 또한 방사放射,Emanation의 세 형태, 즉 세 실체 안의 한 존재라고도 했다. 드레프스Arthur Drews가 말한 대로, 이것은 또한 니케아와 콘스탄티노플 공의회에서 확정되었던[16] 기독교의 삼위(성부와 성자와 성령)이기도 하다. 더 언급해야 할 점은, 초기 기독교에서 몇몇 종파의 교도들은 성령(세계 심혼, 달)에 모성적 의미를 부여했다는 것이다. 세계 심혼은 플로티노스에게서는 분할된 존재, 분할 가능성의 성향이며, 모든 변화와 창조, 번식의 필수적 조건이다. 그것은 '삶의 무한정한 만물All'이며 전적으로 에너지이고, 살아 있는 유기체로서 이념은 그것의 내부에서 효과와 현실성을 얻는다.[17] 지성은 세계 심혼의 생산자이고 아버지인데, 지성으로 관조한 것을 세계 심혼은 감각 속에 펼쳐놓는다.[18] "지성 속에 결합되어 있는 것은 로고스로서 세계 심혼 속에서 펼쳐지는데, 그것은 세계 심혼에 내용을 채우며 동시에 넥타르Nektar에 취하게 만든다."[19] 넥타르는 소마Soma와 유사하게 생산성과 생명의 음료다. 심혼은 '상위의' 심혼으로서 천상의 아프로디테Aphrodite로, '하위' 심혼으로서는 지상의 아프로디테로 불린다. 그것은 '탄생의 고통'[20]을 알고 있다, 등등.

 에너지론적 관점은 정신직 에너지를 너무 편협한 정의에서 벗어나게 해준다. 경험으로 볼 때, 어떤 종류의 충동 과정은 어디선가로부터 나오는 에너지의 유입으로 무한정 고조되는 경우가 많다. 그 점은 성욕뿐 아니라 배고픔과 갈증의 경우도 마찬가지다. 하나의 충동 영역은 때때로 어떤 다른 영역으로 인해 에너지의 약화를 겪을 수 있다. 그러한 점은 정신적 활동 전반에 해당한다. 항상 성욕만이 이러한 힘의 약화에 예속된 것이라고 추정한다면, 그것은 물리학이나 화학 분야에서 말하는 일종의 플로지스톤Phlogiston〔산소가 발견되기 전까지 가연성 물질에 포함된 것으로 가정되던 원소〕이론과 똑같은 견해가 될 것이다. 프로이트가 오늘날 충동설의 입지에 대해 회의를 보인 것은 당연한 일이었다. 충동은 일부 정신적이고 일부 생리학적인 특성을 띤 비밀스러운 삶의 표출이다. 그것은 정신의 가장 보수적인 기능에 속하며 변하기 어렵다. 혹은 아예 변할 수 없다. 그러므로 신경증 같은 병리학적인 적응장애는 충동의 변화에서라기보다는 충동에 대한 태도Einstellung에서 생겨난 것이라고 설명할 수 있다. 그러나 태도는 복잡한, 고도로 심리학적인 문제인데, 태도가 본능에 종속되어 있다면 분명 아무런 문제가 되지 않을 것이다. 신경증의 동력動力은 모든 가능한 성격적 특징과 환경의 영향에서 유래하는데, 그것 모두가 본능을 만족시키는 삶의 영위를 불가능하게 만드는 태도를 형성한다. 그러므로 청소년의 신경증적인 본능 왜곡은 그의 부모의 그 비슷한 기질과 관련이 있으며, 성적인 영역에서 겪는 그의 장해는 일차적이 아닌 부차적 현상일 뿐이다. 따라서 신경증에 관해서는 성 이론이 아닌 심리학적 이론이 존재한다.

　이로써 우리는 빛과 불, 태양 같은 상징 형성의 계기가 되는 것이 성욕 본능이 아니라, 그 자체로는 차별이 없는 일종의 에너지라는 우리의 가설로 되돌아온다. 따라서 정신분열증(조현병)에서는 현실 기능의 상실로 인해 성욕이 고조되는 것이 아니라, 뚜렷이 고태적 성격[21]을 지닌 일종의 환상세계가 생겨난다. 특히 질병의 초기에 때때로 격렬한 정도의 성적 장애가 나타난다는 것을 부인해서는 안 될 것이다. 그러나 그러한 장해는 공포나 노여움, 종교적 열광 등 온갖 강도 높은 체험을 할 때에도 마찬가지로 나타날 수 있는 현상이다. 정신분열증(조현병)에서 고태적 환상이 현실의 자리로 옮겨간다는 것이 현실 기능의 성질에 대해 무엇을 입증해주는 것은 아니다. 그것은 단지 다른 방식으로도 잘 알려진 생물학적인 사실만을 증명해주는데, 즉 현존체계가 몰락할 때는 더 원시적이고 따라서 더 고풍한 체계가 그 자리에 들어설 수 있다는 것이다. 프로이트의 비유를 들자면, 총 대신에 활과 화살을 쏘는 것이다. 현실 기능(혹은 적응)의 최종적인 습득을 상실한 것은, 그런 것이 도대체 있다면, 보다 초기의 적응 방식으로 대치된다. 우리는 신경증 이론에서 이미 이러한 원칙을, 말하자면 적응의 실패가 옛날의 적응 방법을 통해, 즉 부모-이마고의 퇴행적 부활을 통해 대체되는 것을 볼 수 있다. 신경증에서는 대체물이 개인적 영역과 범위로 나타나는 환상이며, 정신분열증(조현병)의 환상의 특징인 고태적인 성격은 흔적도 없다. 신경증에서는 결코 실제적인 현실 상실이 생기는 것이 아니고, 현실의 왜곡이 이루어질 뿐이다. 그런데 정신분열증(조현병)에서는 현실이 실제로 심각할 정도로 사라져버린다. 이에 대한 간단한 예를 나는, 애석하게도 너무 이른 나이에 작고한 내 제자 호네거 Johann Jakob Honegger[22]의 논문에서 인용한다. 지구가 둥근 형체를 지녔다는 것과 태양 주변을 공전한다는 것을 익히 잘 알고 있는, 상당한 지성을 갖춘 한 편집증 환자는 자신의 체계 속에서 현대의 천문학적인 견해를, 세부적인 것까지 완성한 하나의 체계로 대체시킨다. 그 체계 속에서 지구는 평탄한 원반이며 그 위로 태양이 움직인다. 슈필라인Spielrein(사비나 시필레인) 박사는 마찬가지로 실병 속에서 현대어의 의미를 뒤덮기 시작하는, 고태적 정의에 대한 몇몇 흥미로운 예를 제공하고 있다. 예를 들면, 그녀의 여성 환자는 알코올, 흥분제 음료의 신화적 유례를 '사정射精'(말하자면 소마Soma라고)이라고 했다.[23] 그녀는 또한 초시모스Zosimos의 연금술적 환영과 유비되는 요리의 상징성도 떠올렸다. 초시모스는 제단의 움푹 파인 구멍 속에서 끓는 물과 그 속에 들어 있는 변환된 인간을 보았다.[24] 이 여성 환자는 어머니 대신 지구를[25], 또한 어머니 대신 물을[26] 설정하고 있다(그림 36과 57[8권]).

왜곡된 현실 기능이 고태적 대용물로 대치된다는 나의 지금까지의 주장은 슈필라인의 말에 의해 뒷받침된다. 그녀는 이렇게 말하고 있다. "나는 환자들이 그저 대중을 지배하는 미신의 희생자가 된 것 같은 착각을 자주 했다."[27] 실제로 환자들은 현실의 자리에, 한때는 현실 기능을 의미했던 과거의 해석과 비슷한 환상을 놓는다. 초시모스가 보여주듯이, 옛 미신들은 미지의 세계를(또한 심혼을) 적합하게 표현하고자 했던 상징[28]이었다. '이해Auffassung'란 사물에 대한 '포착Griff'을, 다시 말해 '붙잡는 것Begriff〔개념이란 뜻〕'을 가능하게 하는데, 그것은 점유라는 말을 나타낸다. 개념이란 기능적으로 객체를 장악하는, 마술적인 효과를 지닌 이름과 일치한다. 그로써 객체는 해롭지 않게 만들어질 뿐 아니라 또한 정신체계 속으로 편입되는데, 이로써 인간 정신의 의미와 힘이 고양된다. (옛 『에다Edda』의 알비스말Alvissmál에 나오는, 이름

짓기에 대한 원시적 가치 매김 참조.) 슈필라인이 다음의 말을 할 때는 그녀 역시 그와 유사한 상징의 의미를 생각하고 있는 것이다.

> "내 생각에 상징은 대체로 무엇을 향한 콤플렉스의 노력인데… 그 기원은, 사고의 보편적 전체 속으로 용해되고자 하는 곳에 있는 것 같다.… 어떠한… 콤플렉스는 그로써 개인적 성질을 빼앗긴다.… 개별적인 콤플렉스 모두의 이러한 용해 또는 변환의 성향은 문학과 회화, 모든 종류의 예술의 원동력이다."[29]

우리가 '콤플렉스' 개념을 에너지 가치(= 콤플렉스의 정서적 양)의 개념으로 대치한다면, 슈필라인의 견해를 어렵지 않게 나의 생각과 조화시킬 수 있다.

이렇게 유추를 형성해가는 과정에서 관념과 이름의 보배가 차츰 변화된 듯이 보인다. 그리하여 세계상世界像의 확대가 이루어졌다. 특별히 강조된 내용('감정이 강조된 콤플렉스gefühlsbetont Komplex')은 수많은 유례類例와 새로 만들어진 동의어들 속에 반영되었다. 그로써 그 대상들은 정신의 마술이 작용하는 영역 속으로 들어가게 되었다. 이를 통해서 밀접한 유사관계가 생겨났는데, 레비-브륄은 그것을 적절하게도 '신비적 참여participation mystique'라고 지칭한다. 감정이 강조된 내용으로부터 나오는 이러한 유례 찾기의 성향이 인간의 정신 발달에 막대한 의미를 갖고 있음은 확실하다. 슈타인탈Heymann Steinthal이 '마찬가지로gleichwie'라는 단어에, 사고Denken의 발전사 측면에서 엄청난 가치가 부여되어야 한다고 할 때, 우리는 그 말을 전적으로 인정하는 수밖에 없다. 리비도의 그 유례로의 이행이 원시인으로 하여금 가장 중요한 발견들을 하게 해주었다는 것을 쉽사리 상상해볼 수 있다.

리비도의 변환

다음에서 나는 하나의 구체적인 예를 통해 리비도의 이행에 대해 설명하고자 한다. 언젠가 나는 긴장증적 우울증을 앓던 한 여성 환자를 진료한 적이 있다. 그것은 가벼운 정도의 정신질환이었기 때문에 수많은 히스테리적 특성이 나타난 것은 이상한 일이 아니었다. 치료를 시작할 무렵 그녀는 한 고통스러운 사건을 이야기하면서 한 번 히스테리성 몽롱 상태에 빠졌는데, 그때 그녀는 성적 흥분의 온갖 징후를 내보였다. (그러한 상태에 있는 동안, 여러 가지로 미루어 그녀는 나의 존재를 전혀 알지 못했다.) 흥분은 일종의 자위행위 같은 행동으로 이어졌다. 그 행위에는 특이한 몸짓이 뒤따랐다. 즉, 그녀는 왼손의 집게손가락을 왼쪽 관자놀이에 대고 마치 거기에 구멍이라도 뚫으려는 것처럼 계속 격렬하게 회전시키는 동작을 하였다. 후에 그녀는 그 일을 전혀 기억하지 못했는데, 그 특이한 손의 제스처에 대해서도 아무것도 아는 바가 없었다. 그 행동은 입과 코, 귀를 후비는 행위가 관자놀이로 옮겨간 것임을 어렵지 않게 알 수 있었는데, 자위행위의 유추로 해석할 수 있는 행위였다. 그럼에도 불구하고 그 인상이 내게는 왠지 의미심장한 것으로 보였다. 처음에 내게는 그 이유가 불확실했다. 수 주일 후 나는 환자의 어머니와 이야기할 기회를 가졌다. 그녀로부터 그 환자가 그야말로 유별난 아이였다는 사실을 알게 되었다. 두 살 때 이미 그녀는 열린 장롱 문에 등을 대고 몇 시간씩 앉아서 리듬에 맞춰 머리를 문에 부딪치곤 해서[1] 온 주변 사람들을 기겁시켰다는 것이었다. 얼마 지나지 않아 그녀는 다른 아이들처럼 노는 대신에 손가락으로 집 담벼락의 석회 모르타르를 뚫기 시작했다. 조금씩 돌리고 문지르는 동작으로 그렇게 했는데, 그 일은 몇 시간 동안이나 계속되었다. 그녀는 부모에게 완전히 수수께끼였다. (그 후 네 살 무렵부터 수음手淫이 시작되었다.) 유아기 초기에 이러한 행위를 나중의 행동의 전 단계로 보아야 한다는 것은 분명하다. 구멍 뚫는 행위는 수음을 하기 이전의 매우 이른 어린 시절로 거슬러간다. 그 시기는 개인적인 기억에 남아 있지 않기 때문에 심리학적으로 볼 때 정말로 불분명한 시기이다. 그렇게 어린 아이가 취한 그런 식의 개인적 행태는 그야말로 주목할 만한 것이다. 그 아이의 나중의 생활사에서 우리가 알게 된 것은, 항상 그렇듯이, 병행해서 일어나는 외적 사건들에 얽힌 그 아이의 발달이 결국 정신장해를 가져왔다는 것이다. 그것은 바로 그 병의 산물이 보이는 개별주의와 특이성 때문에 특히 잘 알려진 질환인 정신분열증(조현병)이었다. 이 병의 특이성은 고태적 심리학이 눈에 띄게 나타난다는 데 있다. 그 때문에 온갖 신화적 산물과의 무수한 접촉이 이루어진다. 흔히 우리가 독창적이고 개별적인 창조라고 여기는 것은 대부분 태고 시대의 것과 비교할 수 있는 형성물이다. 이러한 기준을 이 특이한 질환의 모든 형성물에 적용해봄직하다. 가령 구멍 뚫는 행위라는 그 독특한 증세에도 적용해볼 수 있을 것이다. 이 환자의 구멍 뚫는 행위는 어린 시절의 아주 초기에 생겨난 것이다. 다시 말해 그것은 그녀가 일단 수년간의 결혼생활이 끝난 이후, 더욱이 그녀가 과도한 애정 속에서 자신과 동일시했던 그녀의 아이가 죽은 후, 다시 이전처럼 수음을 하게 되면서 그 과거로부터 다시 환기되었다. 아이가 죽었을 때, 당시 아직은 건강했던 어머니에게서 유아기 초기 때의 증세가 발작적인 자위행위의 형태로 나타났는데, 그것은 바로 그 구멍 뚫는 행위와 결부된 것이었다. 이미 말했듯이, 최초의 구멍 뚫는 행위는 유아 수음의 시기에 앞서 나타났었다. 이로써 구멍 뚫는 행위가 수음 이후에 등장하는 후기의 유사한 습관과 구별된다. 그런 점에서 이 사실의 확인은 중요하다.

위에서 이미 암시한 바와 같이, 리비도의 활동은 나이 어린 개인에게서는 일단 오로지 식이 기능의 영역에서만 이루어지는데, 율동적인 동작 속에서 빠는 행위를 통해 양분이 섭취된다. 그와 동시에 운동 영역 전반에서는 이미 쾌감이 강조된 팔 다리의 율동적 움직임이 나타난다(발버둥치기 등). 개인이 성장하고 기관들이 형성됨에 따라 리비도는 새로운 활동 방식을 만들어낸다. 율동적이고 만족감을 주는 쾌락적 행위의 최초 모델은 이제 다른 기능들의 영역 속으로 전이되는데, 그러한 영역들에서 성욕은 일시적이고 부분적인 목표다. 그러나 그렇다고 해서 율동적인 활동이 식이행위에서 유래한다는 말은 아니다. 영양과 성장 에너지의 상당한 부분은 성적 리비도와 그 외의 다른 형태로 전환되었다. 그러한 이행은 문외한들이 생각하듯이 사춘기에 갑자기 생기는 것이 아니라, 어린 시절 전반에 걸쳐 아주 서서히 일어난다. 이러한 이행 과정은 내가 판단할 수 있는 한, 두 단계로, 즉 **빠는** 단계와 율동적 활동 자체의 단계로 구분된다. 빨기는 그 성질로 보아 완전히 식이 기능의 범위에 속하지만, 그것을 넘어서서 더는 식이 기능이 아니라 음식물 섭취와 상관없이 유사한 율동적 활동이 되기에 이른다. 여기에 보조수단으로서 손이 등장한다. 율동적 활동 자체의 단계에서 손은 훨씬 더 뚜렷이 보조수단의 역할을 하며, 율동적 행위는 구강口腔

지대를 떠나 다른 영역들로 옮겨간다. 거기에는 많은 가능성이 있는데, 경험으로 보아 관심의 대상이 되는 것은 대개 신체의 다른 개구부開口部들이고, 다음으로는 피부와 피부의 특수한 부분들이며, 결국은 모종의 율동적 운동이 생겨난다. 문지르기, 구멍 뚫기, 잡아당기기 등으로 나타날 수 있는 행위는 어떠한 리듬 속에서 이루어진다. 이러한 행위가 성적 영역에 이를 경우 거기에서 첫 수음을 시도하는 계기가 될 수 있음은 분명하다. 리비도는 그 변환이 진행됨에 따라 섭생 단계에서 나온 적지 않은 부분을 새로운 적용 영역 속으로 가져간다. 이러한 사실로부터 예컨대 섭생 기능과 성 기능 간의 수많은 내적 연관관계를 설명할 수 있다. 성인의 행위에 대항해 그것을 퇴행으로 강요하는 저항이 생길 경우, 초기 발전 단계로의 퇴행이 이루어진다. 율동적 활동 자체의 단계는 일반적으로 정신과 언어의 발달 시기와 일치한다. 그러므로 출생에서부터 성욕이 처음으로 뚜렷이('추측'이 아니라) 표명되기까지의 시기를, 즉 대략 1세부터 4세까지의 기간을 전前 성욕 단계 vorsexuelle Stufe로 지칭하면 어떨까 싶다. 그것을 나비의 번데기 시절과 비교할 수 있다. 그 시기의 특징은 식이 단계와 성 단계의 요소들이 번갈아가며 뒤섞인다. 그러한 전 성욕 단계로 얼마간의 퇴행이 이루어질 수 있다. 최소한 지금까지의 경험에 따라 결론짓자면, 정신분열증(조현병)과 뇌전증에서 나타나는 퇴행이 바로 그런 것 같다. 두 가지 예를 들고자 한다. 첫째 사례는 약혼 시절에 긴장증을 앓았던 한 젊은 처녀와 관련된 것이다. 나를 처음 만났을 때 그녀는 갑자기 내게 다가와 나를 껴안으며, "아빠, 먹을 것 좀 주세요!" 하고 말했다. 또 다른 사례는 사람들이 전기를 가지고 그녀를 쫓아다니면서 "마치 아래쪽에서 먹고 마시는 것 같은" 특별한 느낌을 그녀의 생식기에 불러일으킨다며 하소연을 한 어떤 젊은 아가씨와 관련된 것이다.

이러한 현상은 리비도의 초기 단계가 퇴행적 환기를 불러일으키는 능력이 있음을 보여준다. 그러한 길은 도달할 수 있을뿐더러, 수없이 도달했던 길로 보인다. 그러므로 이 가정이 옳다면, 인류의 초기 발전 단계에서는 이러한 변환이 어떤 병적 증세가 아니라, 오히려 빈번히 일어나는 정상적인 과정이었다고 생각할 수 있을 것이다. 따라서 그 흔적을 역사 속에서 포착할 수 있는지 알아보는 일은 흥미로울 것이다.

아브라함[2]의 한 논문에 힘입어 우리는, 민족사에서 볼 때 구멍 뚫기가 불 피우기와 연관관계에 있음을 주목하게 되었다. 아달베르트 쿤 Adalbert Kuhn[3]의 글에서는 그러한 관계에 대한 특수한 논의가 이루어지고 있다. 그의 연구를 통해 우리는, 불을 가져다준 자, 프로메테우스가 인도의 프라만타pramantha, 즉 불 피우는 남성적인 나뭇조각의 형제일 수 있다는 것을 알게 된다. 인도에서 불을 가져온 자는 마타리슈반 Mâtariçvan이라고 하며, 불을 준비하는 행위는 성문聖文 텍스트에서 '흔들다, 문지르다, 문질러서 만들어낸다'는 뜻인 만타미manthâmi[4]라는 동사와 항상 함께 표기된다. 쿤은 이 동사를 '배운다'는 뜻의 그리스어 만타노μανϑάνω와 관련시키고 마찬가지로 개념의 유사성을 밝혔다.[5] 제3의 비유는 리듬에 있을 것이다(영성의 활발한 움직임). 쿤에 따르면, 만스manth 혹은 마스math의 뿌리는 만타노μανϑάνω(마테마μάϑημα, 마테시스μάϑησις)(학문, 학습, 교육), 프로메테오마이προ-μηϑέομαι(염려하다, 고려하다, 존중하다)를 거쳐 그리스의 불 도둑으로 알려져 있는 프로메테우스Προμηϑεύς로 거슬러간다. 투리스의 제우스가 여기서 특별히 흥미를 끄는 프로만테우스Προ-μανϑεύς라는 별명을 지니듯이, 프로메테우스Προ-μηϑεύς 역시 산스크리트어로 프라만타pramantha와 관련이 있는 원래의 인도-게르만의 어원이 아니고 단지 별명에 지나지 않을 것이라는 점이 강조된다. 그러한 견해를 지지하는 헤시키우스Hesychius

그림 32. 발리인들의 불의 신 틴티아Tjintya.
목조품.

주석이 있는데 여기서 헤시키우스는 이타스라는 이름을 Ἰθάς: ὁ τῶν Τιτάνον κήρυξ Προμηθεύς(프로메테우스, 티탄, 신들의 전령)라고 설명한다. 또 다른 헤시키우스 주석은 이타이노마이iθαίνομαι(ἰαίνω, 즉 가열하다)를 테르마이노마이θερμαίνομαι, 즉 '따뜻해지다'로 설명하고 있다. 그럴 경우 이타스Ἰθάς에는 아이톤Αἴθων 혹은 플레기아스Φλεγύας(불을 붙이다, 타오르다, 일종의 독수리)와 유사한 '빛을 발하는 자(불타는 자 der Flammende)'의 의미가 생겨난다.[6] 이에 따라 프로메테우스와 프라만타와의 관계는 의심스럽다. '빛을 발하는 자'는 '미리 숙고하는 자 der Vorbedenker'[7]인 만큼, 프로메테우스Προμηθεύς가 이타스Ἰθάς의 별명인 점은 당연히 중요하다. (프라마티pramati는 다른 파생어를 갖고 있지만, 프라마티Pramati = 예방책Vorsorge은 아그니Agni(불의 신)의 속성이기도 하다.) 프로메테우스는 또한 프리기아인의 종족에 속하는데, 쿤은 프리기아인과 인도의 사제 브리구 가문과의 논쟁의 여지 없는 관계를 연관시킨다.[8] 브리구Bhṛgu는 마타리슈반('어머니 속에서 팽창하는 자')과도 같이 또한 불을 가져다주는 자들이다. 쿤은 브리구가 아그니와 비슷하게 화염에서 생겨난다고 말하고 있다("화염에서 브리구가 생겨났다. 브리구는 그을렸지만 타지 않았다"). 이러한 견해는 브리구와 밀접한 어근인 산스크리트어 bhrây(= 비추다leuchten), 라틴어 풀게오fulgeo(번쩍이다, 번개 치다, 광채 나다), 그리스어 플레고φλεγω(광채), 산스크리트어 bhargas = 광채, 라틴어 fulgur로 이어진다. 브리구는 따라서 '빛나는 자'로 여겨진다. 플레기아스Φλεγύας는 그 샛노란 색깔 때문에 일종의 독수리로 불린다. 플레게인φλέγειν = '불타다brennen'의 관계는 명백하다. 따라서 프리기아인은 불 독수리다.[9] 프로메테우스 또한 프리기아인에 속한다. 프라만타에서 프로메테우스로 연결된 길은 물론 단어에 의해서가 아니라 아마도 직관이나 이미지에 의해서 생길 것이다. 아마 프로메테우스는 프라만타[10]와 같은 의미일 것이다. 달리 말하자면, 중요한 것은 바로 그러한 언어적 전달이 문제가 아니라, 하나의 원형적 유례일 수 있다는 것이다.

프로메테우스는 나중에 와서 비로소 미리 숙고하는 자('에피메테우스Epimetheus'의 형상으로써 증명되는)의 의미를 얻었으며 원래는 바로 프라만타, 만타미, 만타야티mathâyati와 관계되는 반면 어원학적으로 프로메테오마이προμηθέομαι, 마테마μάθημα, 만타노μανθάνω와 연관시켜서는 안 된다는 견해가 한동안 통용되었다. 그와 반대로 아그니와 결부된 프라마티 = 예방책은 만타미와는 무관하다. 그러나 최근에는 다시 프로메테우스를 만타노로부터 유추하려는 경향으로 기울어지고 있다.[11] 따라서 이처럼 복잡하게 얽힌 상황에서 확실하게 밝힐 수 있는 사실은, 사고Denken나 예방책Vorsorge, 미리 숙고함Vorbedenken이 마찰식 목재 점화와 결합되어 발견된다는 것이다. 거기에 사용된 단어들 간의 어원학적인 확실한 관계는 증명할 수 없다 하더라도 말이다. 어원학에서는 어간語幹들의 이동 말고도 어떠한 근원적 상像들의 토착적인 재생도 고려되어야 한다.

만타나Manthana(불 제물)의 도구인 프라만타pramantha는 인도에서 성적인 의미로, 즉 남근으로, 밑에 구멍이 뚫려 있는 나무는 음문, 혹은 여자로 해석된다. 또한 마찰식 점화로 붙은 불은 어린아이, 즉 아그니의 신적 아들이다(그림 33). 제례적 의미에서 두 개의 나무토막은 푸루라바스Purûravas와 우르바시Urvaçî로 불리는데, 인격화되어 남성과 여성으로 여겨진다. 여성의 생식기에서는 불이 탄생한다.[12] 베버Albrecht Weber는 제례식상의 불의 생산manthana에 대해 기술하고 있다.

> "특정한 제물용 불이 두 나무의 마찰에 의해 점화된다. 사람들은 '그대는 불의 탄생처로다janitram'라는 말을 하며 나무 한 조각을 취한다. 그리고 '그대들은 두 개의 고환이로다'라며 그 위에 두 개의 풀줄기를 얹어놓는다. 그 위에는 '그대는 우르바시Urvaçî로다'라면서 아다라라니adharâraṇi(밑에 놓인 나무)를 놓으며, '그대는 힘이로다(semen…)'라고 말하며 우타라라니uttarâraṇi(그 위에 놓일 나무토막)에 버터를 바른다. 그런 다음 '그대는 푸루라바스Purûravas로다'라고 하며 그것을 아다라라니adharâraṇi 위에 올려

그림 33. 두 개의 나무토막을 들고 있는 아그니. 인도.

놓고, '나는 그대를 가야트리메트룸Gâyatrîmetrum으로 문지르노라', '나는 그대를 트리슈투브메트룸Trishṭubhmetrum으로 문지르노라', '나는 그대를 야가티메트룸Jagatîmetrum으로 문지르노라' 하고 말하며 그 둘을 세 번 문지른다."[13]

이와 같은 불의 생산에 담긴 상징의 성적 의미는 분명하다. 『리그베

리비도의 변환——207

다』의 한 노래(III, 29, 1~3)는 그와 동일한 해석과 상징성을 나타내고 있다.

> "그것은 회전 막대기이다. 음경penis이 준비되어 있다. 종족의 여女수장[14]이 가져온 것이다. 아그니는 옛 관습에 따라 우리에게 그것을 휘젓도록 한다.
>
> 임산부들의 체내에 잘 보호된 태아가 들어 있듯이, 두 개의 나무 안에는 야타베다스jâtavedas가 들어 있다. 매일 아그니는 세심한 봉헌자들에 의해 찬미를 받는다.
>
> 몸을 뻗고 누워 있는 여인에게 밀어 넣으라(막대기를). 그대 정통한 자가. 그녀가 받아들일 때 곧바로 수태시키는 자가 생겨난 것이다. 붉은 첨두로 그의 길을 비추며 일라Ilâ의 아들이 훌륭한 나무에서 태어났다."[15]

우리는 여기서 프라만타가 동시에 또한 아그니, 즉 탄생한 아들이기도 함을 발견한다. 즉, 남근은 아들이다, 혹은 아들은 남근이다. 오늘날의 독일어에서도 우리는 옛 상징의 여운을 보존하고 있다. 즉, 사내아이는 '나무토막Bengel'으로 지칭되며, 헤센 지방에서는 '막대기Stift' 혹은 '달굼쇠Bolzen'로 지칭된다.[16] 독일어로 '막대기 뿌리Stabwurz'로 불리는 Artemisia Abrotanum L.은 영어로는 '사내의 사랑boy's-love'으로 지칭된다. (페니스를 사내아이라고 하는 통속적인 지칭에 대해서는 이미 그림Grimm과 그 외의 학자들이 설명한 바 있다.) 미신적 관습으로서 제의에서의 불의 생산은 유럽에서는 19세기에 이르기까지 있었던 것으로 확인된다. 쿤은 1828년만 해도 독일에서 그러한 일이 일어났음을 말하고 있다. 사람들은 그 경건한 마술 행위를 'Nodfry', 즉 영험적 불

Notfeuer[17]이라 불렀는데, 주로 가축병을 막기 위해 마술을 사용했다. 쿤은 1268년의 라네르코스트Lanercost의 연대기에 나오는, 영험적 불에 대한 매우 특이한 사례를 말하고 있는데, 그 의식에서 성적 유추를 확인할 수 있다.

> "독자는 신앙을 지키기 위해 다음의 사실을 명심하라. 금년에 라오도니아에서 흔히 폐병이라고 불리는 돌림병이 가축 떼를 엄습했을 때, 수도사 계급에 속했던 몇몇 가축 주인들이, 정서에는 맞지 않지만, 동물들을 구하기 위해 나무를 문질러 불을 생산하고 프리아푸스Priapus(그리스의 생식 신)의 상을 만드는 일을 원주민들에게 가르쳤다는 것이다. 펜톤Fenton의 한 시토 수도회의 재속在俗 수사가 궁정 입구에서 그러한 일을 하며 불알을 성수에 담그고 그것을 동물에 뿌렸을 때… 등이다."[18]

이 예들은 다양한 시대와 다양한 민족에서 나온 것으로 보아, 불의 생산과 성욕 간에 유사성을 찾으려는 보편적인 경향이 있다는 것을 입증한다. 고태적인 착상의 제의적 혹은 마술적 반복은 인간 정신이 얼마나 옛 형태를 고수한 채 지속적으로 나타나며 마찰 점화의 기억이 얼마나 뿌리 깊은 것인가를 보여준다. 사람들은 아마도 예배에서의 불의 생산이 지니는 성적 상징성에서 사제들의 박학다식함의 첨가물을 보고자 할지도 모르겠다. 불의 비의가 예배에서 정교화된 것을 두고 말하는 것이라면 옳은 말일 것이다. 그러나 불의 생산이 근원적으로 성욕과 깊은 관계에 있지 않았을까 하는 의문이 아직 남아 있다. 그러한 것이 원시 민족들의 예배 행위에 나타난다는 것을 우리는 호주의 바찬디스Watschandies[19] 부족을 통해 알고 있다. 이들은 봄이면 다음과

그림 34. 남근 모양의 쟁기.
검은 형상의 접시. 그리스.

같은 수태의 마술을 행한다. 즉, 땅에 하나의 구멍을 파는데, 여성 생식기 모양이 되도록 주변에 덤불까지 꽂는다. 그들은 밤새 이 구멍을 에워싸고 춤을 추는데, 그때 창을 앞에 붙들고 있어 발기한 페니스를 연상시킨다. 그들은 구멍의 주변을 돌며 춤을 추면서 "구덩이가 아니라 질Scheide을!" 하고 외치며 구덩이 속으로 창을 던져 넣는다. 그러한 '외설적인' 춤은 다른 부족들에게서도 나타난다.[20]

이러한 봄의 마술[21] 속에는 신성한 성교가 표현되어 있는데, 땅의 구멍은 여성적인 것을, 창은 남성적인 것을 나타낸다. 이와 같은 신성혼 Hierosgamos은 수많은 제례의 구성 요소였으며 여러 종파들 속에서도 커다란 역할을 했다.[22]

위에서 말한 호주 니그로족이 대지와 일종의 신성혼을 행하듯이, 두 개의 나무토막으로 불을 만들어내는 것으로써 그와 똑같은, 혹은 비슷한 사고思考가 표현될 수 있다는 것을 생각하기란 어렵지 않다. 제례적인 동침은 두 명의 인간 대신 두 시뮬라크르simulacra(유상類像), 즉 남성적 나무와 여성적 나무인 푸루라바스와 우르바시를 통해 표현되었다(그림 33).

성욕은 의심할 나위 없이 정감이 가장 강하게 강조된 심리적 내용에 속한다. 성욕의 명백한 유례가 되는 모든 것을 역시 성욕으로부터 유추해내는 모종의 견해들도 있을 것이다. 더욱이 그것은 성적 리비도가 어디에선가 한계에 부딪히고 그 때문에 제례적인 유사 형태로 어떠한 대체 행위를 할 수밖에 없다는 가설을 근거로 한다. 알려져 있다시피 프로이트는 리비도의 부분적인 전환과 변환을 설명하기 위해, 그 제한이 근친상간 금지Inzestverbot라고 가정했다. 더 자세히 말하자면, 근친상간 금지에서는 동족혼의 성향에 제한이 가해진다. 어떠한 본능을 강압적으로 전환시키거나 부분적으로나마 제한시키기 위해서는 반대 측면에서 그에 상응하는 고도의 에너지가 필요하다. 이러한 에너지를 프로이트가 불안Angst에서 찾아내려고 한 것은 타당하다. 이를 설명하기 위해 그는 원숭이 무리와 유사하게, 한 늙은 수컷의 폭력적 지배를 받은 원시적 집단에 관한 얼마간 신빙성 있는 신화를 생각해낸다. 근원적 아버지Urvater가 잔인한 존경심을 자아내며 아들 무리를 붙들고 있듯이, 이러한 이미지는 물론 딸들의 경악을 표현하며 그만큼의 공포를 불러일으키는 귀부인의 모습을 통해 보충되어야 할 것이다. 그렇다면 우리에겐 원시적 상황에 상응하는 부계적인, 그리고 모계적인 불안의 원천이 있을 것이다. 신경증 환자들이 태곳적 인간들 사이에서 대략 그렇게 '생각했을' 것이라고 상상할 수 있다.

충동을 억제하는 동인動因을 그렇게 유추하는 일은 적어도 내게는 의심스러워 보인다. 더욱이 무엇보다도 원시적 집단의 내부에서 생기는 긴장은 집단 전체의 생존을 위한 투쟁보다 더 큰 의미를 지닌 것이 결코 아니라는 단순한 고려에서 그렇다. 그렇지 않다면 그 집단은

그림 35. 교반봉으로 구멍 뚫는 사람.
고대 멕시코 상형 그림(단면).

곧바로 몰락할 것이다. 동족혼의 성향은 원시적 집단에게 심각한 위험이 된다. 그것은 바로 그러한 동족혼적 성향의 제약으로써 축출된다. 이에 대한 방법은 널리 퍼진 사촌 간의 결혼cross-cousin-marriage인 듯이 보이는데, 그것은 동족혼과 족외혼族外婚의 성향 간에 균형을 이루게 한다.²³ 그 집단에 어떠한 위험이 도사리고 있는지는, 근친상간 금기Inzesttabu의 목적과 일치하는 동족혼 성향의 제약을 통해 얻는 이점에서 드러난다. 집단은 내적인 강화, 확장 가능성, 그와 함께 또한 더 확실한 안전성을 획득한다. 말하자면 불안의 원천은 집단의 내부에 있는 것이 아니라, 생존을 위한 투쟁이 가져오는 외부의 매우 현실적인 위험 속에 있는 것이다. 적들과 굶주림으로 인한 불안은 성욕을 능가한다. 성욕은 알다시피 원시인들에게 아무런 문제가 되지 않는다. 필요한 식량을 구하는 것보다 여자를 취하는 것이 더 쉽기 때문이다. 부적응의 결과에 대한 불안은 충동을 제한시키는 확실한 동기가 된다. 궁핍에 직면해서는 어떻게 그것을 극복할 수 있는가 하는 문제에 몰두할 수밖에 없게 된다. 장애물에 의해 퇴행적으로 된 리비도는 항상 개인의 내면에 존재하는 가능성을 다시 붙잡는다. 문이 잠겨 있는 것을 발견한 개가 문이 열릴 때까지 문을 할퀴어대는 것이다. 답을 얻지 못한 인간은 코를 문지르고 아랫입술을 잡아 뜯고 목덜미를 긁어대곤 한다. 그래도 초조할 경우 온갖 다른 율동이 더 나타나는데, 손가락으로 톡톡 두드리거나 발을 버둥거리는 등의 행동을 한다. 그럴 때에 또한 자위행위 같은 어느 정도 뚜렷이 성적 특성을 띤 온갖 비슷한 행동이 나타난다. 코흐-그륀베르크Koch-Grünberg[24]는, 인디언들이 그들의 배가 급류 근처로 이동하는 동안 바위 위에 앉아서 돌로 홈을 새기는 모습을 설명하고 있다. 시간이 흐름에 따라 그로부터 혼돈스런 그림이나 선의 새김이 생겨났는데, 그것을 아마도 흡취지吸取紙 위의 그림과 비교할 수 있을 것이다. 메테를링크가 『파랑새L'Oiseau bleu』[25]에서 이야기하는 것을 이러한 맥락 속에서 이해할 수 있다. 즉, 태어나지 않은 자들의 나라에서 푸른 새를 찾는 두 아이가 코를 후비고 있는 한 소년을 발견한다는 이야기다. 그 소년에 대해 전해지기로, 그는 언젠가 지구가 냉각되면 새로운 불을 발명할 것이라고 한다. 슈필라인의 여성 환자[26]는 구멍 뚫는 행위를 한편으로는 불과, 다른 한편으로는 생식과 연관시켰다. … 그녀는 "강철은 땅에 구멍을 뚫는 데 사용된다. … 강철을 가지고 돌에서 차가운 인간을 만들어낼 수 있다"고 말했다. 달구어진 강철로 산을 뚫을 수 있다. 강철은 그것으로 돌을 뚫을 때 달구어진다.

장애물에 의해 정체된 리비도는 반드시 이전의 성적 사용으로 퇴행하는 것이 아니고, 식이행위뿐 아니라 성행위의 원초적 모델이 되는 유아기의 율동적 행위로 퇴행한다. 여기에 나온 자료를 보면, 불의 생산을 생각해낸 일이 사실상 이러한 방식, 즉 리듬을 퇴행적으로 다시 일깨움으로써 이루어졌다고 보지 않을 수 없을 것 같다.[27] 이러한 가설은 심리학적으로 가능해 보인다. 그것은 반드시 이 방법으로만 불의 생산이 이루어졌다는 말이 아니다. 그러한 일은 부싯돌을 쳐서도 할 수 있다. 내가 여기서 확인하려는 것은 단지 불의 준비를 생각해낸 일이 그런 식으로 가능하다는 것을 상징적으로 암시하는 심리학적인 과정이다.

　이러한 율동적인 행위는 놀이와 같은 인상을 주지만, 자칫 놀이로 여겨지는 그 행위의 강렬함과 에너지에 우리는 깊은 인상을 받게 된다. 알다시피 바로 그러한 의식儀式(그러니까 어떤 그와 같은 것)은 대개 진지하며 엄청난 에너지 소모를 통해 수행된다. 그것은 원시인들의 악명 높은 게으름과는 큰 대조를 이룬다. 이로써 언뜻 놀이처럼 보이는 것이 의도적인 노력의 성격을 띤다. 어떠한 부족이 밤새 세 가지 음조에 맞춰 단조로운 방식으로 춤을 출 수 있다면, 우리에게 그것은 놀이의 성격이 아니라, 오히려 의도와 연습의 분위기를 느끼게 한다. 실제로도 그런 것이, 리듬이란 어떠한 관념이나 그 밖의 행위를 각인시키는 고전적인 방식이며, 각인되는 것, 다시 말해 확고하게 조직되는 것은 새로운 활동 형태로의 리비도의 이행이기 때문이다. 양육기 발달 단계 이후에는, 식이행위에서 더는 율동적 행위를 찾아볼 수 없다. 그 때문에 그것은 보다 엄격한 의미에서 성욕의 영역으로 옮겨갈 뿐 아니라 또한 음악과 춤 같은 '유혹의 메커니즘'으로, 그리고 결국은 독자적 의미의 활동 영역으로 옮겨간다. 원시인들 사이에서 음악과 노래, 춤, 북 치기의 활동 능력 전반이 리듬과 밀접한 관계를 지닌다는 것, 아예 리듬에 종속되어 있다는 사실은 상당히 인상적이다. 이러한 관계는 성욕과의 연결점을 형성한다. 그로써 원래의 과제로부터 벗어나거나 그것을 회피할 가능성이 주어지는 것이다. 그러한 탈선은 드물지 않게, 더욱이 모든 문화권에서 나타나기 때문에, 분화된 모든 행위가 얼마간은 성욕의 어떤 형태의 대용물이라는 생각을 하기가 쉽다. 나는 그러한 생각이 잘못되었다고 여긴다. 그러한 충동이 지닌 엄청난 심리적 의미를 생각할 때 그것은 당연한 일이다. 나 자신도 이전에는 비슷한 견해를 가졌었는데, 유혹과 태아 보호의 다양한 활동 형태가 일종의 성적 리비도, 즉 가장 보편적 의미에서의 증식 충동Propagationstrieb의 분열과 세분화에서 생겨났고, 따라서 그것이 충동적 특성을 띠는 한, 문화적 행위의 전前단계라고 여긴 만큼 최소한 그런 생각이었다. 그런 착오의 한 원인은 프로이트의 영향이었지만, 또 다른 중요한 원인이 된 것은 그러한 기능들에 흔히 부착되어 있는 율농적 요소였다. 리듬화의 성향이 식이 단계에서 유래해 거기에서 성적 단계로 이동하는 것이 결코 아니며, 그러한 성향은 모든 감정적 사건 자체의 고유한 특성을 나타낸다는 것을 나는 뒤늦게 비로소 알게 되었다. 모든 자극은 인생의 어떤 단계에서든 상관없이 율동적으로 표명되려는, 다시 말해 보속保續〔한 상황에 대한 심적 반응이 다른 상황에서도 지속되는 것〕적 반복의 성향을 지니는데, 그러한 것은 심지어 연상 실험에서 콤플렉스가 강조된 komplexbetont 반응어들의 반복과 유운類韻,Assonanz, 두운법頭韻法,Allitteration 의 형태로 나타나기도 한다.[28] 그러므로 리듬화는 그에 해당된 기능이 성욕에서 유래한다는 추정의 근거가 되지 않는다.

    성욕의 정신적 가치뿐 아니라 그것과 그럴듯하게 유사한 것도 퇴행이 일어나는 경우 쉽게 성욕으로 잘못 빠지게 된다. 그럴 경우 그것은 물론 (부당하게도) 충족되지 못한 성적 욕구처럼 보인다. 이것은 신경증에서 볼 수 있는 전형적인 사고 과정이다. 원시인들은 이러한 이탈의 위험을 본능적으로 알았던 것 같다. 위에서 말한 바찬디스 부족은 신성혼을 거행할 때 의식이 진행되는 내내 여자를 쳐다보아서는 안 된다. 어떤 인디언 부족에는 남자들이 공격을 하기 전에, 한가운데 벌거벗고 서 있는 아름다운 소녀 한 명을 에워싸고 돌아야 하는 관습이 있었다. 그때 발기하는 사람은 전쟁 도구로서 무용지물이라 여겨져 탈락되었다. 항상 그런 것은 아니지만, 성욕으로의 일탈과 함께 원래의 문제가 은폐되는 경우가 아주 흔하다. 사람들은 그것이 과거의 어떤 일로 인해 이미 오래전부터 빗나간 성적인 문제라고 하면서 자기 자신과 타인들을 속인다. 그로써 다행히도 문제 제기를 위험성이 없는 다른 영역으로 옮기는 가운데, 당면 문제로부터 벗어나는 길을 찾은 것이다. 그러한 부당한 이득으로 인해 적응력은 희생되고 그 대신 신경증이 나타난 것이다.

우리는 위에서 충동의 억제가 이 세상에서 겪는 극히 현실적인 생존의 위험에 직면해서 느끼는 불안 때문이라고 하였다. 그러나 외적 현실은 충동 억제적인 불안의 유일한 원천이 아니다. 말하자면, 원시인은 흔히 어떤 '내적' 현실을 한층 더 두려워하는데, 그것은 꿈과 유령, 악마, 신들의 세계, 그리고 결정적으로는 마법사나 마녀들이다. 물론 우리의 합리주의 사고는 그것들의 비현실성을 지적함으로써 불안의 그러한 원천을 막을 수 있다고 믿는다. 그러나 문제되는 것은 내면의 정신적 현실로서, 그 불합리한 성질은 이성적인 근거로는 어쩔 수 없는 것이다. 우리는 원시적 오성悟性 속에서 어떤 미신을 찾아볼 수는 있지만, 음주벽이나 도덕적 부패, 희망의 부재라는 말로 더는 원시인들을 몰아세울 수가 없다. 외부세계와 똑같이 단호하고 제압할 수 없는 어떠한 정신적 현실이 존재한다. 그것은 우리가 위험을 피하고 보물을 들어 올릴 방법과 길을 알 경우 전자와 마찬가지로 유용하고 도움이 되는 것이다. "마술은 정글의 학문Magic is the science of the jungle"이라고 어느 저명한 탐험가가 말한 적이 있다. 문명인은 원시적 미신을 무시하며 얕잡아보지만, 그것은 마치 우리가 중세의 갑옷과 무기, 견고한 성과 높이 솟은 대성당을 무시하는 것과도 같다. 현대의 상황에서 기관총이나 라디오가 효율적이듯이, 원시적 환경에서는 원시적 수단이 마찬가지로 효율적이다. 우리 시대의 종교와 사회정치적 이념은 구원과 화해의 수단이라고 이해할 수 있으며 원시의 마술적 관념과 비교할 만하다. 그 같은 집단적 표상représentations collectives이 결여된 곳에는 마찬가지로 왜곡된 개인주의적인 병적 혐오증, 강박관념, 공포증, 또 그 밖의 빙의 상태가 들어선다. 그런 것에서 나타나는 원시성은 이루 말할 수 없을 정도다. 더욱이 우리 시대의 정신적 전염병은 말할 것도 없고 15세기의 마녀사냥 광기조차 그 앞에서는 퇴색해 보인다.

합리주의적인 재해석의 모든 노력에도 불구하고 정신적 현실은, 그것을 부인하면 할수록 더욱 위험성을 얻게 되는 불안의 순수한 원천이며 그런 상태로 남아 있다. 그로써 생물학적 충동은 외부의 장벽뿐 아니라 내적인 장벽에도 부딪힌다. 그와 같은 정신적 체계는 한편으로는 충동의 욕정에 토대를 두고 있지만, 다른 한편으로는 최소한 생물학적 충동만큼이나 강력한 반대 의지Gegenwillen를 바탕으로 하고 있다.

자연의 충동, 더 정확히 말해 그러한 충동의 우월성superbia[오만]과 조정 불가능성concupiscentia[탐욕]을 억압하려는, 혹은 억제하려는 의지는—그 동기가 외적 궁핍에서 나온 것이 아닌 한—영적인 원천에서, 다시 말해 누미노제Numinose[신성한 힘]를 지닌 정신적 상像들로부터 유래한다. 이러한 상들, 견해들, 신념, 혹은 이상은 그 개체에 특유한 에너지 덕분에 영향력을 발휘한다. 물론 개체가 그 에너지를 언제나 임의로 이 목적에 활용할 수 있는 것은 아니고, 말하자면 그 상들에 의해 그 에너지가 개체로부터 뽑아내지는 것이다. 비록 아버지의 권위라 해도 아들들의 심령을 지속적으로 사로잡고 있을 정도로 강하기는 힘들다. 그런 강한 경우란 아버지가 보편적, 인간적으로 누미노제를 가지고 있거나 아니면 최소한 모두의 동의에 의해 뒷받침되는 상을 불러내거나 말할 경우뿐이다. 주위 환경의 암시는 그 자체로 상의 누미노제의 결과이며 그것을 증폭시킨다. 이러한 점에서 암시가 없다면,

그것이 비록 개인적 체험으로는 극도로 강렬한 것일 수 있음에도 불구하고 상의 집단적 효과는 거의 없거나 아예 없다. 내가 이러한 상황을 언급하는 이유는, 내적인 상들, 즉 집단적 표상이 단순히 환경의 암시인가, 아니면 순수하고 자발적인 원초적 체험인가 하는 물음에는 의견들이 다르기 때문이다. 첫 번째 견해에 대해서는 그것이 답변을 단지 지체하고 있을 뿐임을 지적해야겠다. 왜냐하면 암시의 내용은 분명 어떻게든 일단 생겨난 것이기 때문이다. 신화적 표명은 일단은 독창적인, 다시 말해 신성한 원초적 체험이었다. 기꺼이 탐구해보고자 하는 수고를 아끼지 않는다면, 오늘날에도 이러한 주관적인 원초적 체험을 관찰할 수 있다. 나는 앞에서[29] 한 신화적 표현(태양의 남근)이 남에게 전달할 수 있는 가능성이 전혀 보이지 않는 조건 속에서도 어떻게 반복되는지에 대해 예를 든 적이 있다. 환자는 중등학교 교육밖에 받지 못한, 어느 작은 상점의 점원이었다. 그는 취리히에서 성장했다. 그런데 환상이 극도로 긴장감을 주었기 때문에, 태양의 남근이라는 생각, 얼굴을 이리저리 돌리는 것과 바람의 발생을 환자가 어디에서 끄집어올 수 있었는가에 대해 나는 짐작도 할 수 없는 상태였다. 일반적 교육 덕분에 이러한 사고의 연관관계를 훨씬 잘 알 수 있는 처지에 있었을 나 자신이 완전히 무지한 상태였다. 그런데 첫 관찰(1906) 이후 4년이 지나서야 비로소 그에 대한 유례를 1910년에 출간된 디터리히의 『미트라스 제의 *Eine Mithrasliturgie*』에서 발견할 수 있었다.[30]

이 관찰은 드물게 보는 몇몇 사례에 머물지 않았다.[31] 물론 문제는 유전된 표상이 아니고 유사한 표상을 형성하는 선천적인 소질 또는 내가 후에 집단적 무의식이라 지칭한 정신의 보편적이고 동일한 구조다. 그러한 구조를 나는 원형이라고 명명했다. 그것은 '행동 유형 pattern of behaviour'이라는 생물학적 개념에 상응한다.[32]

종교적 현상의 역사를 일견해보면 나타나듯, 원형의 고유한 특성은 누미노제의 효과다. 다시 말해 주체는 본능에 사로잡히듯이 원형에 사로잡힌다. 그런데 본능은 원형의 힘에 의해 제약을 받으며 심지어 압도당할 수도 있다. 그 증거를 끌어들이는 것은 불필요한 일일 것이다.

본능이 제약을 받거나 저지당할 경우 그것의 정체와 퇴행이 일어난다. 더 자세히 말해, 예컨대 성욕의 억제가 가해질 때 경우에 따라 퇴행이 생겨나는데, 그것은 성욕 에너지가 그 사용 영역을 떠나 어떤 다른 영역의 기능을 환기시키거나 그곳으로 옮겨가는 가운데 일어난다. 이를 통해 성욕 에너지는 그 형태를 바꾼다. 가령 바찬디스 부족의 의식을 살펴보자. 대지의 구멍은 어머니의 생식기에 대한 유례다. 남자가 여자를 쳐다보아서는 안 된다면, 그럴 경우 그의 성애Eros가 어머니에게 되돌아가기 때문이다. 그런데 근친상간을 피해야 하기 때문에, 대지의 구멍이 어느 정도 어머니를 대체한다. 의식상의 훈련을 통해 근친상간적인 에너지 요소의 성적 특성이 제거되고 그렇게 해서 유아적인 단계로 되돌아간 후, 작업이 성공할 경우 거기서 어떤 다른 기능과 동일한 의미를 지닌 하나의 다른 형태를 얻게 된다. 근원적인 충동은 동족혼('근친상간')의 성향과 족외혼의 성향을 함께 지니고 있어서 어느 정도 분열될 수밖에 없기 때문에, 작업은 어렵게 진행될 수밖에 없다고 추정된다. 그러한 분열은 의식 또는 의식화와 결부되어 있다. 퇴행은 얼마간의 어려움 속에서 생겨나는데, 왜냐하면 에너지가 특수한 힘으로서 그 주체에 부착되어 있고, 따라서 하나의 형태에서 다른 형태로 변환될 경우 이전의 어떤 특성을 나중의 형태로 전이시키기 때문이다.[33] 그 결과는, 여기서 생겨난 현상이 우리의 사례에서 성적 행위의 특성을 그 자체에 지니고 있긴 하지만 그러나 실은 더는 성적 행위가 아니라는 것이다. 따라서 마찰 점화도 성행위에 대한 유례일 뿐이다.

성행위 역시 언어에서는 완전히 다른 행위에 대한 유례로서 다양한 역할을 해야 하는 것과 마찬가지다. 퇴행에 의해 다시 환기되는 유아기 초기의 전前 성性,vorsexuell 단계의 특징은 무수한 적용 가능성이 있다는 것인데, 왜냐하면 리비도가 거기에서는 그 본래의 분화되지 않은 다가성多價性,Polyvalenz을 다시 획득하기 때문이다. 그러므로 퇴행적으로 이 단계를 다시 '점유하는besetzen' 리비도의 양이 여러 가지 적용 가능성에 직면하고 있음을 이해할 수 있을 것 같다. 바찬디스 부족의 의식에서는 대상과 결합된 리비도, 다시 말해 성욕이 문제되기 때문에, 거기에서는 하나의 본질적인 특성인 이 개념이 최소한 일부라도 새로운 형태를 얻게 된다. 그 결과는 억압된 대상 대신 들어서는 하나의 유사한 대상이 '점유된다'는 것이다. 그런 대상의 이상적 경우를 나타내는 것은 음식을 먹이는 어머니인 대지다(그림 36과 그림 7). 전 성 단계의 심리학은 그 단계를 식이의 특성으로 특징짓고 있다. 그러나 성욕은 그 특수한 형태, 즉 신성혼의 형태를 띤다. 이로부터 경작의 매우 오래된 상징이 생겨난다. 경작 행위에서는 굶주림과 근친상간이 혼합된다. 어머니인 대지에 대한 제례에서는 대지의 경작을 어머니를 수태시키는 일로 보았다. 그러나 그 행위의 목표는 경작의 열매를 생산하는 것이며, 그 행위의 특성은 일종의 마술적인 것이지 성적인 것이 아니다. 이런 경우 퇴행은 갈구하는 목표인 어머니의 재활성화로 유도된다; 그러나 이 경우 활성화되는 것은 상징적으로 양육하는 어머니이다.

불의 발명은 아마도 그와 매우 유사한 전 성 단계나 율동적 행위의 단계로의 퇴행에 의해 이루어졌을 것이다. 충동의 억제에 따라 원점으로 돌아가고자 하는 리비도는 전 성 단계에 도달해 다시금 유아기적인 구멍 뚫기 행위를 되살린다. 그런데 그것의 초기 개념에 걸맞게 이제는 하나의 외적 소재가 구멍 뚫기 행위에 주어진다. 따라서 이

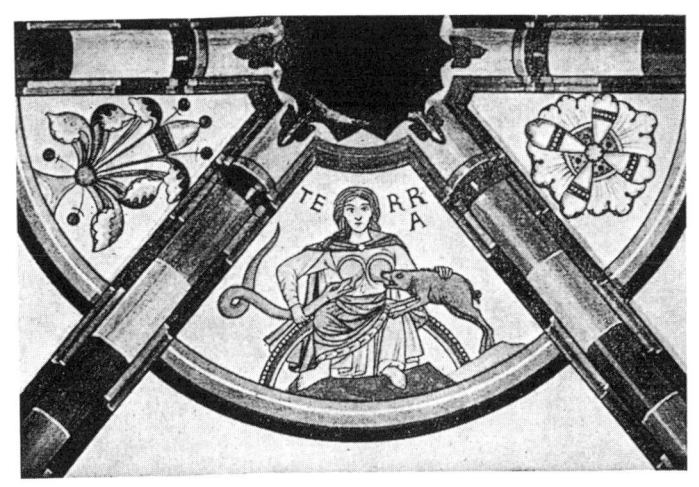

그림 36. 양육하는 어머니인 대지.
림부르크 성당의 벽화.(1235년경)

단계의 대상이 어머니였던 관계로 그 소재는 적절하게도 마테리아 materia(질료)로 불린다. 내가 위에서 보여주려고 했듯이, 구멍 뚫는 행위에는 한 성인 남자의 힘과 인내, 그리고 불을 생산하기 위한 적합한 '재료Material'가 필요하다. 물론 현실적으로 이에 대한 증거는 결코 얻어낼 수 없지만, 불의 생산을 위한 이러한 근원적인 사전 연습의 흔적이 어디엔가 보존되어왔으리라는 생각은 할 수 있다. 인도 문헌의 한 자료에서 이처럼 리비도가 불의 준비로 이행하는 과정을 담은 구절을 발견한 것은 내겐 행운이었다. 그것은 『브리하다라냐카-우파니샤드Brihadâranyaka-Upanishad』속에서 발견되었다. 그것을 도이센Paul Deussen[34]의 번역에 따라 인용하겠다.

"'아트만Âtman'[35]이라고 하는 그는 한 여자와 한 남자가 서로 껴

안고 있을 때만큼이나 컸다. 이러한 그의 자기Selbst를 그는 두 부분으로 나누었는데, 거기에서 남편과 아내가 생겨났다.[36] …그는 그녀와 동침을 했다. 그렇게 해서 인간이 생겨났다. 그러나 그녀는 '자기 자신으로부터 나를 만들어놓고 어떻게 그 자신이 나와 동침을 한단 말인가? 좋아! 난 숨어버리겠어!'—그래서 그녀는 암소가 되어버렸다. 그러나 그는 황소가 되어 그녀와 동침을 했다. 그렇게 해서 소가 생겨났다.—그러자 그녀는 암말이 되어버렸다. 그래서 그는 종마가 되었다. 그녀가 암나귀가 되어버리자 그는 수나귀가 되어 그녀와 동침을 했다. 그렇게 해서 기제류奇蹄類가 생겨났다.—그녀가 암염소가 되어버리자 그는 숫염소가 되었고, 그녀가 암양이 되어버리자 그는 숫양이 되어 그녀와 동침했다. 그렇게 해서 염소와 양이 생겨났다.—그렇게 그는 짝을 이루는 모든 것을, 개미에 이르기까지 그 모든 것을 창조하게 된 것이다. 그때 그는 '정말이지, 나 자신이 창조다. 내가 이 전 세계를 창조했으니까!' 하고 말했다. … 이어서 그는 (입에 대고 있던 손을) 비벼댔고, 그렇게 해서 그는 어머니의 자궁인 입과 손으로 불을 만들어냈다."

한 살가량의 아이에게서 나는 한 특이한 습관적 제스처를 관찰했는데, 그는 한 손을 입에 대고 다른 손으로 계속 그 손을 비벼댔다. 이러한 습관은 몇 개월 후 사라졌다. 그러한 경우는, 위와 같은 신화적 요소를 유아기 초기의 근원적인 제스처로 해석하는 것이 부당하지 않음을 말해준다.

그런데 이 아이에 대한 관찰은 또 다른 관점에서도 흥미롭다. 즉, 그 연령에서는 아직 식이의 의미만을 갖는 입이 강조된다는 것이다. 음식물 섭취의 욕구, 또 그것 자체에서 느끼는 쾌감이 입에 자리 잡은 것이다. 그러한 욕구를 성적인 것으로 해석할 어떠한 근거도 없다. 음식물 섭취는 그 자체로 만족감을 느끼는 하나의 순수한 행위다. 또한 그것은 절대적으로 필요한 것이기 때문에, 자연은 거기에다 욕구의 특권을 부여했다. 입은 그 연령에서 또 하나의 다른 의미를, 말하자면 언어 기관이라는 의미를 발달시키기 시작한다. 극히 중요한 언어의 기능은 이른바 어린아이에서의 입의 의미를 배가시킨다. 입에서 수행되는 율동적 행위는 감정적 힘, 즉 리비도가 그곳에 집중된다는 것을 나타낸다. 그렇게 해서 입은 (그 외 사소한 정도이긴 하지만 항문 역시) 근원적인 생성처가 된다. 우리가 앞에서 살펴보았듯이, 심지어 원초적 인간의 가장 근본적인 발명, 즉 인도에서 알려진 바에 의하면 불의 발명도 입으로부터 이루어진 것이다. 그러므로 불과 말을 평행선상에 놓는 원전들이 있다. 『아이타레야-우파니샤드*Aitareya-Upanishad*』에는 다음과 같은 말이 있다.

"그때 그는 물에서 한 푸루샤Purusha(남자)를 건져내어 형태를 만들었다. 그리고 그를 품었다. 그를 품을 때, 그의 입이 알처럼 갈라졌다. 입에서 말이 튀어나왔고, 말에서 아그니Agni가 튀어나왔다."[37]

즉, 여기서 한번은 말에서 불[아그니]이 나오고, 다른 한 번은 불이 말로 된다. 『브리하다라냐카-우파니샤드』에서도 불과 말이 비슷한 관계에 있다.

"'야냐발키아Yâjñavalkya', 그는 말했다. '이 인간이 죽은 후 그의

리비도의 변환 ─ 223

말이 불 속으로 들어가면, 그의 숨결이 바람 속으로, 그의 눈이 태양 속으로 들어간다면…'"

"'그러나 태양이 진다면, 오 야나발키아, 달이 진다면, 또한 불이 꺼진다면 무엇이 인간에게 빛을 비출 것인가?'—'그렇다면 말 Rede이 그에게 빛을 비출 것이다. 왜냐하면 말의 빛이 있는 곳에서 그는 앉고 돌아다니며 일을 하고 되돌아오기 때문이다.' …'그러나 태양이 진다면, 오 야나발키아, 달이 진다면, 또한 불이 꺼진다면, 그리고 목소리가 막힌다면, 무엇이 인간에게 빛을 비출 것인가?'—'그렇다면 그 자신(아트만âtman)이 빛을 비출 것이다. 왜냐하면 자기自己(심혼)의 빛이 있는 곳에서 그는 앉고 돌아다니며 일을 하고 되돌아오기 때문이다."[38]

처음에는 낯설어 보이는 입과 불, 말의 연상은 우리 시대의 현대어 속에서도 찾아볼 수 있는데, 예컨대 '격려가 되고anfeuernd〔원래는 불을 지핀다는 뜻〕', '감동적이다zündend〔원래는 점화한다는 뜻〕' 등이 있다. 『구약성서』의 언어에는 입과 불의 결합이 빈번히 나타난다. 예를 들면 다음과 같다. 「사무엘하」 22장 9절: "그 코에서 연기가 오르고 입에서 불이 나와 사름이여", 「이사야」 30장 27절: (주님의 이름) "그 입술에는 분노가 찼으며 그 혀는 맹렬한 불 같으니", 「시편」 29편 7절[neue Zählung]: "여호와의 소리가 화염을 가르시도다", 「예레미야」 23장 29절: "내 말이 불같지 아니하냐?", 「묵시록」 11장 5절에는 두 예언하는 혀의 입에서 불이 생겨난다고 되어 있다.

불은 항상 '소모하는', '삼키는' 등으로 되풀이해서 지칭되는데, 그것은 입의 기능을 가리킨다. 그래서 「이사야」 9장 19절에서는 "만군의 여호와의 진노로 인하여 이 땅이 불탔고 백성은 불의 먹이가 되었도다"고 말하고 있다(「에스겔」 15장 4절에서도 그렇다). 좋은 예를 「사도행전」 2장 3절 이하에서도 볼 수 있다: "불의 혀같이 갈라지는 혀, 글롯사이γλῶσσαι가 저희에게 보여… 그들이 다 성령의 충만함을 받고 다른 혀γλῶσσαις로 말하기 시작하더라…." 불의 혀는 사도들로 하여금 방언을 하게 한다. 「야고보서」 3장 6절은 부정적 의미로 말하고 있다. "혀는 곧 불이다. 불의 세계로서 혀는 우리의 지체 중 온몸을 더럽히고 생의 바퀴를 불사르나니 그 사르는 것이 지옥 불에서 나느니라." 「잠언」 16장 27절에서도 악인에 대한 비슷한 말을 하고 있다. "…그 입술에는 타는 불 같은 것이 있느니라." 용과 말(「묵시록」, 9장 17절), 그리고 해수(「욥기」, 41장 10절)도 불을 뿜는다.

입이 언어와 불과 연관된다는 것은 명백하다. 어원학 사전에서 인도 게르만어의 어간 bhâ를 '비춘다leuchten, 빛난다scheinen'의 의미로 언급하고 있다는 사실을 고려할 수 있다. 이 어간은 그리스어 φάω, φαινω, φάος[출현하다erscheinen, 밝히다ans Licht bringen, 빛Licht]에서, 고대 아일랜드어 bán = 안다weiß, 북부 고지 독일어 bohnen = 빛나게 하다glänzend machen에서 찾아볼 수 있다. 같은 소리의 어간인 bhâ는 또한 '말하다'의 뜻이기도 하다. 그것은 산스크리트어의 bhan = 말하다, 아르메니아어 ban = 말, 북부 고지 독일어 마력Bann, 마력으로 쫓아내다bannen, 그리스어 φᾱμί, ἔφαν, φᾰ́τις, 라틴어 fâ-ri, fâtum에서도 찾아볼 수 있다.

울리다tönen, 짖다bellen라는 의미의 어근 lâ는 산스크리트어 las lásati = 울려 퍼지다erklingen와 las lásati = 빛나다strahlen, glänzen에서 발견된다.

의미들의 이와 유사한 고태적인 합류는 매우 가까운 어간 벤ben과 벨bel, 그리고 벤벤benben과 벨벨belbel의 중복에서 파생된 이집트어 품사에서 발견되는 것 같다. 이 단어들의 원래의 의미는 '내던지다, 밖으로 나가다, 부풀다, 끓어오르다('솟아나다, 거품을 뿜다, 둥글리다'의 부차적 개념과 함께)'이다. 오벨리스크의 표시와 함께 쓰이는 벨벨은 광원光源을 뜻한다. 오벨리스크 자체가 테셰누teschenu와 멘men 외에 벤벤benben이라는 명칭을, 또한 드물긴 하지만 베르버berber와 벨벨belbel이라는 명칭을 달고 있었다.[39] 발렌wallen(불)의 의미를 지닌 인도 게르만어의 어간 벨vel은 산스크리트어 울룽카ulunka = 화염, 그리스어 왈레아ϝαλέα, 아티카 방언 할레아άλέα = 태양의 온기, 고트어 불란vulan = 발렌wallen, 고대 고지高地 독일어 발름walm = 열기, 작열 속에서 찾아볼 수 있다. 그와 유사한 인도 게르만어 어간 벨코vélkô는 비추다, 작열하다는 의미인데, 산스크리트어 울카ulka = 불씨Feuerbrand, 그리스어 웰카노스ϝελχᾶνος = Vulcanus 속에서 발견된다. 동일한 어간 벨vel은 또한 울리다라는 의미인데, 산스크리트어 바니vâní = 울림, 노래, 음악, 체코어의 블라티volati = 부르다의 뜻이다. 유사한 어간 스베노svéno = 울리다는 산스크리트어의 스반 스바나티svan svánati = 열광하다, 울려 퍼지다, 고대 페르시아 말 콰난트qanañt, 라틴어 소나레sonâre, 고대 이란어 셴senm, 캄브리아 지방어〔월레스Wales의 옛 이름〕세인sain, 라틴어 소누스sonus, 앵글로색슨어 스빈시안svinsian = 울리다 속에서 찾아볼 수 있다. 유사한 어간 svénos = 잡음, 울림은 베다어의 vêd. svánas = 잡음, 라틴어의 소노르sonor, sonorus 속에서 발견된다. 그 외의 유사한 어근으로는 스보노스 svonós = 음조, 잡음, 고대 이란어의 손son = 말이 있다. 어간 스베své(n), 위치격 svéni, 여격 수네이sunéi는 고대 페르시아 말 퀭qeng = 태양(위의 svénô 고대 페르시아 말 qanant와 비교), 고트어 수나sun-na, 수노sunnô로 태양을 의미했다.[40] 별은 빛을 통해서만 인지되지만, 사람들은 피타고라스가 이미 그런 것처럼 천체의 음악, 천체의 화음〔피타고라스 학파에 의하면 행성의 운행 때 생긴다는 아름다운 음〕에 대해 말한다. 그러한 것을 괴테의 시에서도 볼 수 있다.

>태양은 옛날과 다름없는 음조로
>형제 별들과 노랫소리 겨루며
>그에게 정해진 길을
>우뢰 같은 걸음으로 내닫는다.[41]

>들거라! 호라이(그리스 신화, 계절과 질서의 여신)가 일으키는 폭풍 소리를!
>영들의 귀에는 이미
>새로운 날이 소리를 내며 태어났다.
>바윗덩이 문은 소리 내어 열리고
>포이보스(그리스, 달의 여신)의 수레는 요란하게 울리면서 돌아간다.
>빛은 어쩜 이다지도 굉장한 소리를 내는 것일까!
>크고 작은 나팔소리 울려 퍼지고
>눈은 깜박이고 귀는 놀란다.
>들어본 적이 없는 이 소리는 차마 들을 수 없구나.
>꽃받침 속으로 숨어 들어가라.
>깊숙이, 깊숙이, 조용히 살기 위해
>바위 속으로, 나뭇잎 그늘로.
>그 소리에 부딪히면 그대들은 귀머거리가 된다.[42]

또한 횔덜린의 시도 잊어서는 안 될 것이다.

그대 어디에 있는가? 나의 영혼은 취한 듯 몽롱해지네.

그대의 모든 환희 때문에. 왜냐하면 바로 그것이,

내가 귀 기울이는 것, 마치, 황금빛 음조와도 같이

가득 차네, 황홀한 태양의 젊은이여

그의 저녁 노래가 천상의 칠현금으로 연주되네.

그것은 숲과 언덕 주위로 울렸다네…[43]

    이 이미지들은 칠현금 때문에 악사의 특징을 띠는 태양신 아폴로를 암시하고 있다. '울린다, 말한다, 비춘다'와 불의 의미들의 합류는 색채 청음audition colorée, 즉 색조의 음질音質, 음향의 색상에서 심지어 생리학적으로(?) 표현된다. 그러므로 이러한 연관관계 속에서 전의식적인 동일성이 이미 존재한다는 것을 생각해야 한다. 다시 말해, 그 두 현상은 실제적으로 완전히 상이함에도 불구하고 얼마간의 공통점을 지닌다는 것이다. 어떠한 심리적 공통점이 있다는 것인데, 인간을 모든 생물로부터 구분해주는 두 가지 가장 중요한 발견, 즉 언어와 불의 사용이 있다는 것은 더욱이 우연이 아니다. 그 둘은 정신적 에너지, 즉 리비도의 산물 혹은 원시적 관념을 사용하자면 마나Mana의 산물이다. 산스크리트어에는 위에서 말한 전의식적 사실을 매우 광범위하게 지칭하는 개념이 있는데, 그것은 테자스têjas라는 단어다. 그것의 의미는 다음과 같다.

1. 예리함, 날.
2. 불, 광채, 빛, 작열, 열기.
3. 건강한 모습, 아름다움.
4. 인체 내에 있는 색을 만드는 힘(담낭 속이라고 생각된다).

5. 힘, 에너지, 생명력.
6. 격정적인 존재.
7. 정신적이고 또한 마술적인 힘, 영향력, 명성, 품위.
8. 남성의 정자.[44]

그러므로 테자스têjas라는 단어는 '리비도'라는 표현이 뜻하는 심리학적인 사실을 묘사하는 것이다. 그것은 극히 다양한 사태에 대해 주관적으로 지각된 강도Intensität를 말한다. 힘 있게 강조된 모든 것, 즉 에너지가 부과된 모든 내용은 따라서 포괄적인 상징적 의미를 지닌다. 언어의 경우에도 그러하다. 언어는 어차피 모든 것을 표현하는 것이기 때문이다. 그런데 불의 상징성에 대해 말해보는 것은 불필요한 일이 아닐 것 같다.

산스크리트어로 불은 아그니스agnis[45](라틴어의 이그니스ignis)이며, 인격화된 불은 신적 중재자인 아그니Agni 신(그림 33)으로서, 그의 상징은 기독교적 관념과 얼마간 맞닿아 있다.

불의 이란어 명칭은 Nairyôçagha = 남성적인 말이며, 인도어는 Narâçamsa = 남자들의 소망[46]이다. 막스 뮐러Max Müller는 그의 책『비교종교학 입문Einleitung in die vergleichende Religionswissenschaft』에서 아그니, 즉 불에 대해 말하고 있다.

"제단의 불을 희생의 주체이며 동시에 객체로 여기는 것은 인도인에게는 일반적인 생각이었다. 불은 제물을 태웠으며 그로써 동시에 사제가 되었다. 불은 제물을 신들에게 날랐으며 그로써 인간과 신들의 중재자가 되었다. 불은 그러나 또한 스스로 어떤 신적인 것을, 하나의 신을 내세웠는데, 그 신에게 경의를 표해야 할 경우 불은 희생의 주체이면서 동시에 객체였다. 거기에서부터 아그니가 스스로 희생한다는 생각, 다시 말해 그가 그 자신의 제물을 자기 스스로를 위해 바치며, 그런 다음에는 또한 그 스스로 제물이 된다는 최초의 관념이 생긴 것이다.…"[47]

이러한 사고 과정이 기독교적 상징에 맞닿아 있음은 자명하다. 동일한 사고를 크리슈나Krishna는 『바가바드 기타Bhagavad-Gîtâ』에서 말하고 있다.

> 그렇다면 모든 것이 신이다!
> 제물은 브람Brahm이다, 기름과 곡식은
> 브람이다. 불은 브람이다. 그것을 먹는 살은
> 브람이다. 그리고 브람 자신에 도달한다.
> 그와 같은 전례에서 브람에 대해 생각하는 자는.[48]

신들의 사자와 중재자에 대한 또 다른 해석은 물론 플라톤Platon의 『향연Symposion』에서 지혜로운 디오티마Diotima에 의해 이루어진다. 그녀는 소크라테스에게 에로스는 '유한한 자와 불멸의 존재 사이의 중간 존재'라고 가르쳐준다. "그는 위대한 악마죠. 친애하는 소크라테스여, 왜냐하면 모든 악마적인 것은 바로 신과 인간을 연결하는 중간 고리니까요." 에로스는 "신들에게는 인간의, 인간들에게는 신들의 통역자이며 사자使者이지요. 한쪽에는 그들의 기도와 제물에, 다른 쪽에는 그들의 명령과 제물에 보답하는 데 도움을 주며, 그렇게 해서 그의 중재에 의해 만물이 그것 자체와 연합되도록 양자의 틈을 메워줍니다". 디오티마는 에로스에 대해 탁월하게 묘사하고 있다. "⟨그는⟩ 남성적이고 대담하고 끈기 있으며 용감한 사냥꾼〈사수射手〉이고 또한 항상 지혜를 추구하는 지칠 줄 모르는 책사입니다… 또한 뛰어난 마법사이고 음모가이며 궤변가이고요. 그는 불멸의 존재로도, 유한한 존재로도 만들어지지 않았으며, 그가 추구한 것을 모두 얻으면, 같은 날에도 어느 때에는 피어나고 성장하다가 어느 때에는 사멸하지요. 그러나 항상 그는 그 부친의 본성에 의해 또다시 살아납니다〈부활!〉. 얻은 것은 그러나 항상 그때부터 다시 그에게서 새어 나가버리죠…"**49**

『아베스타Avesta』와 『베다Vedas』에서 불은 신들의 사자다. 기독교 신화 속에는 아그니 신화와 거의 일치하는 몇 가지 점이 있다. 「다니엘」(3장 24절 이하)은 불의 제물이 된 세 남자들에 대해 알려준다.

> "그때 느부갓네살 왕이 놀라 급히 일어나서 고문관들에게 물어 가로되 우리가 결박하여 불 가운데 던진 자는 세 사람이 아니었느냐? 그들이 왕에게 대답하여 가로되, 오, 왕이여, 옳소이다! 왕이 또 말하여 가로되, 내가 보니 결박되지 않은 네 사람이 불 가운데로 다니는데, 상하지도 않았고, 그 넷째 사람의 모습은 천상의 존재와 같더라."

이에 대해 『비블리아 파우페룸Biblia pauperum』은 (1471년 판본에 의하면) 이렇게 논평하고 있다.

> "예언자 다니엘(III c.) 서에서 우리는 바빌론 왕 느부갓네살이 세 사람을 작열하는 화로 속에 넣게 했다는 것을 읽을 수 있다. 왕이 화로 쪽으로 와서 들여다보았는데, 그때 셋 옆의 넷째가 태양신과 같이 보였다. 셋은 우리에게 인격 속의 성 삼위일체를 의미하

고, 넷째는 존재의 합일을 의미한다. 그는 그리스도를 설명하면서 그를 인격의 삼위일체와 존재의 합일이라고 지칭하고 있다."⁵⁰

이러한 해석에 따르면, 불화로 속의 세 남자에 대한 전설은 그 속에서 넷째가 생겨나는 하나의 마술적 절차로 보인다. 작열하는 화로는 (『파우스트』에서의 작열하는 '삼발이Dreifuß'와 같이) 어머니의 상징이다. 삼발이에서는 연금술에서 왕의 한 쌍인 파리스와 헬레나가 생겨나고, 작열하는 화로에서는 민간 전설에 의하면, 아이들이 구워진다. 연금술사들의 아타노르Athanor, 즉 용광로는 몸이란 의미를 지니고, 반면 알렘비쿠스alembicus, 혹은 쿠쿠르비타cucurbita는 헤르메스의 그릇vas Hermetis(연금술의 그릇), 즉 자궁을 나타낸다. 불화로 속의 넷째 인물은 불 속에서 보이는 신의 아들로서 나타난다.⁵¹ 야훼Jahwe 자신이 불이다. 이스라엘의 구원자에 대해 「이사야」 16장 17절에서, "또한 이스라엘의 빛은 불이 될 것이고, 그의 성인은 불꽃이 되리라"고 말하고 있다. 시리아인 에프렘Ephräm의 한 찬가에서는 그리스도에 대해 이렇게 말한다. "불 전체이신 당신이여, 저를 불쌍히 여기소서." 이러한 견해는 (묵시록의) 주님의 말씀을 근거로 한 것이다. "나를 가까이 하는 자는 불과 가까이 있는 것이다."⁵²

아그니는 제물의 불꽃이며 제물을 바치는 자이면서 또한 바쳐진 제물이다. 그리스도가 파르마콘 아타나시아스φάρμακον ἀθανασίας(영생불사의 약제)로서 그의 구원의 불길을 포도주 속에 남겼듯이, 아그니 또한 신성한, 도취시키는 음료이며 영생의 술, 소마Soma다.⁵³ 소마와 불은 베다 문헌에서는 동일한 것으로 여겨진다. 고대 인도인들이 불 속에서 신, 즉 어떠한 내면적 상의 엄청난 에너지의 상징을 보았듯이, 그들은 또한 도취적 음료('불-물', 소마-아그니, 비와 불로서) 속에서 그와 똑같은 정신적 역동성을 인식했다. 소마를 정액루Samenerguß[54]라고 한 베다 경의 정의는 그러한 해석을 뒷받침한다. 아그니가 지닌 소마의 의미는 그리스도의 성체의 피를 그리스도의 몸으로 여기는 기독교적 해석과 유례를 이룬다.

소마 역시 양분을 제공하는 음료로서 신화에서 거기에 부여하고 있는 특성은 불의 특성과 일치한다. 그 때문에 둘은 아그니 속에서 합일되어 있다. 또한 인도의 신들은 불사의 음료Amrta를 불과 같이 휘젓는다(그림 37).

프라만타pramantha가 아그니의 제물에서 나왔다는 지금까지의 설명 속에서 우리는 manthâmi나 mathnâmi라는 단어의 한 의미만을, 즉 '문지른다Reiben'는 동작을 나타내는 의미만을 생각해왔다. 쿤이 말한 것처럼, 이 단어에는 그러나 '벗겨내다, 잡아채다, 약탈하다'의 의미도 있다.[55] 그에 의하면 이러한 의미는 이미 베다 원전에 나와 있다. 탐색 전설에서는 불의 생산을 항상 일종의 약탈로 여긴다(그런 만큼 그것은 힘들게 얻는 보물이라는, 전 지구상에 퍼진 주제에 속한다). 많은 곳에서 불의 준비는 어떤 금지된 것, 찬탈당한 것, 혹은 징벌받을 만한 일로서 간계나 폭행에 의해서만 (대개는 간계에 의해) 이룰 수 있는 일로 통한다.[56] 인도인들의 제사 규칙에서는 부당한 방법으로 불을 마련하는 자에게 중한 벌을 내릴 것을 예고하고 있다. 이전에 가톨릭 교회에서는 부활절에 새로운 불을 준비하는 관습이 퍼져 있었다. 그러므로 불의 생산은 서양에서도 제례적인 비의의 구성 요소가 되는데, 그로써 불 생산의 상징적인, 다시 말해 다의적인 특성이 확실해진다. 제례적인 행위가 의도하는 마술적 효과를 지니려면 제례적 행위의 규칙은 극도로 면밀하게 관철되어야 한다. 전례典禮,Ritus는 대부분 수호하고 재앙을 막아주는 의미를 지니며, 그것을 부당하게 수행하거나 적용할 경

그림 37. 우유 바다 휘젓기.
레이푸트 스쿨의 세밀화, 인도.

우, 전례가 막아야 하는 바로 그 위험을 불러일으킬 수 있다. 언어와 불의 생산은 한때 동물적인 무의식에 대한 승리를 의미했으며, 그 이래로, 늘 위협하는 무의식의 '악마적' 힘을 제압하는 데 가장 강력한 마술적 수단이 되었다. 이와 같은 리비도의 두 가지 활동은 주의력을, 즉 리비도의 집중과 훈련을 요했으며 그로써 의식意識의 계속적인 발전을 가능케 했다. 반면 전례의 부당한 수행과 적용은 리비도의 역행적 움직임, 즉 일종의 퇴행을 야기했고 그 결과 이전의 충동적이고 무의식적인 상태가 다시 환기되는 상황에 처하곤 했다. 위험은 잘 알려진 '영혼의 위기perils of soul', 즉 인격의 분열('영혼의 상실')과 의식의 감소로 나타나는데, 그 둘은 무의식의 자동적인 강화를 초래한다. 그러한 결과는 원시인에게 영혼의 커다란 위험을 의미할 뿐 아니라, 이른바 문화인에게도 그런 것은 정신적 장해들, 즉 빙의 상태와 정신적 전염 현상psychische Epidemie을 야기한다.

리비도의 퇴행적 정체는 충동적 성향을 강화시키고 그로써 극히 다양한 양태의 무절제와 탈선으로 갈 수 있는 모든 가능성과 성향을 환기시킨다. 예측과 경험으로 볼 때, 그중에는 성적 장해가 정말 흔하다. 특별히 많은 것을 시사해주는 한 예는 방화자放火者의 심리학이다. 즉, 방화는 실제로 일종의 퇴행적인 '불의 생산'이며 어떤 경우에는 그것이 곧바로 자위행위로 연결된다. 한스 슈미트Hans Schmidt는 다음과 같은 사례를 보고하고 있다.[57] 즉, 정신박약아인 한 농장 노동자가 여러 번 불을 질렀다. 어느 방화 때 그는 불이 타는 도중 이상한 태도를 보였는데, 바지 주머니에 손을 넣은 채 맞은편 집 대문 안에 서서 불타는 것을 만족스럽게 바라본 것이었다. 후에 조사를 받으면서 그가 고백하기를, 그 자신이 지른 불에서 희열을 느낄 때면 매번 자위행위를 했다는 것이다.

불을 마련하는 일은 수천 년에 걸쳐 행해진 관습으로서, 그것 자체에는 더는 직접적으로 어떤 비밀스러운 점은 없었다. 그러나 시간이 지나면서 일단 의식儀式적이고 비밀스러운 방식으로 (제식 때 먹고 마시는 일과 같이) 불을 마련하려는 성향이 항상 있었는데, 그것은 규정대로 정확히 실행되어야 했고 아무도 거기에서 벗어나서는 안 되었다. 그러한 제식은 불을 마련하는 데 담긴 근원적인 누미노제 Numinosität(신성력)를 상기시킨다. 그렇지 않을 경우 그것은 어떠한 실질적 의미도 지니지 못한다. 불을 마련한 것에 대한 상기想起는 원시적 단계에서 선조들의 존재를 상기시키고, 문명화된 단계에서 신들을 상기시키는 것과 같은 단계에 있다. 심리학적 시각에서 보면 그 의식儀式은 의미심장한 제도라는 점에서 중요하다. 그것은 정확히 리비도 이행의 변형된 절차를 표현하고 있는 것이다. 그 표현은 하나의 범례(패러다임)에 대한 기능적 가치를 지닌다. 즉, 리비도의 퇴행적 정체가 생기는 경우 어떻게 처리해야 하는지 보여주어야 한다. 우리가 '리비도의 퇴행적 정체'라고 칭하는 것은, 원시인들에게는 삶이 더는 흘러가지 않고 사물은 그 광채를 상실했으며, 식물과 동물, 인간은 더는 자라지 않는다는 직접적인 구체적 사실을 의미한다. 고대 중국 철학『주역周易, I Ging』은 이에 대한 분명한 이미지를 각인시켰다. 현대인은 이러한 상황에서 일종의 휴지休止 상태('I am stuck'), 즉 삶의 의욕과 에너지의 저하('리비도가 내게서 소실되었다') 혹은 우울증을 느낀다. 우리는 심지어 환자에게, 그것에 관해 주의를 환기시켜야 할 때가 많다. 오늘날의 문화인의 내적 성찰은 전혀 기대에 미치지 못하는 경우가 흔하기 때문이다. 부활절 예배에서 오늘날에도 새로운 불이 지펴질 때, 그것은 최초의 마찰 점화가 지닌 구원과 구제의 의미를 다시금 상기시키는 것이다. 이로써 인간은 자연에서 하나의 비밀을 캐냈거나 혹은 탈취해 온 것(프로메테우스가 불을 훔친 것)이다. 말하자면 인간은 자연에 대한 불법적인 침입을 감행했고 원시 세계의 무의식을 그의 의식意識에 편입시켰다. 그는 절도 행위를 통해 어떤 값진 것을 탈취했고 신들의 제국을 훼손시켰다. 예견하지 못한 개혁에 대한 원시인의 두려움을 안다면, 그러한 발견 앞에서 느끼는 그의 불안과 꺼림칙한 양심을 쉽게 상상할 수 있을 것이다. 이러한 원초적 체험은 절도행위(태양의 소, 헤스페리데Hesperide〔헤라의 황금 사과를 수호하는 여女정령〕의 사과, 생명의 약초를 훔친 일)의 모티프 속에 나타난다. 아리시아Aricia의 다이아나Diana 숭배에서는 신들의 숲에서 가지 하나를 탈취해올 수 있는 자만이 사제가 될 수 있었다.

부록

프랭크 밀러의 원문

뉴욕 출신 미스 프랭크 밀러[가명]:
일시적 암시 혹은 순간적인 자가암시 현상

[원래 불어판이었던 원문을 독일어로 번역한 것이다. 테오도르 플루르누아가 서문을 첨가해「잠재의식의 창조적 상상력에 대한 몇 가지 사실 Quelques Faits d'imagination créatrice subconsciente」이란 제목으로『심리학 문집 Archives de Psychologie』V권(제네바, 1906, pp. 36~51)에 편집해 넣었다.]

I

나 자신에게서 직접 관찰했고, 다양한 형태로 나타난 특이한 현상을 나는 더 나은 표현이 없는 관계로 위와 같이 부른다. 그 현상이란, 어떤 때에는 단지 짧은 순간이지만 다른 사람들의 느낌이나 감각이 내게 너무 생생하게 밀려와 마치 나 자신의 것처럼 느껴지는 것이다. 물론 암시가 지나가면 그렇지 않다는 것을 곧바로 분명히 확신하게 되지만 말이다. 여기에 몇 가지 사례를 들겠다.

1. 나는 캐비아를 열렬하게 좋아한다. 그런데 내 가족 중 몇몇은 그 냄새와 맛을 극도로 역겨워한다. 그래서 내가 그것을 먹기 시작하는 순간에 그들 중 누군가가 혐오감을 나타낼 경우, 그 혐오감이 곧바로 내게 뚜렷이 밀려와 나는 한동안 이 음식의 냄새와 맛에 대한 절대적인 거부감을 느끼는 것이다. 그러나 그러한 느낌에서 벗어나 다시 캐비아를 여느 때처럼 맛있다고 여기는 데는 일 분의 시간과 노력 이상은 필요로 하지 않는다.

2. 그와 반대로 어떠한 쾌적한 느낌이 전이되는 예가 있다. 부담스러울 정도의 냄새 때문에 메스꺼워지고 곧바로 병이 날 정도로 내게 역겹게 느껴지는 향료와 엑기스가 있다. 그런데 한 숙녀가 자기의 퀼른 향수의 냄새를 맡으면서 내게 그것의 농도와 달콤한 향기를 칭찬할 때, 그것에 대한 그녀의 호감이 한순간—삼 초 내지 오 초 이상은 아니었지만—나의 것으로 되어서, 그 증세가 사라지고 강한 냄새에 대한 나의 평소의 거부감이 없어지는 것이다. 그런데 내 생각에는, 쾌적한 암시를 거부하고 나의 실제적인 혐오감에 다시 빠지는 것이 그 반대의 경우보다 더 편하다고 느껴진다.

3. 내가 읽거나 사람들이 내게 말해주는 어떠한 이야기를 큰 흥미를 갖고 따라갈 경우, 나는 그것을 단지 읽거나 듣는 대신에 사건에 실제로 참여하는 듯한 착각에 빠질 때가 많은데, 그것이 일 분 동안이나 지속될 때가 있다. 특별히 인상적인 것은 아름다운 극작품을 볼 때다(예컨대 사라 베르나르Sara Bernhardt, 두제Duse, 혹은 어빙Irving의 작품 공연 때). 그런 착각은 어떤 흥분된 장면에서는 완벽할 정도가 되어, 가령 『시라노Cyrano』에서 크리스티앙이 칼을 맞게 되는 바로 그 장면에서 죽게 되어 사라 베르나르가 그의 상처에서 흐르는 피를 멎게 해주려고

그의 몸 위로 엎드릴 때, 나 자신의 가슴속에서 찌르는 듯한 완전한 고통을 느꼈다. 이런 식의 암시는 일 분 혹은 일 초 동안 지속될 수 있다.

4. 이와 같은 순간적인 암시는 때때로 유별난 형태를 띠는데, 거기에는 공상이 한층 더 중요한 역할을 한다. 예컨대 나는 바다 여행을 마음껏 즐겼는데, 대서양 횡단을 특히 생생하게 기억한다. 그런데 최근에 사람들이 먼 바다 위에 떠 있는 한 증기선의 아름다운 사진을 보여주었다. 순간적으로―그 환영幻影은 강한 감동에 사로잡히게 하는 아름다운 것이었다―나는 기계의 쿵쿵거림과 파도의 출렁임, 배의 흔들림을 감지했다. 그것은 일 초도 지속되지 않았을 것이다. 그러나 오로지 느낌만 있었던 바로 그 순간 동안 나는 마치 탁 트인 바다 위에 다시 있게 된 것 같았다. 며칠 후 내가 그 사진을 다시 보았을 때, 덜 뚜렷하긴 했지만 그와 똑같은 현상이 되풀이되었다.

5. 또한 완벽하게 창조적 환상幻想의 영역에 속하는 한 예가 있다. 해수욕장에 있으면서 샤워를 하려고 했던 어느 날, 나는 머리카락이 물에 젖지 않도록 머리에 손수건을 둘렀다. 촘촘하게 짜인 수건은 우스꽝스러운 형태를 하고 있었는데, 그것을 바늘로 고정시키기 위해 나는 거울 앞에 서 있었다. 그 둥그런 형태는 분명 어이없게도 고대 이집트인들의 끝이 뾰쪽한 머리장식을 상기시켰다. 어쨌든 한순간 그야말로 당황스러우리만치 뚜렷하게 마치 내가 진짜 이집트 입상과도 같이 받침대 위에 서 있는 듯한 느낌이 들었는데, 경직된 사지며 한쪽 발을 앞으로 내밀고 손에는 표장을 들고 있는 등 모든 세세한 점에서 그랬다. 무지개가 사라지듯 이러한 인상이 사라져버렸을 때 나는 아쉬움을 느꼈다. 역시 무지개와도 같이 그 인상은 완전히 없어지기 전에 더 흐릿한 형태로 다시 나타났다.

6. 또 다른 현상. 아주 유명한 한 예술가가 나의 몇 가지 출판물의 삽

화를 그리기를 원했다. 그런데 나는 이런 점에서 나의 고유한 관념을 갖고 있기 때문에 만족하기가 힘들다. 이번에 나는 그에게 그가 한 번도 가본 적이 없는 제네바 호수와 같은 풍경화를 그리게 할 수 있었다. 그가 주장하기를 내가 그에게, 그가 한 번도 본 적이 없는 것을 그리게 하고 그가 한 번도 경험하지 못한, 거기에 걸맞는 분위기의 느낌을 전해줄 수 있었다는 것이다. 간단히 말해, 그가 자기의 연필을 사용하듯이 나는 그를 사용했는데, 말하자면 하나의 단순한 도구로 사용했다는 것이었다.

나는 여기서 보고한 몇몇 사실에 커다란 비중을 두지 않으며—그것들은 피상적이고 애매모호하다—그리고 나는 감정이입에 의해 낯선 인상을 받아들이는, 상상력을 갖춘 예민한 기질의 모든 사람들이 그와 비슷한 체험을 하리라고 생각한다. 그러한 체험 자체는 내게 큰 의미가 없어 보인다. 고작해야 그것은 중요치 않은 다른 사실을 이해하는 데 도움을 줄 것이다. 내 생각에, 이처럼 공감적이고 공명할 수 있는sympathetic 기질은 완전히 정상적인 건강 상태에 있는 사람들에게서 그러한 '자극적인' 상들과 인상들, 혹은 그 가능성이 생겨나는 데서 중요한 역할을 한다. 그렇다면 어떤 특정한, 좋은 조건에서는 한 번도 거기 있은 적이 없는 것, 알고 있는 모든 것과는 구별되는 어떤 것이 영적인 지평에 떠오른다고 생각할 수 있지 않을까? 무지개처럼 마찬가지로 현혹적이고 화려하면서도 유래나 생성 원인으로 볼 때는 마찬가지로 꾸밈없는 것들이 말이다. 왜냐하면 이러한 진기한 작은 체험들(위에 언급한 것을 말한다)은 마치 무지개가 푸른 하늘과 구분되듯이, 익숙하고 일상적인 흐름과는 분명 다른 것이기 때문이다.

앞에서 말한 이 몇 가지 관찰들은 다음의 두세 가지 더 중요한 사례들의 서론으로 이바지할 목적으로 가지고 있다. 그 사례들은 다른 사람들에게서 나타나는 더 복잡하고 현혹적인 현상을 어느 정도 밝히는 데 나름대로 적절하다고 생각된다. 그들은 그들 정신의 비정상적이고 잠재의식적인 혹은 하의식적인 기능을 분석할 능력이 없거나 그럴 의지가 없기 때문에 그런 현상에 빠져버린다.

II

몽환시「하느님께 영광」

1. 겨울철에 콘스탄티노플, 스미르나, 아테네, 또한 시칠리아의 항구와 이탈리아의 서해안 등에서 짤막하지만 멋진 중간 휴식을 취하며 오데사에서 제네바로 가는 항해 여행보다 더 매력적인 것은 상상하기 힘들 것이다. 어떠한 미적 감각도 없이 보스포루스 해협의 웅장함에 마음을 빼앗기지도 않고, 혹은 아테네의 과거를 회상하면서 심혼의 모든 현이 울리는 것을 느끼지 않는다면 분명 속물일 수밖에 없을 것이다.… 나는 스무 살이던 1898년에 내 가족과 함께 그런 여행을 할 수 있었다.…

뉴욕에서 스톡홀름으로, 그리고 페테르스부르크에서 오데사로 향한 길고 번거로운 여행은 내게 도시와 시끄러운 거리들, 가게들의 세계, 한 마디로 대륙의 세계를 떠나 조류潮流와 하늘과 정적의 세계로 들어가는 진정한 즐거움이었다. 나는 몇 시간 동안 몽상에 빠진 채 배의 갑판에 놓인 긴 의자에 누워 있었다. 아득히 느껴지는 나라들의 역사와 전설, 신화가 어렴풋이 내 기억 속에 다시 떠올랐다. 그것들은 가물가물한 연무 같은 데로 녹아들어가 실제적 일은 그 현실성을 상실했고, 관념 속에는 단 하나의 순수한 현실만이 들어왔다. 처음에 나는 사람들과의 교제조차 피하고 외딴 곳에서 나만의 몽상에 잠겼는데, 그 안에서는 내가 진실로 위대하고 아름답고 선한 것이라 여긴 모든 것이 새로운 생명과 새로운 힘으로 채워져 기억 속에 떠올랐다. 나는 또한 하루의 많은 시간을, 멀리 있는 내 친구들에게 편지를 쓰고 독서를 하거나 짤막한 시들을 끄적거리며 또한 우리가 방문했던 여러 도시들을 회상하면서 보냈다. 그렇게 쓴 것 중 몇 편은 오히려 진지한 성질의 것이었다. 그러나 여행이 목적지에 가까워졌을 때, 배의 승무원들은 열성과 호의를 내보였고, 나는 그들에게 영어를 가르쳐주며 여러 시간을 즐겁게 보냈다.

시칠리아 해안의 카타니아 항구에서 나는 「선원의 노래」를 지었는데, 더욱이 그것은 널리 알려진 '바다와 포도주, 사랑에 관한 어떤 노래 brine, wine, and damsels fine'를 개작한 것에 지나지 않았다. 이탈리아인들은 거의 모두 노래를 잘한다. 그런데 한 장교가 갑판에서 불침번을 서며 밤새 노래를 불러서 내게 커다란 감동을 주었고, 내게는 그 가락에 어울릴 만한 몇 마디의 가사를 써야겠다는 착상이 떠올랐다.

바로 직후 나는 "나폴리를 본 다음에 죽으라"는 옛 속담을 거의 거꾸로 경험할 뻔했다. 나폴리의 항구에서 처음에 극심한 메스꺼움을 느꼈기(물론 결코 위험한 것은 아니었지만) 때문이다. 그런 후 회복이 되어 육지에 가서 차를 타고 도시의 주요 명소를 관광할 수 있을 정도가 되었다. 그날 매우 피곤했고, 또 다음 날엔 피사를 구경하기로 되어 있었기 때문에 나는 곧장 선실로 되돌아와서 이탈리아 장교들의 아름다움과 거지들의 흉측함 외에는 별다른 심각한 생각을 하지 않은 채 일찍 잠자리에 들었다.

2. 나폴리에서 리보르노까지는 배로 하룻밤이 걸리는데, 그동안 나

는 다소간 잠을 잘 잤다―나는 깊이 잠들거나 꿈꾸지 않고 자는 적이 드물기 때문이다. 그런데 어머니의 목소리가, 다음에 설명할 꿈이 끝날 때 정확히 나를 깨운 것 같았다. 따라서 그 꿈은 분명 깨기 직전에 꾼 것임이 틀림없다.

처음에 나는 '샛별들이 함께 노래할 때'라는 말을 어렴풋이 의식했는데, 내가 이렇게 말해도 된다면, 그것은 창조에 대한 혼란스러운 관념과 전 우주 만물에 울려 퍼진 장엄한 합창의 서곡이 되었다. 그런데 꿈의 특징인 이 기이한 혼란과 모순 속에서 그 모든 것이 뉴욕 최고의 한 악단에 의해 연주된 오라토리오 합창과 혼합되었으며, 밀턴의 『실낙원』과 분명치는 않은 유사성을 띠고 있었다. 그러더니 이 혼잡 속에서 차츰 분명한 단어들이 떠올랐다. 이어서 그것은 세 연으로 나뉘어, 푸른 줄이 그어진 보통의 필기 용지에, 다시 말해 내가 늘 갖고 다니며 시를 기록하는 오래된 앨범의 한 면에 나의 자필로 쓰여 나타났다. 간단히 말해 내게는 꼭 그것이 몇 분 동안 실제로 거기에 있는 것처럼 보였던 것이다.

이 순간 어머니가 내게 소리쳤다. "이제 좀 일어나렴! 온종일 잘 수는 없어. 곧바로 피사도 봐야 하잖아!" 그 때문에 나는 침대에서 벌떡 일어나 소리를 질렀다. "내게 말하지 마세요! 아무 말도! 내 인생에서 가장 아름다운 꿈을 막 꾸고 있었단 말예요. 멋있는 시도 있었는데! 단어와 연과 후렴까지도 난 보고 들었어요. 내 앨범 어디 있죠? 그걸 조금이라도 잊어버리기 전에 바로 적어놔야겠어요." 매시간 글을 쓰고 있는 나를 보는 데 완전히 익숙해져 있는 어머니는 나의 기벽을 호의적으로 받아들였고, 심지어는 그녀에게 읊어댄 내 꿈에 경탄하기까지 했다. 나는 앨범과 필기도구를 찾고 옷을 껴입는 데 몇 분을 보냈다. 그렇게 짧은 순간 머뭇거렸음에도 불구하고, 그것은 꿈에 대한 생생한 기억을 곧바로 사라지게 하기에 충분한 시간이었다. 그래서 내가 글로 쓸 준비가 다 되었을 때는 이미 단어들의 명료함이 사라져버린 것이었다. 첫째 연은 크게 힘들이지 않고 기억되었지만, 두 번째 연을 되찾는 일은 더 힘들었으며, 마지막 연을 기억해내기 위해서는 커다란 긴장이 필요했다. 나 자신이 우습다는 느낌에 정신을 딴 데 팔기도 하고 끄적거리는 데 몰두하기도 했으며 옷을 반쯤 입은 채 위층의 선실 침대에 쭈그리고 앉아 있기도 해서 어머니는 나를 놀려댔다. 첫 판은 그렇게 많은 여지를 남기게 된다. 그 이후는 우리의 여행이 끝날 때까지 관광 안내자로서 나의 임무에 완전히 몰두했다. 그리고 몇 달 후 내가 로잔에서 학업을 준비하고 있을 때에 비로소 혼자 있는 조용한 시간에 이 꿈에 대한 생각이 나를 엄습했고, 나는 내 시의 두 번째 판을 완성했다. 그것은 첫 번째보다 더 정확한, 즉 꿈꾼 원본에 훨씬 더 근접한 것이라는 생각이 든다. 여기에 그것의 두 형태를 옮겨놓는다.

[A]
태초에 신이 소리를 창조했을 때,
수많은 귀들이 솟아나 존재하게 되었네.
그리고 전 우주 만물을 통해
웅대한 메아리가 울렸네.
"소리의 신이여, 찬미받을지어다!"

태초에 신이 아름다움(빛)을 주었을 때,
그것을 보기 위해 수많은 눈들이 솟아났네.
또한 듣는 귀들과 보는 눈들이
웅대한 노래를 새로이 울리게 했네.

"아름다움의(빛의) 신이여, 찬미받을지어다!"

태초에 신이 사랑을 주었을 때,
수많은 심장들이 솟아올랐네.
또한 음악으로 가득 찬 귀들이, 온갖 아름다움으로 가득 찬 눈들이,
사랑으로 가득 찬 심장들이, 모두 노래했네.
"사랑의 신이여, 찬미받을지어다!"

[B]
영원한 분이 태초에 소리를 창조했을 때,
그것을 듣기 위해 수많은 귀들이 솟아났네.
그리고 우주 만물에 두루두루
깊고 선명한 메아리가 울렸다네.
"소리의 신이여, 모든 찬미를 받을지어다!"

영원한 분이 태초에 빛을 창조했을 때,
그것을 보기 위해 수많은 눈들이 솟아났네.
듣는 귀들과 보는 눈들이
웅장한 합창을 다시금 올렸다네.
"빛의 신이여, 모든 찬미를 받을지어다!"

영원한 분이 태초에 사랑을 창조했을 때,
수많은 심장들이 생명을 얻었네.
귀들은 음악으로 가득 차고, 눈들은 빛으로 가득 차,

사랑으로 넘쳐나는 심장들과 함께 외쳤네.
"사랑의 신이여, 모든 찬미를 받을지어다!"

3. 내가 결코 심령론이나 반자연적인 것contrenaturel(내가 초자연적인 것surnaturel과 구분하는)의 달인達人인 적이 없기 때문에, 몇 달이 지난 후 나는 그러한 꿈이 생길 만한 원인들과 필요조건을 찾으려는 시도를 감행했다. 가장 눈에 띄었으며 오늘날까지도 환상처럼 불분명하게 남아 있는 점은, 내가 항상 믿는 모세의 보고서와는 달리, 나의 시는 빛의 창조를 처음에 두지 않고 두 번째의 위치에 두었다는 것이다. 아낙사고라스Anaxagoras 역시 회오리바람에 의해 혼돈으로부터 우주를 탄생시키고 있다는 것—그것이 대개 소리의 창조가 없이 이루어지지 않는다는 것을 상기한다면 흥미로울 것이다. 그러나 그 당시 나는 결코 철학적 연구를 시도하지 않았으며, 아낙사고라스에 대해서도, 또한 내가 무의식적으로 그 체계를 따랐던 누스voῦς에 대한 그의 이론에 대해서도 전혀 알지 못했다. 마찬가지로 라이프니츠란 이름에 대해서도 완전히 무지한 상태였고, 따라서 그의 "신이 계산을 함으로써 세계가 생겨난다"는 학설에 대해서도 마찬가지였다. 그런데도 우리는 내가 내 꿈의 그럴듯한 원천으로서 무엇을 찾아낼 수 있었는지 보게 될 것이다.

거기에는 먼저 밀턴의 『실낙원』이 나오는데, 우리 집에서는 그것을 귀스타프 도레Gustave Doré의 삽화가 들어 있는 아름다운 판본으로 소장하고 있었다. 나는 어린 시절부터 줄곧 되풀이해 그 책을 펼쳐들곤 했었다. 그 다음으로는 내 기억이 닿는 한, 사람들이 내게 읽어주었던 「욥기」가 있다. 그런데 나의 첫 번째 시를 『실낙원』의 첫 단어들과 비교해보면, 운율이 똑같다는 것이 확실해진다(U-/U-/U-/U-/):

Of man's first disobedience…

When the Eternal first made sound.

(인간의 첫 불순종에 관하여…

영원한 자, 하느님이 처음 소리를 만들었을 때.)

게다가 내 시의 기본 관념은 얼마간 욥기의 여러 부분과, 또한 헨델의 오라토리오「창조Die Schöpfung」(이것은 어떻게든지 이미 꿈의 시작 부분에 들어가 있다)의 한두 대목을 상기시킨다.

열다섯 살이었을 때 언젠가 어머니가 읽어주었던 '자발적으로 그 대상을 만들어내는 이념'에 관한 한 논문 때문에 몹시 흥분했던 기억이 난다. 너무 흥분해서 나는 그것이 무엇일까 하고 수없이 되풀이해서 생각하느라 밤새 거의 잠을 설칠 정도였다. 아홉 살부터 열여섯 살까지 나는 일요일마다 한 장로교회에 갔었는데, 당시 매우 학식 있는 남자가 목사로 봉직하고 있었다. 그는 지금 명망 있는 한 대학의 학생감으로 있다. 그에 관해 갖고 있는 아주 초기의 기억 속에서 나는, 매우 어린 소녀로서 교회의 대형 의자에 앉아 집중하기 위해 부단히 깨어 있으려고 애쓰는 나를 본다. 그가 우리에게 '혼돈', '우주'에 관해, 또한 '사랑의 선물don d'amour'에 관해 이야기하면서 무엇을 말하고자 했던 것인지 이해하기 위해서였지만 도대체 아무것도 이해할 수 없었다.

꿈과 관련해서 내가 기억하는 것은, 열다섯 살 때 언젠가 기하학 시험을 준비하는 동안 한 문제도 풀지 못한 채 잠자리에 들었다가 한밤중에 깨어나 내 침대 위에 앉았을 때에, 내가 막 꿈속에서 발견한 하나의 공식이 내 앞에 다시 나타난 일이다. 나는 다시 잠이 들었는데, 그 다음 날 아침 내 머릿속에 모든 것이 뚜렷해졌다. 내가 다시 찾으려고 애썼던 한 라틴어 단어와 관련해서도 똑같은 일이 일어났었다. 또한 나는 아주 멀리 사는 친구들이 내게 편지를 보내온 꿈을 자주 꾸었는데, 그들의 편지가 실제로 도착하기 직전에 그랬다. 그런 일을 나는 그저

지극히 간단하게 다음과 같이 해명한다. 즉, 내가 잠을 자면서 그들이 내게 언제 편지를 쓸 것인가에 대해 거의 비슷하게 산출해내었고, 꿈속에서 편지가 실제로 언제 도착할 것인지에 대한 상상이 편지의 가능한 도착에 대한 기대를 대체한 것이라고. 결코 도착한 적이 없는 편지를 받는 꿈을 내가 몇 번 꾼 데서부터 이러한 결론을 내리는 것이다.

앞서의 논의를 정리하면서, 내가 꿈을 꾼 바로 그 시기에 여러 편의 시를 지었다는 사실을 생각해보면, 처음 순간 그랬던 것처럼 꿈이 그렇게 이상하게 생각되지 않는다. 내가 보기에 그것은 『실낙원』과 「욥기」, 「창조」에 나오는 관념에서 생겨난 것 같다. 그것은 내 머릿속에서 '자발적으로 그 대상을 만들어내는 이념', '사랑의 선물', '혼돈'과 '우주'의 개념과 결합되었다. 만화경 속의 불규칙하고 찬란한 유리조각들이 화려하고 희귀한 무늬를 만들듯이, 내 생각에는 내 안에 존재하던 철학과 미학, 종교의 파편들이 조합되어—바다의 거대한 정적과 알 수 없는 마법이 합쳐지고 여행과 스쳐 지나간 모든 나라들로 인해 자극을 받아—이 아름다운 꿈이 생겨난 것 같다. 단지 그뿐이고, 더는 아무것도 없었다: "Only this and nothing more!"

III

「나방과 태양」 잠들 무렵의 시

제네바에서 파리로 가는 여행을 떠나기 바로 전날, 나는 극도로 긴장해 있었다. 나는 살레브로 소풍을 갔었는데, 돌아와서는 가방을 꾸리고 모든 일을 정리해둔 후 시간 내에 출발해야 한다고 적힌 한 통의 전보가 와 있는 것을 알았다. 열차에서 나는 너무 피곤해서 한 시간도 잠을 잘 수 없을 정도였다. 여성 객실은 끔찍하게 더웠다. 새벽 네 시경 나는 베개로 사용하고 있던 가방에서 머리를 일으키고 앉아서 굳어 있던 팔다리를 뻗었다. 한 마리의 나방moth이, 열차가 구르면서 이리저리 펄럭이는 커튼 뒤 창유리 사이로 깜박이는 빛을 향해 팔딱거리고 있었다. 나는 다시금 몸을 눕히고 새로 잠을 청했는데 거의 성공할 수 있었다. 말하자면 거의 잠든 거나 마찬가지였지만, 나의 의식 자체를 완전히 잃지는 않은 상태였다. 그때 갑자기 내게 다음과 같은 시 한 토막이 떠올랐다. 계속 애를 써봤지만 그것을 머리에서 몰아낼 수 없었다. 나는 연필을 집어 들고 곧바로 그 시를 적었다.

태양을 향한 나방

처음으로 의식 속으로 기어들어갔을 때, 난 그대를 그리워했네.
내가 아직 번데기로 누워 있을 때, 나의 모든 꿈은 그대에 관한 것이었다네.
나와 같은 종류의 수많은 무리가 자주 생명을 버린다네.
그대에게서 나온 희미한 불꽃에 부딪치며.
단 한 시간만 더―그러면 나의 가련한 삶이 끝나리.
나의 마지막 갈망은 그러나, 나의 최초의 소망과 마찬가지로,
조금이라도 그대의 장엄함 가까이에 다가가는 것: 그런 뒤,
단 한 번의 황홀한 눈길을 붙들 수 있다면, 난 만족스럽게 죽어가리라.
언젠가 내가 그의 무한한 광휘 속에서 볼 수 있을 것이기에,

아름다움과 온기, 생명의 원천을!

　이 짧은 시는 내게 깊은 감동을 주었다. 나는 처음에는 그것을 만족할 만큼 명확하게 직접적으로 이해할 수 없었다. 그러나 며칠 지나지 않아서, 이전 겨울에 베를린에서 읽고 감명을 받았던 한 철학 논문을 다시 가져와 한 친구에게 읽어주었을 때, 나는 "별을 향해 나는 나방의 열망, 신을 향한 인간의 동일한 정열적인 열망"이란 말에 맞닥뜨렸다. 나는 그것을 완전히 잊고 있었지만, 그것이 바로 나의 잠들 무렵의 시 속에 다시 등장한 것임이 틀림없어 보였다. 게다가 내가 몇 년 전에 보았던 「나방과 불꽃」이라는 제목의 한 드라마가 내 작품의 또 다른 가능한 근원이라는 생각이 들었다. '나방'이라는 표현이 얼마나 자주 내게 각인되었는지 보라! 또한 내가 지난 봄에 바이런의 기본 저작집을 읽고 커다란 만족감을 느꼈다는 사실을 덧붙이겠다. 그것은 늘 반복적으로 내 눈앞에 나타났다. 그런데 나의 마지막 두 편의 시 "내가 한 번은 원천을… 볼 수 있을 테니까" 등과 바이런의 다음 시 사이에는 리듬에 커다란 유사성이 존재한다.

> Now let me die as I have lived in faith
> Nor tremble tho' the Universe should quake!
> (내가 믿음 안에 살았으니 이제 나를 죽게 하오,
> 나는 떨지 않으리. 우주가 요동친다 하더라도!)

　이 시집을 그토록 자주 읽은 것이 내게 영향을 끼쳤고, 그 근저에 깔린 사상뿐 아니라 리듬의 형식에 관해서 영감을 갖추는 데 도움이 되었다고 생각할 수 있다.

백일몽 상태에서 내게 떠오른 이 시를 한 편으로는 내가 완전히 맑은 정신으로 작성한 시들 옆에 놓고, 다른 한편으로는 원래 잠을 자다가 나온 작품인 앞서의 시 옆에 놓고 보니, 이 세 가지 범주가 완벽하게 자연스러운 하나의 연작물을 형성하고 있는 것 같았다. 즉, 중간 경우는 두 극단 사이에서 하나의 단순하고 자유분방한 이행 과정을 그리고 있다. 그로써 수면 상태에서 창작한 작품을 두고 제기될 수 있을, 어떤 '신비스러운 것'이라는 의구심을 없애준다.

주석

인용된 서지의 정보는 뒤의 참고 문헌에 자세히 기재되어 있다.

머리말

1 Vinzenz von Lerin(Lerinum, Lérins), 450년 전, 갈리아의 성전聖典 저술가(c. 3, al. 2; 라틴어 원문은 『전집』을 보라).

제1부

서론

1 Freud, *Die Traumdeutung*, p. 185.
2 그는 자신이 격정적으로 흠모해온 니농Ninon이 자신의 어머니라는 말을 듣고 스스로 목숨을 끊었다고 한다.
3 Franz Riklin, *Wunscherfüllung und Symbolik im Märchen*.
4 Karl Abraham, *Traum und Mythus*.
5 Otto Rank, *Der Mythus von der Geburt des Helden*.
6 Alphonse Maeder, *Die Symbolik in den Legenden, Märchen, Gebräuchen und Träumen*.
7 Ernest Jones, *On the Nightmare*.
8 Herbert Silberer, *Phantasie und Mythos*(주로 '기능적 카테고리'의 시각에서 고

찰되었다).
9 Oskar Pfister, *Die Frömmigkeit des Grafen Ludwig von Zinzendorf*.
10 Freud, *Eine Kindheitserinnerung des Leonardo da Vinci*. 또한 Rank, *Ein Traum, der sich selbst deutet*.

사고의 두 가지 양식에 관하여

1 *Werke* II, p. 35.
2 Liepmann, *Über Ideenflucht*; 또한 Jung und Riklin, *Untersuchungen über Assoziationen Gesunder* 비교. 하나의 지배 관념에 종속된 사고; Ebbinghaus, *Psychologie*. Külpe(*Grundriß der Psychologie*, p. 464)도 비슷한 말을 하고 있다. 즉, 사고를 하는 데 중요한 것은 "개별적인 재생산 중 때로는 커다란 범위를, 때로는 작은 범위를 지배하는 어떠한 예견적인 통각統覺, Apperception이다. 이러한 예견된 통각은 이 범위에서 멀리 떨어진 모든 것을 움츠러들게 하거나 억압되게 하는 오직 그 일관성에 의해 우연히 재생산된 모티프들과 구분된다.
3 Christian Wolff는 그의 글 *Psychologia empirica*, §23[p.16]에서 간단하고도 정확하게 말하고 있다. "사고란 그렇게 볼 때 심혼의 행위이며, 그 행위를 통해 심혼은 그 자신을, 또한 자신의 밖에서 일어나는 그 밖의 일을 의식하게 된다."(라틴어 원문은 『전집』을 보라.)
4 적응의 동기에 대해서는 특히 William James(*Psychologie*, p. 353f.)가 논리적 사고에 대한 정의에서 강조하고 있다: "새로운 사실을 정당화하는 이러한 능숙함을 우리는 논리적 사고의 특수한 차별성으로 여기고자 한다. 이로써 논리적 사고는 일상의 연상적 사고와 충분히 구분된다.…"
5 "사고Gedanken는 우리 감각의 그림자이며 감각보다 점점 더 어둡고 공허하고 단순해진다"고 니체는 말한다. 로츠Rudolf Hermann Lotze(*Logik*, p. 552)는 이에 대해 다음과 같이 말하고 있다. "… 사고가 이러한 움직임의 논리적 법칙을 따른다면 그 길을 완전히 질주한 후 막다른 곳에서는 다시금 객관적 사실의 양태와 맞닥뜨린다."
6 아래의 볼드윈James Mark Baldwin의 설명(본문에서)을 참조. 철학의 기인奇人 하만Johann Georg Hamann(1730~1788)은 심지어 이성과 언어를 동일시하기까지 했다(*Schriften* VII, p. 1ff. 참조). 니체의 경우, 이성은 '언어의 형이상학'으로서 더욱 심하게 폄하된다. 마우트너Friedrich Mauthner(Fritz Mauthner)(*Sprache und Psychologie*)는 더 극단적인데, 그는 언어가 없이는 아예 어떠한 사고도 존재하지 않으며, 오로지 발화發話만이 사고라고 본다. 학계에서 지배적인 '단어 숭배'를 보여주는 그의 사상은 주목할 만하다[p. 150ff.].

7 Kleinpaul, *Das Leben der Sprache* 참조.
8 그런데 완전히 주체에 속하는 그러한 '상징'의 주관성이 원래 어떤 모습을 띠었을지에 대해, 한 어린 소년이 내게 분명한 표본을 보여주었다. 그 아이는 자신이 즐겨 취하거나 먹었을 모든 것을 "stô lô!("그냥 뒈!"의 스위스 독일어)"라는 강렬한 외침으로 표현했다.
9 Anatole France, *Le Jardin d'Epicure*, p. 80. (프랑스어 원문은 『전집』을 보라.)
10 라틴어 원문은 『전집』을 보라.
11 원시적 단어의 의미가 지닌 유혹적인 효과가 얼마나 큰가는 헤아릴 수 없을 것이다. "…이전까지 의식 속에 있었던 모든 것은 무의식 속에 영향력 있는 동인으로 남아 있다"고 Hermann Paul(*Prinzipien der Sprachgeschichte*, p. 25)은 말한다. 옛 단어의 의미는 계속 영향을 끼친다. 더욱이 처음엔 알아채지 못하게 "심혼 속에서 무의식의 이러한 어두운 공간으로부터" 영향을 끼친다(앞의 책). 위에서 언급한 하만은 매우 분명하게 표현하고 있다: 형이상학은 "우리의 경험적인 인식에 의한 모든 말의 기호와 수사학적 표현을 남용해서… 순전히 상형문자와 이상적인 관계들의 유형으로 만든다.…"(앞의 책, p. 8) 칸트가 얼마간 하만으로부터 배웠다는 말이 있다.
12 Wilhelm Wundt, *Grundriß der Psychologie*, p. 365.
13 Friedrich Jodl, *Lehrbuch der Psychologie* II, p. 300.
14 *Das Denken und die Dinge oder Genetische Logik* II, p. 175ff.
15 아돌프 에버슈바일러Adolf Eberschweiler가 내게 자극받아 실험적인 『연상의 언어적 요소에 관한 연구*Untersuchungen über die sprachliche Komponente der Assoziation*』를 시도했다는 사실을 덧붙인다. 그 연구에서 그는 연상 실험에서 심리 내적인 연상이 음성학적 배려에 의해 지배받는다는 주목할 만한 사실을 밝히고 있다.
16 앞의 책, p. 164ff.
17 이 점에서 볼 때 어떠한 기술적 사고가 필요할 만큼 절박하지는 않았다. 노동의 문제는 값싼 노예들의 노동에 의해 해결되었기 때문에 노동을 절약하기 위한 수고는 불필요했다. 또한 고대 그리스인의 관심이 다른 곳에 얽매여 있었다는 점도 고려해야 하는데, 즉 그들은 신적 우주에 대한 경외심을 갖고 있었던 것이다. 그것은 우리의 기술 시대에는 완전히 사라진 특성이다.
18 이러한 사고는 최소한 의식에는 그렇게 나타난다. 프로이트는 이에 대해 다음과 같이 언급하고 있다(『꿈의 해석』, p. 325). "우리가 … 깊은 생각에 빠져 의도하지 않은 관념을 떠올릴 경우, 목표가 없는 관념의 과정에 몰두하고 있다고 한다면 그것은 분명 옳지 않다. 우리는 항상 우리가 알고 있는 목표 관념만을 포

기하는 것이다. 그것의 중단과 함께, 당장은 알 수 없는—대충 말해 무의식적인—목표 관념이 위력을 얻어 이제 비의도적 관념의 진행을 결정적으로 뒷받침한다는 것을 알 수 있다. 목표 관념이 없는 사고는 우리의 정신생활의 독자적인 영향에 의해 결코 생겨나지 않는다.…"

19 앞의 책, p. 464.
20 앞의 책, p. 352.
21 이러한 주장의 배후에는 우선 평범한 영역에서 나온 체험들이 있다. 즉, 불특정한 사고는 '깊은 성찰'과 매우 동떨어져 있는데, 더욱이 언어적 준비의 관점에서 특히 그렇다. 심리학적 실험에서 나는 피검사자들(교양 있는 지적인 사람들만을 말한다)을 어떤 의도가 없는 것처럼, 그리고 사전에 알려주지 않은 채 몽상에 빠지게 만들 때, 그들이 실험상 기록할 만한 정감 표현을 나타낸다는 것을 매우 빈번히 체험했다. 그런데 그들은 그러한 정감 표현의 토대가 되는 사고에 관해서는 기껏해야 불완전하게 겨우 진술하거나 아예 진술할 수 없었다. 병리학적 성격의 체험은 더 많은 것을 알려준다. 더욱이 히스테리 중의 어떠한 영역과 전이의 성향을 두드러지게 지닌 모든 신경증에 관한 체험보다는, 내향정신병Introversions-psychose이나 내향신경증의 영역에서의 체험이 그러한데 이것들은 거의 정신장해의 대부분을, 어쨌든 블로일러Eugen Bleuler의 모든 분열증을 차지한다고 볼 수 있다. '내향'이라는 용어(나의 논문 "Über Konflikte der kindlichen Seele", 『전집』 17에서 간단히 거론한)가 이미 암시해주듯, 이러한 신경증은 폐쇄적인 내면적 삶에 이르게 한다. 여기서 우리는 또한 '말로 표현할 수 없는' 상像들과 감정 속에서 움직이는 '초언어적'이고 순수하게 '환상적인' 사고를 만난다. 이러한 환자들의 궁색하고 혼란스러운 언어적 표현의 의미를 확인해보면 그 가운데서 한 작은 인상을 받게 된다. 또한 내가 여러 차례 보았듯이, 환자들이 그들의 환상을 인간의 단어로 포착하는 데에는 엄청난 수고가 따른다. 그런 식의 환상체계를 파편적으로 '번역한', 고도의 지성을 갖춘 한 환자는 자주 내게 이렇게 말했다. "무슨 일이 일어나는지 난 아주 잘 알고 있습니다. 나는 모든 것을 보고 느끼지요. 그러나 거기에 맞는 단어를 찾는 것은 완전히 불가능합니다."
22 제임스도 비슷한 생각이다. 앞에 인용한 문헌, p. 353f. '경험적인(단순히 연상적인)' 사고가 단지 재생적이라면, '추론한다Schließen'는 것은 생산적인 의미를 내포한다. 물론 이러한 판단이 전적으로 만족스러운 것은 아니다. 환상을 갖는다는 것이 일단은 그야말로 '비생산적'이라는 것, 다시 말해 부적절하고 따라서 실질적인 사용의 측면에서는 무익하다는 것이 옳을지 모른다. 그런데 멀리 내다보면, 유희적인 환상이야말로 바로 꿈이 그렇듯이 창조적 힘과 내용을

드러낸다. 그러한 내용은 보통, 바로 수동적이고 연상적이며 환상적인 사고를 통해서 인식된다.

23 Jacob Burckhardt, *Die Cultur der Renaissance in Italien*, p. 236에서의, 페트라르카의 방투산Mont Ventoux 등반에 관한 인상적인 묘사를 참조: "지금 경관에 대한 설명을 기대하는 것은 당연히 헛된 일이다. 그러나 작가가 그에 대해 무감각하기 때문이 아니라, 반대로 그가 받은 인상이 너무나 강력하기 때문이다. 그의 영혼 앞에 과거의 삶 전체가 완전히 어리석은 모습으로 등장한다. 젊어서 볼로냐를 떠난 것이 지금 십 년째임을 기억하며 그는 이탈리아를 향해 그리움의 시선을 보낸다. 그는 당시 지니고 다녔던 작은 책자, 성 아우구스티누스의 참회록을 펼친다. 아우구스티누스; 보라, 그의 눈은 열 번째 장의 구절을 향한다: '그러자 사람들은 그쪽으로 가서 높은 산과 광활한 바다 물결, 강렬하게 불어닥치는 폭풍과 대양, 별들의 운행에 경탄한다. 그로 인해 그들은 자기 자신을 떠난다.' 그에게 이 말을 읽어준 그의 형은, 왜 그가 이어서 책을 덮고 입을 다무는지 이해하지 못한다."

24 Wundt, *Über naiven und kritischen Realismus*, p. 345에 스콜라 철학의 방법론에 대해 간단히 설명되어 있다. 그 방법론이란 "첫째, 확고하게 주어져 있어 다양한 문제에 일괄적으로 적용되는, 개념의 메커니즘을 찾아내는 것을 학문적 연구의 주 임무로 여기는 것이다. 둘째는, 어떠한 보편적 개념에, 또한 그 개념을 지칭하는 단어의 상징에 과도한 가치를 부여함으로써, 개념을 유추해낼 수 있는 실제적 사실을 연구하는 대신, 단어 의미의 분석을, 극단적인 경우에는 개념을 번거롭게 만드는 공허한 일이나 단어를 꼬치꼬치 캐내는 일을 하는 것이다.

25 *Die Traumdeutung*, p. 336.

26 앞의 책, p. 338.

27 앞의 책, p. 349. 『꿈의 해석』에서 여기에 덧붙여진 구절은 지금까지 정신병 Psychose의 연구를 통해 입증되었다. "정신병에서는 지금껏 각성 상태에서는 억압되었던 정신 기제의 작업 방식이 다시금 강압적으로 작용한다. 그렇게 해서 외부 세계에 대해 우리의 욕구 충족에 대한 그 무능력을 드러낸다." 프로이트와는 무관한 피에르 자네Pierre Janet의 견해에서도 이 문장의 중요성이 강조되는데, 그의 견해는 완전히 다른 측면인 생물학적인 관점에서 그것을 뒷받침해주고 있기 때문에 여기서 언급할 가치가 있다. 자네는 기능을 확고한 조직을 갖춘 '하위' 부분과 늘 변형될 준비가 되어 있는 '상위' 부분으로 구분한다. "신경증은 바로 기능의 이러한 상위 부분에, 즉 현실적 환경에 적응하는 데에 영향을 미친다.…"[p. 386] "신경증은 기능들의 경과상의 장해 혹은 정체다."[p.

388] "신경증은 여러 기능과 관계된 질병이다. 그 기능들의 협동, 그때그때 매 순간의 적응에, 혹은 외부 세계나 개인의 상태에 대한 적응에 방해를 받게 된다. 반면 그러한 기능의 오래된 부분들은 침해되지 않은 채로 있다."[p. 392] "이러한 상위 부분의 작용 대신, 신체적이고 정신적인 불안과 무엇보다도 쉽게 자극받고 흥분하는 성향이 커진다. 그러한 현상은 … 하부의 특정한 작용을 통해, 즉 내장의 거친 반란을 통해 상부의 활동을 대치하려는 성향일 뿐이다."[p. 393] (*Les Néuroses*; 프랑스어 원문은 『전집』을 보라.) 'parties anciennes'[오래된 부분]은 바로 기능의 'parties inférieures'[하위 부분]이다. 후자는 적응의 실패를 대체한다. 신경증적 징후의 성질에 대한 이와 유사한 견해를 Édouard Claparède(*Quelques Mots sur la définition de l'hystérie*)도 말하고 있다. 그는 히스테리를 유발시키는 기제를 '전이의 성향tendance à la réversion'으로, 반응의 방식에서 나타나는 일종의 격세 유전적 특징으로 파악한다.

28 다음과 같은 보고에 대해 나는 아브라함 박사에게 감사한다. 즉, 세 살 반 된 한 소녀가 남자 동생을 갖게 되었는데, 동생은 알려져 있다시피 소아기적 질투의 대상이 되었다. 소녀는 엄마에게 이렇게 말한 적이 있다. "엄마는 두 엄마예요. 엄마는 내 엄마고 엄마의 젖가슴은 동생의 엄마예요." 그 아이는 바로 젖 먹이는 행위를 지대한 관심 속에서 바라보았던 것이다. 어린아이의 고태적인 사고가 지닌 특징은, 젖가슴을 엄마로 지칭한다는 것이다. 엄마Mamma는 라틴어로 젖가슴Brust이다.

29 특히 프로이트의 연구 *Analyse der Phobie eines 5jährigen Knaben*와 나의 논문 *Über Konflikte der kindlichen Seele*(『전집』17)를 참조.

30 *Menschliches, Allzumenschliches*, p. 27ff.

31 *Der Dichter und das Phantasieren*, p. 205.

32 *Der Künstler: Ansätze zu einer Sexualpsychologie*, p. 36.

33 또한 Rank의 *Der Mythus von der Geburt des Helden* 참조.

34 *Wunscherfüllung und Symbolik im Märchen*.

35 Abraham, *Traum und Mythus*, pp. 36 und 71.

36 Rank, 앞의 책. 또한 Jung · Kerényi, *Einführung in das Wesen der Mythologie*, p. 44ff.['2. Das Waisenkind'].

37 신화에 나타나는 신부 납치에 관해서는 Jung과 Kerényi, 앞의 책, p. 156[혹은 160]ff. 참조['3. Göttliche Mädchengestalten', '4. Hekate'].

38 *Les Lois psychologiques du symbolisme*, p. VII. (프랑스어 원문은 『전집』을 보라.)

39 이에 대해서는 나의 논문 *Der Geist der Psychologie*, 『전집』8을 참조.

40 내용이 이미 극도로 복잡해지면서 완전히 의식 속으로 들어간다는 사실까지 Wundt는 언급하고 있다.
41 Schelling(*Philosophie der Mythologie* II)은 전의식을 창조적 원천으로 여긴다. Fichte(*Psychologie* I, p. 508ff.)도 '전의식적 영역'을 본질적인 꿈 내용의 원천적인 공간으로 여긴다.
42 이에 대해서는 Flournoy, *Des Indes à la planète Mars*; Jung, *Zur Psychologie und Pathologie sogenannter occulter Phänomene*(『전집』1), *Über die Psychologie der Dementia Praecox*(『전집』3)와 *Allgemeines zur Komplextheorie*(『기본 저작집』1권)를 참조. 또한 Schreber, *Denkwürdigkeiten eines Nervenkranken*에도 훌륭한 증거 자료들이 있다.
43 *Le Jardin d'Epicure*, p. 98f.
44 유다라는 인물에는 신의 어린 양의 희생자라는 고도의 심리학적인 의미가 부여된다. 따라서 그는 자신을 희생한 것이기도 하다(자살). (희생에 대해서는 『기본 저작집』8권을 참조.)
45 이에 대한 상세한 설명은 Arthur Drews, *Die Christusmythe* 참조. Kalthoff(*Die Entstehung des Christentums*)와 같은 명석한 신학자는 이 문제에 대해 Drews와 비슷하게 판단하고 있다. Kalthoff는 다음과 같이 말한다(앞의 책, p. 8). "오늘날의 역사 연구의 수준에서는 어떠한 역사가도 그 연구를 바탕으로 해 역사적인 예수의 전기를 작성하려는 시도를 해볼 생각을 하지 못한다. 기독교의 근원에 대해 알려주는 기본 자료들은 바로 그런 식이다." 그는 또 덧붙인다(앞의 책, p. 10). "이러한 복음서 이야기들의 배후에서 자연적이고 역사적인 인간을 찾으려는 생각은 오늘날 합리주의 신학의 영향이 없이는 아무도 하지 않을 것이다." "언제 어디서든지, 신적인 것은 그리스도 안에서 인간적인 것과 내적으로 합일된 것으로 여겨질 수 있다. 즉, 교리적인 신인神人에서부터 『신약성서』의 서간서와 복음서를 거쳐, 교리적 특징의 그리스도 상을 처음으로 부각시킨 다니엘 묵시록에 이르기까지 뒤쪽으로 하나의 선을 그을 수 있다. 그러나 이 선의 점 하나하나에서 그리스도는 또한 초인적인 특징을 지닌다. 그리스도는 비판신학이 만들어내고자 하는 한 단순한 자연인, 역사적 개인인 적이 결코 없었다."(앞의 책, p. 9) 또한 Albert Schweizer, *Geschichte der Leben-Jesu-Forschung* 참조.
46 Albert Brenner에게 보낸 편지(*Basler Jahrbuch* 1901, p. 91f.): "파우스트를 특별하게 해설하기 위해 나는 아무것도 준비해놓은 것이 없습니다. 당신 역시 기껏해야 온갖 종류의 주해註解를 갖고 있겠지요. 들어보십시오. 이 순간 이 모든 잡동사니를 그것의 출처인 독자들에게 다시 전하십시오.… 파우스트를 통해

찾도록 되어 있는 것을 당신은 예감에 찬 길을 통해 찾아야만 할 것입니다.…
파우스트는 하나의 순수하고 경건한 신화이기 때문입니다. 그것은 다시 말해
그 안에서 누구나 자신의 본질과 운명을 자신의 방식으로 다시 예감할 수밖에
없는 하나의 위대하고 근원적인 상입니다. 비유를 하나 들어보겠습니다. 고대
의 그리스인들은 그들과 오이디푸스 전설 사이에 어떠한 주해가 들어서 있었
더라면 무슨 말을 했을까요?— 오이디푸스 전설에 관한 한, 모든 그리스인의
내면에는 일종의 오이디푸스 열병이 있었습니다. 그것은 직접적으로 건드려져
그들의 방식에 따라 전율할 것을 요구했지요. 독일 국가와 파우스트의 관계도
그렇습니다."

47 이것의 저자가 학문적 관심에 어느 정도 몰입한 나머지 대중에게 내어 맡긴 인격적 친밀성을 내가 감히 밝혀내도 되는지 한동안 회의적이었음을 말하지 않을 수 없다. 그러나 나는 저자가 비판에서의 반론만큼이나 심오한 이해를 감당해야 할 것이라고 나 자신에게 말했다. 대중에게 자신을 내맡길 경우 우리는 항상 어떠한 모험을 해야만 한다. 미스 밀러와 개인적 관계가 전혀 없기 때문에 나는 자유롭게 말할 수 있다.

과거사

1 그 한 예를 Bernoulli, *Franz Overbeck und Friedrich Nietzsche. Eine Freundschaft*, I, p. 72에서 찾아볼 수 있다. 베르누이Carl Albrecht Bernoulli는 바젤 사회에서의 니체의 행동거지에 대해 다음과 같이 기술하고 있다: "언젠가 그는 같은 테이블의 숙녀에게 이야기했다. '최근에 저는 꿈을 꾸었는데, 제 앞 테이블 위에 놓여 있던 제 손이 갑자기 투명한 유리 손으로 변하는 것이었습니다. 저는 손의 뼈와 조직, 근육 운동을 뚜렷이 들여다보았습니다. 순간적으로 제 손 위에 뚱뚱한 두꺼비 한 마리가 앉아 있는 것을 보았는데, 그와 동시에 그 동물을 집어삼켜야 한다는 거역할 수 없는 압박감을 느꼈지요. 저는 끔찍한 혐오감을 이겨내고 그것의 목을 내리눌러 조였습니다.' 그 젊은 여성은 소리 내어 웃었다. '그런데 그것 때문에 웃는 겁니까?' 하고 니체는 무서우리만치 심각하게 묻고, 반쯤은 질문하듯이, 반쯤은 슬프게 그의 깊은 눈을 그 이웃 여성을 향해 고정시킨 채 있었다. 그러자 이 여성은, 비록 완전히 이해한 것은 아니었지만, 여기서 하나의 신탁이 비유적인 언어로 그녀에게 내려졌다는 것, 니체가 하나의 좁은 틈을 통해 그녀에게 자신의 내면의 어두운 심연을 들여다보는 시선을 열어보였다는 것을 예감했다." 베르누이는 다음의 기록을 덧붙이고 있다(p. 166): "우리는… 흠잡을 데 없이 세심한 그의 옷차림이 자기 자신에 대한 천진한 만족감에서 나온 것이라기보다는, 은밀하고 고통스러운 혐오감에서

나온, 더럽혀지는 데 대한 두려움을 표현하고 있음을 알아냈다." 알다시피 니체는 아주 젊은 시절에 바젤로 갔다. 그때 그는 다른 젊은이들이 결혼을 생각하는 바로 그 나이였다. 그가 젊은 여성 옆에 앉아서 이야기한 것은, 어떤 끔찍하고 혐오스러운 일이 그의 투명한 손가락에 발생했다는 것, 그것을 그는 자기의 몸 안에 받아들여야 했다는 것이었다. 우리는 어떤 질병이 니체의 삶에 때 이른 종말을 가져다주었는지 알고 있다. 바로 그것을 그는 그 숙녀에게 말해야만 했던 것이다. 그녀의 웃음은 정말로 불합리한 것이었다.

2   Rostand, *Cyrano de Bergerac*, p. 217f.(프랑스어 원문은 그때마다 『전집』을 보라), 독일어본(Ludwig Fulda의 번역): p. 264f.
3   앞의 책, p. 224f., 독일어본: p. 274f.

창조주의 찬가

1   단어와 비유의 선택은 항상 중요하다.
2   이 병은 예전에는 크레펠린Emil Kraepelin에 의해 조발성 치매Dementia praecox로 명명되었는데, 그것이 꼭 적절한 것은 아니었다. 블로일러는 후에 그것을 정신분열증(조현병)Schizophrenie이라고 칭했다. 정신과 의사들이 그것을 발견했다는 것은 이 병에 대해서 그야말로 불행한 일이었다. 그런 정황에는 겉보기에 나쁜 예후가 한몫을 했다. '조발성 치매'란 치료가 불가능함을 의미하기 때문이다. 만일 히스테리를 정신과 의사의 입장에서 진단하려 든다면 어떻게 될까! 정신과 의사는 정신병원에서 당연히 최악의 경우만을 보고, 치료에 속수무책이기 때문에 비관주의자일 수밖에 없다. 만일 결핵이 오로지 수용소에서의 체험에만 근거해 불치라고 규정된다면 얼마나 비참하게 방치될 것인가! 정신병원에서 차츰 명청해지는 만성 히스테리의 특성은 실제 히스테리에는 거의 나타나지 않으며, 정신분열증(조현병)도 개원가에서는 그토록 흔한 초기 단계의 특성이 거의 나타나지 않는다. 지금껏 그러한 초기 단계가 정신병원의 의사의 눈에 들어온 적은 거의 없다. '잠재성 정신병Latente Psychose'은 정신치료자Psychotherapeut가 너무나 잘 알고 두려워하는 개념이다.
3   뜻에 맞게 독일어로 옮김(융의 저서에는 영어로 된 원문과 독일어 번역문이 병기되어 있다. 이 시는 미스 밀러가 재정리한 시이다).
4   독자는 이 행들이 제1차 세계대전 전에 씌었다는 것을 기억해야 한다. 그 이후 그것은 얼마간 변화를 겪었다.
5   나는 여기서 의도적으로 콤플렉스Komplex라는 표현보다 이마고Imago라는 표현을 선호하고 있다. 왜냐하면 내가 '이마고'를 두고 이해하는 심리학적 상황, 즉 심리적 서열관계에서 그것이 지닌 생생한 독립성을 전문용어terminus

technicus를 선택함으로써 가시적으로도 내세우기 위해서다. 다시 말해 감정이 강조된gefühlsbetont 콤플렉스의 본질적인 특징으로서 다양한 체험을 바탕으로 드러나는 자율성을 내세우고자 함인데, 그것은 이마고 개념을 통해 분명해진다(Jung, 『조발성 치매의 심리학Die Psychologie der Dementia praecox』, 『전집』 3권, II장과 III장 참조). 나를 비판하는 사람들은 이러한 해석을 중세 심리학으로 역행하는 것으로 여기며 비난을 가했다. 그러한 '역행'은 내 쪽에서는 의식적이고 의도적으로 행한 것이다. 왜냐하면 오래된 미신이나 새로운 미신의 심리학은 내 해석에 무수한 증거를 제공하기 때문이다. 정신질환자 슈레버Daniel Paul Schreber의 자서전(Denkwürdigkeiten eines Nervenkranken)도 우리에게 흥미로운 통찰과 증거들을 보여준다. '이마고'라는 명칭은 슈피텔러Carl Spitteler의 소설 『이마고Imago』에서 따왔으며, 또한 '수호신의 이미지imagines et lares'라는 고대 그리스의 종교적 관념에 의거했다. 후기 글들에서 나는 그것 대신 '원형'이라는 용어를 사용한다. 이로써 비개인적인 집단적 모티프가 문제된다는 사실을 표현하려는 것이다.

6 남성의 신격이 아버지-이마고의 파생어라는 문장은 단지 가장 개인적인 심리학의 범위 안에서 문자 그대로 취한 것이다. 아버지-이마고에 대한 더 자세한 연구에서는, 개인적 체험으로 돌릴 수 없는 어떤 집단적 구성 요소가 이전부터 이미 그 안에 포함되어 있다는 사실을 밝혀냈다. 나의 글 「자아와 무의식의 관계Die Beziehungen zwischen dem Ich und dem Unbewußten」, 『기본 저작집』 3권(22쪽 이하) 참조.

7 "음성과 이름은 태양과 달(이다)." Hippolytos, *Elenchos*, VI, 13. Max Müller는 *Sacred Books of the East*(I, p. xxv)의 서문에서 신성한 소리 옴Om에 대해 말하고 있다. "그러므로 옴Om에 대해 명상하는 자는 인간의 정신을 자연 혹은 태양에 내재하는 정신과 동일시하며 명상하는 것이다."(영어 원문은 『전집』을 보라.)

8 Schultz, *Dokumente der Gnosis*, p. 62. Text in: Scott, *Hermetica* I, p. 12.

9 Dieterlich, *Abraxas*, p. 17. "그리고 신은 '하 하 하 하 하 하 하' 하며 일곱 번 웃었다. 신이 웃을 때 일곱 신들이 탄생했다."

10 아낙사고라스Anaxagoras가 다루고 있는 점은, 죽은 물질에 잠재하는 누스νοῦς의 생동하는 근원적 잠재력에 움직임을 부여한다는 것이다. 올림에 대해서는 물론 언급되지 않고 있다. 또한 누스의 바람의 성질도 미스 밀러에 의해서, 고대 그리스의 전승이 보증하고 있는 것보다 더욱 강조된다. 다른 한편, 이 누스는 고대 그리스 후기의 프네우마πνεῦμα와 스토아 학파 학자들의 로고스λόγος와 유사하다. 나의 한 여성 환자의 근친상간의 환상은, 아버지가 손으로 얼굴을

덮고 그녀의 벌어진 입에 호흡을 불어넣는다는 것인데, 이로써 영감을 묘사하고 있다.

11 아마 하이든Joseph Haydn의 「창조Die Schöpfung」를 말하는 것 같다.
12 「욥기Hiob」, 16장 1~11절을 볼 것.
13 이 예로 정신병을 앓은 스무 살짜리 한 소녀의 사례가 생각난다. 그녀는 항상 자신의 무죄를 의심받고 있다는 망상에 사로잡혀 있었는데, 이것을 실컷 변명할 수가 없었다. 격앙된 방어는 차츰 그만큼의 공격성을 지닌 색정광色情狂, Erotomanie으로 발전되었다.
14 「욥기Hiob」, 16:11ff.
15 이 사례는 [Jung,] *Zur Psychologie und Pathologie sogenannter occulter Phänomene*(『전집』1권)에 발표되었다.
16 Freud, *Analyse der Phobie eines 5jährigen Knaben*, 또한 Jung, *Über Konflikte der kindlichen Seele*,『전집』17권 참조.
17 헤르메스Hermes의 *Tabula Smaragdina* 혹은 Athanasius Kirscher(*Oedipus Aegyptiacus*, II, p. 414)가 전해준 텍스트의 한 오래된 구절. 후자에 대해서는 나의 글 「전이의 심리학Die Psychologie der Übertragung」[『기본 저작집』3권, p. 148 〔한국어판, 195쪽〕]에서 언급했다.
18 *La Sagesse et la destinée*, p. 87.
19 이 때문에 나는 신비주의에 빠져 있다는 비난을 면치 못할 것이다. 그렇지만 이 문제는 심사숙고할 필요가 있을 것이다. 분명 무의식은 의식의 경계에 도달하지 못하는 심리학적 결합체를 함유하고 있다. 분석을 하면 이 결합체는 역사적 결정인자Determinant들로 분해된다. 분석 작업은 역사학처럼 시간을 거슬러간다. 그런데 과거의 많은 부분은 역사의 지식이 더는 미치지 못할 정도로 요원하기 때문에, 무의식적 결정인자의 대부분이 도달 불가능하다. 그런데 역사는 두 가지의 일, 말하자면 과거 속에 숨겨진 것과 미래 속에 숨겨진 것을 알지 못한다. 이 두 가지는 아마 어떠한 개연성에 의해 전자는 주장Postulat으로서, 후자는 정치적 예후로서 도달할 수 있을 것이다. 오늘 속에 이미 내일이 포함되어 있는 한, 또한 미래의 모든 실타래가 이미 널려 있는 한, 현재에 대한 깊은 인식은 많든 적든 먼 미래에까지 미치는 예측을 가능하게 할 것이다. 이러한 견해를 심리적인 것에 적용하면 필연적으로 같은 결론이 나올 수밖에 없다. 말하자면 오래전부터 잠재해온 기억 흔적이 분명 여전히 무의식에 접근할 수 있듯이, 매우 섬세한 어떠한 잠재적 결합체들 역시 앞을 향해 있다. 미래의 사건이 우리의 심리학에 의해 제한되어 있는 한, 그 결합체들은 미래의 사건에 너무나 중요하다. 차라리 정치학의 대상이라 할 수 있는 역사학이 미래의 결합체에 별 관심이 없

는 만큼, 심리학적인 미래의 결합체 역시 분석의 대상이 아니다. 오히려 그것은 어떤 섬세한 심리학적 인조 섬유 조직의 객체로서 리비도가 흐르는 자연스러운 길을 잘 따라갈 수 있을 것이다. 우리는 그것을 모르거나 잘못 알고 있지만, 무의식은 분명 알고 있을 것이다. 그런 일이 무의식 속에서 일어나기 때문이다. 때때로 이 작업의 중요한 부분들이 어떤 경우에는 최소한 꿈속에 나타나는 것 같다. 그럴 경우 거기에서 오래전부터 미신이 주장해온 꿈의 예언적 의미가 생겨날 것이다. 꿈이 미래의 의식의 변화를 예견하는 경우는 드물지 않다. 이에 대해서는 「심리적 에너지론과 꿈의 본질Über psychische Energetik und das Wesen der Träume」(『전집』 8권)에 있는 나의 설명을 참조[또한 『기본 저작집』 1권에서 특히 「꿈의 심리학에 관한 일반적 관점Allgemeine Gesichtspunkte zur Psychologie des Traumes」을 참조].

20 꿈은 그것이 개인의 심리학적 상태를 정확하게 정리해주는 만큼 자발적으로 기억에 남는 것 같다.

21 그러한 체험의 형태가 얼마나 집단적인 것인지 다양하게 변형된 한 사랑의 노래를 보면 알 수 있다. 그것을 그리스 시대 이후의 에피루스 판본에 따라 인용하겠다(Arnold, *Die Natur verrät heimliche Liebe*, p. 159).

    아가씨여, 우리가 입맞춤을 했을 때, 그때는 밤이었소. 누가 우리를 보았는가?—
    한밤의 별이 우리를 보았지요, 달이 우리를 보았고
    바다 위로 기울어져 바다에게 알려주었죠.
    그러자 바다는 노에게 알려주고 노는 사공에게 알려주었죠.
    사공은 그로써 노래 하나를 지었죠. 그러자 이웃들이 들었답니다.
    그러자 성직자도 듣고 내 어머니에게 말하네요.
    아버지는 그녀에게 듣고, 엄청난 분노에 빠졌지요.
    그들은 날 욕하고 비난하며 금지시켰죠.
    나의 방문 앞에 가는 것도, 창가에 가는 것까지도.
    그렇지만 난 창가로 갈 거예요, 나의 꽃들에게 가듯이.
    가장 사랑하는 이가 내 것이 되기 전엔 난 결코 안식을 얻지 못하리.

22 이 시의 분위기는 Gérard de Nerval의 *Aurélie*을 생생하게 상기시킨다. 여기에서는 미스 밀러를 엄습한 것과 같은 운명, 즉 정신착란이 이미 암시된다. 한편 연금술에서의 까마귀의 의미(니그레도nigredo)도 참조, in: [Jung] 『연금술에서 본 구원의 관념*Erlösungsvorstellungen in der Alchemie*』, 『기본 저작집』 6권, 「연금술 과정의 단계Die Phasen des alchemistischen Prozesses」.

23 여기에도 Gérard de Nerval의 *Aurélie*의 태도와 뚜렷한 유사성이 존재한다. 그

중요한 현상을 그는 감지하려 들지 않았다. 그는 '이 세상의 평범한 여성femme ordinaire de ce monde'에서 그의 무의식이 그녀에게 부여한 광채를 인정할 수 없었다. 오늘날 우리는 그러한 강력한 인상의 근저에 놓인 것이 어떠한 원형의, 다시 말해 아니마(내지는 아니무스)의 투사라는 것을 알고 있다. 이에 대해서는 나의 글 『자아와 무의식의 관계*Die Beziehungen zwischen dem Ich und dem Unbewußten*』(『기본 저작집』 3권, 「아니마와 아니무스Anima und Animus」)와 Jung und Kerényi, *Einführung in das Wesen der Mythologie*(「코레Kore-형상의 심리학적 측면에 대해」, 『전집』 9/II, Paragr. 356ff.) 참조.

24 1부, 312~314행, '천상에서의 서곡'[본 역서에서는 다음의 『파우스트』 번역본을 참조함: 괴테, 『파우스트』, 정서웅 옮김, 민음사, 2004].

25 「욥기」, 1:11.

26 이에 대해서는 Schärf, *Die Gestalt des Satans im Alten Testament*를 참조.

27 「욥기」, 41장 19~29절:
>그 입에서는 횃불이 나오고 불똥이 튀어나며
>그 콧구멍에서는 연기가 나오니 마치 솥이 끓는 것 같고 갈대가 타는 것 같구나.
>그 숨이 능히 숯불을 피우니 불꽃이 그 입에서 나오며
>힘이 그 목에 뭉겼고 두려움이 그 앞에서 뛰는구나.
>그 살의 조각들이 서로 연하고 그 몸에 견고하여 움직이지 아니하며
>그 마음이 돌같이 단단하니 그 단단함이 맷돌 아래짝 같구나.
>그것이 일어나면 용사라도 두려워하며
>파괴하는 까닭에 그들은 자신을 정결케 하며
>칼로 칠지라도 쓸데없고 창이나 살이나
>작살도 소용이 없구나.
>그것이 철을 초개같이, 놋을 썩은 나무같이 여기니
>살이라도 그것으로 도망하지 못하겠고, 물맷돌도 그것은 겨같이 여기니
>몽둥이도 검불같이 보고 창을 던짐을 우습게 여기노라.

28 여기서는 신인동형동성설Anthropomorphismen을 말하고 있는데, 이에는 우선적으로 심리학적 근원을 생각해야 한다.

29 이 문장은 대대적인 반발을 불러일으켰는데, 그것은 여기서 단순히 심리학적 해석에 대해 다루고 있고 어떤 형이상적인 진술을 하고 있는 것이 아니라는 사실을 사람들이 간과했기 때문이었다. 심리적 사실인 '신'은 일종의 자율적 유형, 즉 내가 후에 집단적 원형이라고 지칭한 것이다. 그러므로 그것은 모든 고차원적 종교 형태의 특성일 뿐만 아니라 개인의 꿈속에 자발적으로 나타나기도

한다. 원형은 그 자체로는 무의식적이지만 의식의 태도와는 무관한 현실성을 지닌 심리적 형상이다. 그것은 그 자체로 어떠한 형이상학적인 신의 개념과 혼동해서는 안 되는 하나의 정신적 존재를 말한다. 원형의 존재는 어떠한 신을 설정하지도 않고 그것을 부인하지도 않는다.

30 기독교적인 것에는 비둘기, 물고기, 양 등의 잔여물을 제외하고는 반인반수적 존재가 없다. 위의 경우에는 동물도 복음 전파자에 속한다. 즉, 까마귀와 사자는 미트라스Mithras교에서 특정한 서열의 전수자였다. 거기에서는 디오니소스 같은 신이 황소로 그려지기도 했기 때문에 그의 여성 숭배자들은 마치 소처럼 뿔을 달고 다녔다(Karl Kerényi 교수가 친절하게 설명해줌). 곰의 여신 아르테미스Artemis는 곰을 뜻하는 아르크토이ἄρκτοι로 불렸다(『기본 저작집』 8권의 그림 95 참조).

31 [Jung,] *Über psychische Energetik und das Wesen der Träume*[『전집』 3, Paragr. 542ff.] 참조.

32 「베드로전서」 5장 7절과 「빌립보서」 4장 6절을 참조.

33 「요한일서」, 1장 8절: "만일 우리가 죄 없다고 말한다면 스스로 속이는 것이요, 또 진리가 우리 안에 있지 않은 것이다." 참조.

34 「에베소서」 1장 7절, 「골로새서」 1장 14절, 「이사야」 53장 4절 참조. "참으로 그는 우리의 질병을 담당하고 우리의 질고를 졌도다."

35 「베드로전서」, 2장 22절.

36 「베드로전서」, 2장 24절.

37 「히브리서」, 9장 28절.

38 내가 앞에서 보여주었듯이, 항상 착각Illusion이 생기는 것은 결코 아니다. 주체 또는 고유한 인물이 형상을 만드는 주 원천이 될 수 있는데, 특히 신경증이나 정신병 환자의 경우에 그렇다.

39 「야고보서」, 5장 16절 "너희가 서로 짐을 지라." 「갈라디아서」, 6장 2절.

40 「갈라디아서」, 5장 13절.

41 「히브리서」, 13장 1절.

42 「히브리서」, 10장 24절.

43 「요한일서」, 2장 10절 이하.

44 「요한일서」, 4장 12절.

45 *De laude caritatis*, p. 974f.(라틴어 원문은 『전집』을 보라.)

46 「요한일서」, 4장 16절: "하느님은 사랑이시라. 사랑 안에 거하는 자는 하느님 안에 거하고 하느님도 그 안에 거하시느니라."

47 「요한일서」, 4장 12절.

48 사람들은 자신이 알지 못하는 것을 임의로 택하고 그것을 갈망할 수 없다. 그렇기 때문에 하나의 정신적 목표는 그런 것이 아직 전혀 존재하지 않은 순간에는 의식적으로 그것을 추구할 수도 없다.
49 「요한복음」, 4장 24절.
50 「로마서」, 15장 7절.
51 Reizenstein, *Die hellenistischen Mysterienreligionen*, p. 20 참조. "태초의 종족들이 최고의 종교적 축성인 신과의 합일을 상상하는 형태로 반드시 성적 결합이 있다. 이를 통해 인간은 신의 가장 내적인 본질과 힘을, 그의 배아를 받아들이는 것이다. 처음에는 완전히 감각적이던 관념이 매우 다양한 위치에서 각각 신성한 행동으로 이어진다. 그 안에서는 신이 인간의 대리자 또는 하나의 상징, 남근Phallos으로 표현된다." 더 자세한 설명은 Dieterich, *Eine Mithrasliturgie*, p. 121ff. 참조.
52 이른바 미트라스 제례의 기도문(1910년에 디터리히에 의해 편집된)을 참조. 거기에는[pp. 4/5; 10/9] 다음의 주목할 만한 구절이 있다. "나를 짓누르는 고통스러운 현재의 고난이 지나가면 다시 열망하게 될 인간 심혼의 힘…" "압박과 고통을 주는 가혹한 고난을 위해".(그리스어 원문은 『전집』을 보라.) 이시스Isis 사제의 말에서(Apuleius, *Metamorphoses*, lib. XI, p. 233) 그와 유사한 사상의 흐름을 볼 수 있다. 젊은 철학자 루시우스Lucius는 이시스가 미워하는 동물이며 늘 발정해 있는 당나귀로 변하는데, 후에 마법에서 풀려 이시스 비의를 전수받는다(그림 9 참조). 마법에서 풀려날 때 사제는 이렇게 말한다. "위태로운 젊음의 힘에 의지해 그대는 비천한 욕망에 노예처럼 빠져들었고 저주스러운 호기심의 고통스러운 대가를 치렀다.… 그러나 악의적인 운명의 공격은 우리가 경배하는 여신께서 그 생명을 받아들여준 자들에게는 〈더는〉 폭력을 가하지 못한다.… 그대는 행운의 여신Fortuna의 보호를 받도록 받아들여졌다. 그러나 〈눈먼 자들에게가 아니라〉 볼 수 있는 자들에게 그렇다." 천상의 여왕 이시스에게 기도하면서(앞의 책, p. 241) 루시우스는 말한다. "(당신의 권리로) 당신은 풀 수 없이 얽혀든 운명의 실을 풀고 숙명의 공격을 잠재우며 파멸로 가는 별들의 궤도를 막습니다." — "마술적 힘을 통해 별들의 강압을 푸는 것"은 대체로 비의의 의미였다(그림 6). 모든 것이 우리의 의지에 거슬러 갈 때만, 다시 말해 우리가 우리 자신과 화합하지 못할 때만 운명의 힘은 불편하게 느껴진다. 이러한 생각에 걸맞게 이미 고대 그리스에서는 에이마르메네εἱμαρμένη를 '근원적 빛' 혹은 '근원적 불'과 연관시켰다. 그것은 도처에 퍼져 있는, 모든 것을 창조했으며 바로 그 때문에 숙명이기도 한 온기인 최종적 원인에 대한 스토아 철학적 개념이다(Cumont, *Die Mysterien des Mithra*, p. 98 참조). 나중에 말하게 되겠지만, 그

러한 온기는 일종의 리비도 상이다(그림 13 참조). 아난케Ananke(필요)의 또 다른 상은 조로아스터Zoroaster의 책, 페리 퓌세오스περὶ φύσεως에 의하면, 바람으로서(위를 참조) 다시 수태한 자와 결합된 공기다.

53 Schiller는 *Wallenstein*[*Die Piccolomini*, II, 6, p. 118]에서 말하고 있다. "너의 가슴속에는 네 운명의 별이 있다." "우리의 운명은 우리 인격의 결과"라고 Emerson은 그의 에세이 *Fate*에서 말한다[in, *The Conduct of Life*. p.41].

54 『참회록』, 6. Buch(책), Kp. 7f., p. 132ff.

55 *Fünfzig ausgewählte Briefe Seneca's an Lucilius*, pp. 51 und 49.

56 아우구스티누스가 '이념'으로의 상승에 대해 설명하고 있다. 앞의 책, 10. Buch, Kp. 6ff. 또 8장의 처음 부분(p. 237)에는 이렇게 적혀 있다. "그러므로 나 또한 이러한 본능의 힘을 넘어서서 나를 준비시킨 자에게로 올라가고자 한다. 내 기억의 영역과 광활한 궁전에 이르고자 하는 것이다.…"

57 미트라스 신봉자들도 서로 형제라고 불렀다. 철학적 언어로 보면, 미트라스는 신으로부터 방사된 로고스다(Cumont, *Die Mysterien des Mithra*, p. 125).

58 시대적으로나 정신적으로 그러한 과도기에 접해 있었던 아우구스티누스는 그의 『참회록』(6. Buch, Kp.16, p. 146f.)에서 다음과 같이 쓰고 있다. "우리가 영원히 살 수 있고, 언젠가 육체를 잃게 된다는 두려움 없이 끊임없는 육체의 향락 속에서 계속 살 수 있다는 가정을 해봐도 우리는 왜 행복하지 않을까, 혹은 우리가 계속 더 추구하는 것이 무엇일까 하는 질문을 던져본다.… 비천한 존재인 나는 정말 그 같은 부끄러움을 넘어서 조용히 친구들과 말했던 것이 어디에서 내게 흘러왔는지 생각해보지 않았다. 그 친구들 없이는 난 행복할 수 없었다. 당시 내가 감각적 욕망의 온갖 흐름에도 불구하고 확신한 입장에서조차 그랬다. 나는 이 친구들을 정말로 사심 없이 사랑했고 그들 또한 사심 없이 날 사랑한다는 것을 알고 있었다. 아, 묘하게 얽힌 길들!… 슬프도다, 당신〈신〉을 벗어나 더 좋은 것을 소유하길 바랐던 무모한 혼이여! 그것이 앞으로 가건 뒤로 가건, 반듯이 눕든 옆으로 눕든, 어디에서나 거기엔 극심한 고통만 있을 것이다. 당신만이 평안이어라."

59 이 두 종교는 분명히 금욕적 도덕과 행위의 도덕을 가르친다. 후자는 특히 미트라스 제식에 해당하는 것이다. Cumont은 미트라스교가 성공한 것은 그 도덕적 가치 때문이며 "행위에 대한 뛰어난 교육" 덕분이라고 말한다(*Mysterien des Mithra*, p. 133). 미트라스 신봉자들은 악에 대항해 싸우는 "신성한 군대"를 형성했다(Cumont, 앞의 책, p. 133). 그들 중에는 'Virgines = 수녀들'과 'Continentes = 고행자들'도 있었다(앞의 책, p. 1514).

60 나는 초기의 판본들에 나오는 이 문장을 일부러 그대로 실었다. 그것이 세기말

의 그릇된 안전 보장의 특징을 나타내고 있기 때문이다. 그 이후 사람들은 공포를 알게 되었다. 그것은 로마에서는 꿈에도 결코 생각하지 않았던 것이다. 로마 제국의 사회적 상황에 대한 것은 Von Pöhlmann, *Geschichte des antiken Kommunismus und Sozialismus*와 Bücher, *Die Aufstände der unfreien Arbeiter 143 bis 129 vor Christus*를 참조하기 바란다. 믿을 수 없을 정도로 많은 민중들이 노예 생활의 참혹함 속에서 신음하던 상황 속에서, 아마도 로마 황제 시대 전반에 걸친 특유의 멜랑콜리의 원인을 찾을 수 있을 것이다. 사람들이 행복에 취해 있다고 해서 은밀한 무의식의 길을 통해서조차 그의 형제들이 겪는 깊은 슬픔과 깊은 비탄에 감염되지 않는다는 것은, 길게 보아 있을 수 없는 일이다. 그로 인해 어떤 사람들은 걷잡을 수 없는 광란에 빠져들기도 하고, 좀 더 나은 다른 사람들, 즉 당시의 지성인들은 유별난 세계고와 권태 속에 빠져들기도 했다.

61 유감스럽게도 프로이트 또한 이러한 오류에 책임이 있다.
62 한 신학자는 내가 반기독교적 성향을 지녔다고 비난했는데, 그는 예수가 결코 "그대들이 어린아이에 머물러 있지 않는다면"이라고 말한 적이 없고 오히려 "어린아이처럼 되지 않는다면" 하고 강조했다는 사실을 완전히 간과한 것이다. 이것은 그의 종교적 감각이 심각하게 둔화되었음을 의미한다. 새로운 유아기 novam infantiam에서 재탄생이라는 완전한 드라마를 간과한다는 것은 있을 수 없는 일이 아닌가!
63 『참회록 *Die Bekenntnisse*』, 10. Buch, Kp. 8, p. 239.
64 *Mysterien des Mithra*, p. 135.
65 앞의 책, p. 49.
66 『참회록』, 10. Buch, Kp. 6, p. 234.
67 앞의 책, p. 235.
68 (H. Diels의 번역. 라틴어 원문은 『전집』을 보라.)
69 이에 대해서는 Kerényi, *Die Göttin Natur* 참조.
70 Hartlaub, *Giorgiones Geheimnis* 참조.
71 예컨대 연금술에서. 이에 대해서는 "Paracelsus als geistige Erscheinung" [『전집』 8, Paragr. 184, 198f., 228f.]을 볼 것.
72 *Die Entstehung des Christentums*, p. 154.
73 이에 대해서는 『자아와 무의식의 관계』(『기본 저작집』 3권, 133쪽 이하)를 볼 것.
74 내가 이 책을 집필할 때, 이 문제에 대해 나는 완전히 모르는 상태였다. 그래서 루실리우스 Lucilius에게 보낸 세네카 Seneca의 41번째 편지(앞의 책, p. 49)의 다음 부분을 인용하는 도리밖에 없었다. "그대가… 어떠한 고상한 심성을 얻기

위해 부단히 노력한다면, 정말 선하고 유익한 것을 행할 수 있을 것이다. 그러나 그대가 그것을 소망할 필요는 없다. 그대 스스로 그런 것을 가지고 있고 또한 행할 수 있다. 그대는 하늘을 향해 손을 들거나, 소원을 성취하기 위해 신상의 귀에 아주 가까이 다가갈 수 있게 해달라고 신전 관리인에게 부탁할 필요가 없다. 신은 그대 가까이에, 그대 곁에, 그대 안에 있다. 정말이지, 친애하는 루실리우스여, 성령은 우리 안에 있고 우리의 모든 악과 선을 주시하며 지키고 있다. 우리가 성령을 대하는 방식대로 그 또한 우리를 대한다. 신이 없이는 결코 선한 인간이 될 수 없다. 누군가 신이 없이 행복을 향해 날아오를 수 있겠는가? 인간에게 위대하고 숭고한 사상을 불어넣어주는 것은 성령이 아닌가? 모든 신실한 사람에게는 신이 내재한다. 어떠한 신이냐고? — 그것은 내가 그대에게 말할 수 없는 것이다."

나방의 노래

1 콤플렉스가 외부로 표명될 때는 만화경과 같은 변화무쌍함에도 불구하고 흔히 고도의 안정성을 지닌다. 나는 실험 연구를 통해 이 사실을 충분히 확인했다 (1904~1910년 동안의 진단적 연상 실험).
2 제1부, p. 164f.(1부, 1070~1077행, 1084~1091행.)
3 앞의 책, p. 154.(1부, 708~709행.)
4 배교자 줄리앙Julian은 자연 종교가 기독교를 이겨내도록 최후의 노력을 하였으나 실패하였다.
5 이런 식의 문제 해결은 기원 후 처음 몇 세기 동안 행해졌던 세계 도피(동양의 사막에 있는 은둔자 도시들)를 통해서도 비슷하게 추구되었다. 로마의 퇴폐 문화에 나타난 극단적인 야만성으로부터 탈주하기 위해 인간은 초속성超俗性 속에서 자신의 육욕을 단절했다. 동물적 본성이 너무 강해서 강력하게 그것을 말살해야만 하는 곳에서는 항상 금욕이 행해진다. Houston Chamberlain(*Die Grundlagen des XIX. Jahrhunderts*)은 그러한 사실을 당시 지중해 민족들의 무절제한 잡교雜交 때문에 생물학적인 자살이 시도된 것으로 보고 있다. 내 생각에 잡교는 저속하지만 생의 쾌락을 준다. 모든 상황을 참작해볼 때, 개개인의 파멸을 말해주는 그 시대의 멜랑콜리에 염증을 느끼고 시대에 맞지 않는 자신의 내면적 태도를 지워버리기 위해 삶을 마감한 윤리적인 인간들이 있다.
6 디케Δίκη(법). 제우스Zeus와 테미스Themis의 딸로서 황금시대 이후 타락한 지구를 떠났다.
7 *Bucolica*, Ecl. IV. Norden, *Die Geburt des Kindes*, p. 14 참조. R. A. Schröder

가 번역함(라틴어 원문은 『전집』을 보라). 이 목가 때문에 베르길리우스는 후에 흡사 기독교 시인으로 예우를 받았다. 그는 또한 이 부분을 단테에게서 나타나는 지도자 직분에서 따왔다.

8 제2부, 5장, p.471.〔『파우스트』, 2부, 11559~11563행.〕
   저 산줄기를 따라 늪이 하나 있어서,
   그 독기가 지금까지 개척해놓은 것을 죄다 해치고 있다.
   썩은 웅덩이 물을 빠질 수 있게 하는…
   나는 백만인을 위해 토지를 개척하여…

9 제1부, p.163f.〔1부, 1050~1055행.〕

10 제1부, p.164f.〔1부, 1074~1077, 1085~1086행.〕
   파우스트(산책하며):
   오, 내게 날개가 있다면 땅에서 솟구쳐 올라
   태양을 따라 어디든 날아갈 수 있으련만!
   영원한 석양 속에
   발아래 고요한 세계를 볼 수 있으련만…
   그래도 내겐 새로운 충동이 깨어나
   태양의 영원한 빛 마시기 위해 달려가리라.

11 앞의 책, p.47.

12 Jung,「조발성 치매의 심리학에 관하여Über die Psychologie der Dementia praecox」(『전집』 3권, Paragr. 77ff)와 「콤플렉스 학설의 개요Allgemeines zur Komplextheorie」(『기본 저작집』 1권, p.188ff.)〔한국어판, 241쪽 이하〕참조.

13 「요한일서」, 4장 8절과 12절. 불가타 성서Vulgata에서의 '애덕caritas'은 그리스어의 아가페ἀγάπη에 해당한다. 『신약성서』에 나오는 이 단어는 아가페시스 ἀγάπησις(사랑하는 것)와 마찬가지로 아가판ἀγαπᾶν(사랑한다, 존경한다, 칭찬한다, 인정한다 등)으로부터 파생된다. 그러므로 아가페Ἀγάπη는 의심할 나위 없이 일종의 정신 기능이다.

14 Apuleius, 앞의 책, lib. XI, p.240. "나는 타오르는 햇불을 오른손에 들고 종려나무 잎으로 된 화관으로 장식하고 있었다. 그것은 빛줄기처럼 내 머리를 에워싸도록 만들어져 있었다. 그렇게 태양의 상과 같이 완벽하게 장식을 한 채 나는 입상처럼 그곳에 서 있었다."(라틴어 원문은 『전집』을 보라.)

15 Dieterich, *Eine Mithrasliturgie*, pp.8/9(그리스어 원문은 『전집』을 보라).

16 사사니드Sassanide의 왕들 역시 스스로를 "태양과 달의 형제"라고 칭했다. 이집트에서는 모든 지배자의 심혼은 태양신 호루스Sonnenhorus에서 분리되어 나온 것으로 여겨졌다.

17 *Elenchos*, X, 34, 4, p. 293(그리스어 원문은 『전집』을 보라).
18 「시편」, 82편 6절;「요한복음」, 10장 34절 이하.
19 위에서 말한 대관식을 참조. 깃털은 권력의 상징이다. 깃털 관은 광채를 발하는 관과 같다. 대관식 자체가 이미 태양과의 동일시를 뜻한다. 예컨대 끝이 뾰족한 왕관은 로마 황제들이 태양의 반려Sol invictus로 여겨진 이래 로마의 동전 그림에 등장한다: "천하무적인 태양의 반려." 후광은 바로 그와 같은 것으로서 태양의 이미지다. 머리 중앙부의 삭발도 마찬가지다. 이시스의 사제들은 성신星辰과 같이 매끈하게 깎은 번쩍거리는 머리를 하고 있었다(Apuleius, 앞의 책 참조).
20 "음부에서 나온 날의 출현."(Erman, *Ägypten*, p. 459f.)
21 이른바 미트라스 제식의 텍스트에는 다음과 같이 적혀 있다. "나는 당신들과 함께 궤도를 운행하며 심연에서 빛을 발하는 별이다. 당신이 그것을 말하면 곧 바로 태양륜이 펼쳐질 것이다."(p. 8f.)(그리스어 원문은 『전집』을 보라.)
22 특히 「요한복음」의 표현을 참조. "나와 아버지는 하나이니라."(10장 30절) "나를 본 자는 아버지를 보았거늘."(14장 9절) "내가 아버지 안에 있고 아버지께서 내 안에 계심을 믿으라."(14장 11절) "내가 아버지께로 나와서 세상에 왔고 다시 세상을 떠나 아버지께로 가노라."(16장 28절) "내가 내 아버지, 내 하느님 곧 너희 하느님께 올라간다."(20장 17절)
23 앞의 책, pp. 8/10 und 9(그리스어 원문은 『전집』을 보라).
24 Buber[Hg.], *Ekstatische Konfessionen*, p. 66.
25 Renan(*Dialogues et fragments philosophiques*, p. 168)은 다음과 같이 말한다. "종교가 신을 절대적이고 이상적인 존재로, 다시 말해 세상을 초월한 존재로 생각해야 한다고 선포하기 전에는, 단 하나의 숭배만이 합리적이고 과학적인 것으로 통했는데, 그것은 태양 숭배였다."(프랑스어 원문은 『전집』을 보라.)
26 Dieterich, *Mithrasliturgie*, pp. 6/7(그리스어 원문은 『전집』을 보라).
27 Buber, 앞의 책, p. 51f.
28 Buber, 앞의 책, p. 41. Carlyle(*Über Helden, Heldenverehrung und das Heldentümliche in der Geschichte*, p. 54)에게서 유사한 상징성을 찾아볼 수 있다. "실존한다는 엄청난 사실이 그에게 대단한 것이다. 그는 원하는 방향을 향해 갈 것이다. 그는 이 현실의 엄숙한 현존에서 벗어날 수 없다. 그의 본질은 그러한 성질을 띤다. 그런 점이 그를 위대하게 만드는 일차적인 면이다. 그에게는 이 우주 만물이 두렵고도 경이로우며, 삶처럼 현실적이고 또한 죽음처럼 현실적이다. 모든 인간이 그 진리를 망각하고 공허한 가상 속에서 방황한다 해도, 그는 그럴 수 없다. 매 순간 불꽃의 이미지가 그를 향해 빛난다.…" 예컨대 Friedländer("*Veni Creator!*" *Zehn Jahre nach dem Tode Friedrich Nietzsche's*,

p. 823)와 같은 문헌 속에서 임의로 증거를 추려낼 수 있다. "그녀의 열망은 연인에게서 오직 가장 순결한 것만을 갈망한다. 그녀는 태양과도 같이, 빛이 되려 하지 않는 엄청난 생의 불꽃과 함께 산화되어 재가 된다. 이 사랑의 태양 같은 눈." 등.

29 이러한 이미지는 이른바 '창공을 떠도는 심혼'의 심리학적인 근원을 담고 있다. 그러한 관념은 아주 오래된 것이다. 그것은 움직이는 태양(그림 11)의 한 이미지다. 태양이 떠올랐다 질 때까지 전 세상 위에서 움직이는 것이다. 이러한 비유는 인간의 환상 속에 지울 수 없이 각인되어 있다. 예컨대 Mathilde Wesendonck의 시 「고통Schmerzen」은 다음과 같다.

> 태양이여, 그대의 아름다운 눈은 / 매일 저녁 붉게 물들며 우는구나.
> 바다의 거울 속에 몸을 담그며 / 때 이른 죽음이 그대에게 이르는구나.
>
> 하지만 음울한 세계의 영광이, / 옛 광휘 속에서 부활한다.
> 아침이면 그대는 다시 깨어나리. / 당당한 승리의 영웅처럼.
>
> 아, 얼마나 내가 탄식해야 할지, / 내 가슴이 얼마나 힘들게 그대를 바라보는지,
> 태양이 스스로 힘을 저버려야 하는가. / 태양이 져야 하는가?
>
> 그런데 죽음은 오로지 삶을 낳고 / 고통은 오로지 환희를 낳을 뿐이다:
> 오, 자연이 그러한 고통을 내게 / 준 것을 어떻게 감사해야 할지.

Ricarda Huch의 시는 또 하나의 유례가 된다.

> 지구가 태양에서 멀리 떨어져 나와
> 순식간에 격정적인 밤 속으로 들어가네.
> 벌거벗은 몸을 차가운 눈으로 빛나게 해.
> 말문을 닫게 한 채, 여름철의 환희를 앗아가네.
>
> 그리고 겨울의 그림자 속으로 더 깊이 가라앉으며
> 벗어나려 하는 곳으로 순식간에 다가가고,
> 장미의 빛으로 따뜻하게 에워싸인 자신을 보며,
> 잃어버린 짝을 향해 돌진하네.

그렇게 나는 추방의 형벌을 감당하며,
그대의 모습을 보고 재앙이 있는 곳으로 나아갔네.
무방비 상태로 황량한 북쪽을 향해 갔네.

죽음의 형벌을 향해 점점 더 깊숙이 내려가다가,
그대의 심장 때문에 그렇게 깨어났다네.
서광의 웅장함에 눈이 부신 채.

창공 배회는 페레그리나치오peregrinatio(여행)의 주제로서 연금술에 이르기까지 계속되는 영웅의 배회Heldenwanderung의 특수한 경우다. 이 주제가 가장 먼저 나타난 곳은 아마도 하란 논문 *Platonis liber quartorum*(p. 145)에 나오는 플라톤(?)의 창공 배회일 것이다. 또한 Jung, 「심리학과 연금술Psychologie und Alchemie」(『기본 저작집』 6권, 164쪽 이하)을 볼 것.

30 Buber, 앞의 책, p. 45.
31 Werke VIII, p. 427.
32 Dieterich, *Mithrasliturgie*, p. 9.
33 앞의 책, p. 13.
34 앞의 책, p. 75.
35 *Denkwürdigkeiten eines Nervenkranken*, p. 205f.
36 Werke VIII, p. 417.
37 심지어는 악어의 모습으로 출현하는 물의 신 소베크Sobk까지도 레Rê와 동일시되었다.
38 Erman, *Ägypten*, p. 354.
39 위의 '다섯 손가락 모양의 별'을 참조.
40 앞의 책, p. 355.
41 프타Ptah의 현현인 아피스 황소Apisstier.
42 아몬Amon.
43 파이윰Faijum의 Sobk.
44 델타Delta 지대 데두Dedu의 신으로서 나무 기둥으로 숭배되었다.
45 엄청난 열광 속에서 진행되었던 이 개혁은 곧바로 다시 좌절되었다.
46 Apuleius, 앞의 책, lib. XI, p. 223f. (라틴어 원문은 『전집』을 보라.) 인문주의자들까지도(나는 Mutianus Rufus의 말을 생각하고 있다) 동일한 혼합주의에 빠져들어, 원래 고대에는 남성 신과 여성 신, 이 두 신만 존재했었다고 주장한 것은 주목할 만한 일이다.

47 신격뿐 아니라 심혼에도 빛과 불의 본질이 있다고 보았다. 마찬가지로 그리스인들에게 있었던 마니교의 체계를 예로 들 수 있는데, 거기에서 심혼은 불 같은 바람의 특징을 지닌다. 『신약성서』의 성령은 불꽃의 형태로 사도들의 머리 위에 출현한다. 프네우마는 불로 여겨졌기 때문이다(또한 Dieterich, *Mithrasliturgie*, p. 116 참조). 이란의 흐바레노Hvarenô 관념도 매우 유사하다. 그것은 '하늘의 은총'으로 이해할 수 있는데, 군주는 그러한 은총에 의해 통치를 한다. '은총'은 일종의 불, 혹은 빛나는 영광으로서 매우 실질적인 것으로 여겨졌다(Cumont, *Mysterien des Mythra*, p. 84f. 참조) 그와 비슷한 특성을 우리는 Kerner의 프레포르스트의 예언녀Seherin von Prevorst에서 볼 수 있다.

48 Dieterich, 앞의 책, pp. 6/7(그리스어 원문은 『전집』을 보라).

49 고대 그리스의 민속 신앙에 따르면, 루시타니아의 암말과 이집트의 독수리는 미풍을 통해 수태되었다.

50 바위에서 기적적으로 태어나는 미트라스에 대해(그림 20 참조) Hieronymus는, 그러한 생산이 "리비도의 단순한 열에 의해" 이루어진 것이라고 말한다(Cumont, *Textes et monuments* I, p. 163).

51 앞의 책, p. 7.

52 Mead, *A Mithraic Ritual*, p. 22.

53 나는 흥미로운 상징성을 우리에게 보여주는 다음 사례를 작고한 내 동료 Franz Riklin 박사 덕분에 알게 되었다. 그것은 다음과 같이 뚜렷한 과대망상으로 전이된 한 여성 편집증 환자에 관한 것이다: 그녀는 갑자기 한 줄기의 강력한 빛을 보았다. 바람이 그녀에게 세차게 불었고 그녀는 자신의 '심장이 뒤집어지는 것'을 느꼈다. 이 순간부터 그녀는 신이 그녀에게 찾아와 그녀의 내부에 있다는 것을 알았다.

54 Washington D. C.의 Government Hospital 원장인 A. White 박사는 친절하게도 내게 이 일을 할 수 있도록 해주었다. 이 자리를 빌려 그에게 감사를 드린다.

55 이에 대해 더 자세한 것은, Jung und Kerényi, *Einführung in das Wesen der Mythologie*[Jung, *Zur Psychologie des Kind-Archetypus*, 『기본 저작집』 2권]와 Jung, *Der Geist der Psychologie*[『전집』 8, Paragr. 388ff.] 참조.

56 나의 글 「심리학과 종교Psychologie und Religion」(『기본 저작집』 4권)를 보라.

57 Dieterich, *Mithrasliturgie*, pp. 10/11[위 본문 pp. 12, 13과 15에서 인용]. (그리스어 원문은 『전집』을 보라.)

58 Dieterich, 앞의 책, pp. 14/15(그리스어 원문은 『전집』을 보라).

59 큰곰자리는 일곱 개의 별로 이루어져 있다.

60 미트라스는 흔히 한 손에 단검을, 다른 손에는 횃불을 들고 있는 모습으로

그려진다(그림 20). 검은 그의 신화에서 희생의 도구로서 역할을 한다. 기독교 상징에서도 마찬가지다. 이에 대해서는 「미사에 나타난 변환의 상징Das Wandlungssymbol in der Messe」(『기본 저작집』 4권, pp. 121f.와 139f.〔한국어판, 160쪽 이하, 184쪽 이하〕)에 있는 나의 설명을 참조.

61 원래는 '금 화관'.
62 이에 대해서는 헬리오스의 진홍색 외투를 참조. 희생 동물의 피 묻은 가죽으로 몸을 감싸는 것이 다양한 숭배 의식에 속하는 일이었다. 루페르쿠스, 디오니소스, 사투르누스의 숭배 의식에서 그렇다. 이들은 우리에게 카니발을 남겨놓았는데, 로마의 그 전형적인 형상은 프리아푸스의 풀치넬로Pulcinello였다.
63 Byssus 옷을 입은 헬리오스의 추종자들을 참조. 황소 머리를 한 신들은 흰 앞치마(?)를 두르고 있다.
64 *Vendidad*, XIX, 28에 나오는 미트라스의 칭호. Cumont, *Textes et monuments*, p. 37에서 인용함.
65 『파우스트』에서의 태양의 상징성은 신인동형동성anthropomorph적인 환영의 단계까지 발전되지는 않는다. 그것은 자살 장면에서(Teil, I, 1. p. 154)〔1부 702행〕, 헬리오스의 마차에서 멈춘다. ("불수레 하나가 가볍게 흔들거리며 다가온다 / 나를 향해!") 엘리아Elia나 미트라스의 승천(Franz von Assisi의 경우도 비슷하다) 때와도 같이 죽어가는, 혹은 이승을 떠나는 주인공을 맞이하기 위해 불수레가 온다. 파우스트는 바다 위로 날아가는데, 미트라스도 마찬가지다. 엘리아의 승천에 대한 초기 기독교의 조형적인 묘사는 일부 미트라스교의 묘사에서 따온 것이다. 하늘로 치솟아 오르는 태양 수레의 말들은 견고한 지구를 떠나 그들의 발밑에 있는 물의 신 오케아노스 위로 길을 간다(Cumont, *Textes et monuments* I, p. 178).
66 *De somniis*, I. 85.
67 Pitra, *Analecta sacra*, Cumont, *Textes et momuments* I, p. 335(그리스어 원문은 『전집』을 보라).
68 Cumont, 앞의 책(라틴어 원문은 『전집』을 보라). 독일어로는 Usener, *Das Weihnachtsfest*, p. 8에 실림. *Maleachi*의 구절은 다음과 같다. "내 이름을 두려워하는 너희에게 정의의 태양이 떠오를 것이다. 그 날개 아래서 치유가 이루어질 것이다"(4, 2). 이러한 이미지는 이집트의 날개 달린 태양륜을 연상시킨다(그림 12와 21 참조).
69 Cumont이 번역함, 앞의 책, p. 355(라틴어 원문은 『전집』을 보라).
70 Origines, VI: περὶ ἀστρονόμων, Cumont, 앞의 책, p. 356(그리스어 원문은 『전집』을 보라)에서 인용함.

71 *In Ioannis evangelium tractatus* XXXIV, 2 [III/2, col. 2037].
72 카타콤베의 그림들 역시 태양의 상징성을 많이 지니고 있다. 예컨대 스바스티카 십자가(태양륜)는 페트루스와 마르셀리누스의 교회 묘지 안에 있는 포도재배가 디오게네스의 의복에서 발견된다. 떠오르는 태양, 황소, 숫양의 상징은 성 도미틸라의 묘지의 오르페우스-프레스코화에서 볼 수 있다. 비슷한 예로 숫양과 공작(불사조와 함께 태양의 상징인)은 칼리투스-카타콤베의 묘비문에서 발견된다.
73 Görres의 수많은 예가 있다. *Die christliche Mystik*.
74 Le Blant, *Les Sarcophages chrétiens de la Gaule*. Clemens von Rom의 성서 강해(II, 23, Cumont, 앞의 책, I, p. 346에서 인용)에는 다음과 같은 말이 있다. "주 님에게는 열두 사도가 있는데, 그것은 태양력 열두 달의 숫자다."(그리스어 원 문은 『전집』을 보라) 분명히 그 이미지는 황도 12궁을 지나가는 태양의 궤도와 관련이 있다. 황도 12궁은 동물 기호를 등에 지니고 있는 뱀(미트라스 비의의 레온토케팔루스 신Deus leontocephalus과 비슷하다. 그림 79[『기본 저작집』 8권] 참조)으로 묘사된다(아시리아의 달 궤도 역시 마찬가지다. 그림 22 참조). 이러한 견해는 한 바티칸 Codex(190, saec. XIII, p. 229, Cumont, 앞의 책, p. 35에서 인용)에서 Cumont이 편집한 구절을 통해 증명된다. "그러자 온 세상의 창조자는 그의 지고한 명령으로써 별처럼 번쩍이는 왕관을 쓴 커다란 용을 움직이게 했다. 그 용은 바로 그의 등에서 생겨나는 황도 12궁의 열두 기호다."(그리스어 원문은 『전집』을 보라) 마니교의 체계도 역시 그리스도에게 뱀 이미지의 속성을 부여했다. 더욱이 그것은 낙원의 나무에 있는 뱀이다(「요한복음」, 3장 14절 참조: "모세가 광야에서 뱀을 들어올린 것같이, 인자도 들려지리라.…" 그림 23 참조).
75 "Alii humanius et verisimilius Solem credunt deum nostrum[더 인간적이고 더 능력 있는 다른 이들이 우리의 신인 태양을 볼 것이다]."(*Apologia*, 16)
76 11세기의 한 뮌헨 필사본에 따름. Wirth, *Aus orientalischen Chroniken*, p. 151ff.(그리스어 원문은 『전집』을 보라)에서 인용.
77 앞의 책, p. 166, 22(그리스어 원문은 『전집』을 보라).
78 Abeghian, *Der armenische Volksglaube*, p. 41.
79 아티스Attis는 후에 미트라스에게 동화되었다. 그는 미트라스와 마찬가지로 프리기아식 원추형 모자에 그려졌다(그림 20 참조). Cumont, *Mysterien des Mithra*, p. 167f. 참조. Hieronymus의 증거에 따르면, 베들레헴의 탄생 동굴은 원래 아티스의 성전spelaeum이었다(Usener, 앞의 책, p. 291).
80 Cumont(*Mysterien des Mithra*, p. IV)은 이렇게 말한다. "놀라움에 차서 두 적

수는 그들이 많은 점에서 얼마나 비슷한지 확인했다. 그러한 유사성의 원인에 대해서는 서로 답해줄 수 없었다."

81 Byron, *The Poetical Works*, p. 421(영어 원문은 『전집』을 보라). Otto Gildemeister가 번역함: 3. Szene p.187.
82 Rostand, 앞의 책, p.224f.(프랑스어 원문은 『전집』을 보라). Üb. V, 6; p. 274.
83 「창세기」, 6장 2절(영어 원문은 『전집』을 보라).
84 Byron, 앞의 책, p.419(영어 원문은 『전집』을 보라); Üb. p.177.
85 주 대상인 자연은 우리가 그 자체로는 인식하지 못하는 우리 무의식의 모든 내용을 반영한다. 우리는 그것을 인지하면서 느끼는 수많은 쾌와 불쾌의 감정을 곧바로 대상의 탓으로 돌린다. 대상이 대관절 어디까지 그 원인이 될 수 있는지 깊이 생각해보지 않고 말이다. 직접적 투사의 예를 한 민요에서 찾아볼 수 있다.

> 저 아래 바닷가, 저 아래 해안에서,
> 한 젊은 여인이 남편의 두건을 빨고 있었네…
> 부드러운 서풍이 해안으로 불어와,
> 바람을 일으키며 그녀의 치마를 슬쩍 추켜올렸네.
> 그리고 그녀의 복사뼈를 슬쩍 보게 해주었지.
> 해안은 훤해지고, 온 세상이 훤해졌네.
> (근대 그리스어로 된 민요. Sanders, Das Volksleben der Neugriechen, p. 81; Arnold, 앞의 책, p.166에서 인용.)

게르만 민요는 다음의 형태로 되어 있다.

> 기미르Gymir의 농가에서 나는 보았네. / 사랑스러운 아가씨를.
> 그녀의 팔뚝의 광채로 하늘이 타올랐다네. / 영원한 바다까지도 온통.
> (Aus: *Die Edda*; Arnold, 앞의 책, p.167에서 인용)

영웅이 탄생하고 죽을 때 일어나는 '우주적' 사건에 관한 모든 기적의 이야기도 이에 속한다.

86 Byron, 앞의 책, p.419(영어 원문은 『전집』을 보라), Üb. p.176.
87 가장 위대한 일을 한 후에는 정신적 혼란에 빠지는 신화적 영웅들과 비교할 수 있다.
88 종교사를 보면 그러한 탈선에 대한 수많은 예가 나온다.
89 (영어 원문은 『전집』을 보라. 앞의 책, p.146ff.) 아나Anah는 노아Noah의 아들 야페Japhet의 애인인데, 천사 때문에 그를 떠난다.
90 간구의 대상은 원래 하나의 별이다. 미스 밀러의 '샛별' 참조.
91 원래는 움직이는 태양의 한 속성이다.

92 자신의 심혼이 지닌 빛의 실체.
93 두 가지 빛의 성질의 결합은 그 근원이 공통된다는 것을 말해준다. 그것은 바로 리비도 이미지다. Mechthild von Magdeburg(*Das fließende Licht der Gottheit*)에 따르면 심혼은 '사랑'으로부터 만들어진 것이다.
94 Stuck의 그림, 즉 「죄악」, 「고통」, 「관능」(그림 24 참조)을 참조. 거기서는 벌거벗은 여자의 몸이 뱀으로 휘감겨 있다. 엄밀히 말해 그것은 죽음의 공포를 나타내는 그림이다.
95 Byron, 앞의 책, p. 412f.
96 앞의 책, p. 413.
97 앞의 책, p. 415f., Üb. p.162f.
98 가령 어느 꿈꾼 여성의 경우, 무의식의 산물에 대한 해석은 이중의 측면을 지닌다. 즉, 그것 자체(객관 단계)를 의미하기도 하고 또한 투사(주관 단계)를 의미하기도 한다. 「무의식의 심리학에 대하여Über die Psychologie des Unbewußten」[『전집』7권, Paragr. 130] 참조.

제2부

서론

1 태양신으로서 Simson. Steinthal, *Die Sage von Simson* 참조. 사자를 죽이는 것은 미트라스교의 황소 제물처럼 신적인 자기희생을 예시한다. 아래를 참조.
2 원래 마루트Marut(바람)의 아버지로서 바람 또는 폭풍의 신인 루드라 여기서 유일한 창조주로 등장한다. 원문의 흐름에서 그것을 알 수 있다. 바람의 신으로서 그는 창조와 수태의 역할을 한다. 아낙사고라스Anaxagoras에 대한 1부의 설명과 아래의 글을 참조하길 바란다.
3 이 부분과 다음의 『우파니샤드』 구절은 The Upanishads [F. Max Muller의 번역과 편집 — 이 책의 이전 판본과는 달리 우리는 융 도서관에 소장된 더 현대적인 번역을 이용했다. 영어 원문과 관련됨. 『전집』을 볼 것], Third Adhyâya, p. 244f.에서 인용.
4 이와 비슷하게 페르시아의 태양신 미트라스도 무수한 눈을 가지고 있다. 또한 이그나티우스 폰 로욜라Ignatius von Loyola가 말하는 수많은 눈을 지닌 뱀의 환영도 이와 같은 것이 아닐까? 이에 대해서는 나의 강의록 *Der Geist der Pychologie* [『전집』 8, Paragr. 395]를 참조.

5   자신 안에 신을, 태양을 지니고 있는 자는 태양과 같이 불멸의 존재가 된다. 위의 *Das Lied von der Motte* 참조.
6   [독일어 원문이 없음.]
7   *Die Entstehung des Heros*(『기본 저작집』 8권)에서 팔로스φαλλός의 어원에 나타난 빛의 상징성을 참조.
8   2. Teil, p. 316.(2부, 6257~6264행)
9   1. Teil, p. 172.(1부, 1335~1336행)
10 「심리학과 연금술Psychologie und Alchemie」, 『기본 저작집』 5권과 6권의 사항색인에서 'coniunctio(융합 또는 결합)'를 참조. 「전이의 심리학Die Psychologie der Übertragung」(『기본 저작집』 3권)에서 나는 이 문제를 심리학적으로 설명한 바 있다.
11 괴테는 이것을 크리소포에Chrysopoee의 '기적miraculum'과 관련시킨다.
12 그에 대해서는, 그가 뱀들의 어머니를 장사 지내준 데 대한 감사의 표시로 어린 뱀들이 그의 귀를 닦아주어 그가 들을 수 있게 되었다고 전해지기도 한다.
13 테베의 카베이리온Kabeirion에서 나온 화병 그림을 참조. 거기에는 카비렌들이 고상하고 희화화된 형태로 그려져 있다(Roscher, *Lexikon*, s. u. Megaloi Theoi). 또한 Kerényi, *Mysterien der Kabiren* 참조(그림 30).
14 Daktylen을 엄지손가락이라고 부르는 것은, Plinius, *Historiae naturales*, 37, 170의 기록 때문이다. 이에 따르면, 엄지손가락 형태를 한 은회색의 크레타의 보석이 있었는데 그 이름이 Idaei Daktyli이었다.
15 여기에서 닥틸로스Daktylos 박자가 생겨났다.
16 Roscher, 앞의 책 아래. Daktyloi를 참조.
17 Varro는 위대한 신들μεγάλοι θεοί을 가신家神들Penaten과 동일시한다. 카비렌들은 사모트라케 항의 "쌍둥이 형제 카스토르와 폴룩스의 시뮬라크르Simulacra duo virilia Castoris et Pollucis"라는 것이다.
18 라코니아 해안의 프레지에와 페프노스에서는 머리에 모자를 쓴, 발목 높이밖에 되지 않는 몇 개의 입상이 발견되었다.
19 그 외에 크파테이아Κρατεια라고 지칭된 여자 형상이 발견되는데, 그것은 (오르페우스교에서) '출산하는 여자'로 해석된다.
20 Roscher, 앞의 책, 아래를 보라. Megaloi Theoi.
21 Roscher, 앞의 책, 아래를 보라. Phales. 오늘날 사람들은 고대 지중해 지방의 그리스 이전 시대의 근원을 더 가능한 것으로 여긴다. Kerényi, *Die Geburt der Helena*, p. 59.
22 Kerényi, *Mysterien der Kabiren*, p. 10에도 사진이 들어 있다(그림 30 참조).

23 내 글의 1부(『전집』 제5권 첫 판본)와 동시에 출간된 프로이트의 논문(*Psycho-analytische Bemerkungen über einen Fall von Paranoia*)에는(p. 68) 정신병을 앓은 슈레버의 환상에서 나온 '리비도 이론'에 대해 언급하고 있는데, 그것은 내가 말하는 의미와 유사하다. "태양 광선과 신경 섬유, 정자精子의 압축으로 이루어진 슈레버의 '신의 광선'은 원래 외부로 투사된 리비도 점유 Libidobesetzungen가 사물화되어 표현된 것에 지나지 않으며, 그의 광기가 우리의 이론과 뚜렷이 들어맞는다는 것을 보여준다. 환자의 자아가 모든 광선을 자신에게로 끌어당기기 때문에 세계는 몰락할 수밖에 없다는 것, 나중에 복구 과정 동안 그가 두려움 속에서 자신과 결합되어 있는 광선을 신이 끊어버리지 않도록 조심해야 한다는 것 등, 이외에도 다른 많은 슈레버식 망상 형성 하나하나는 거의 과정에 대한 정신 내적 지각과도 같이 들린다. 그러한 가정은 여기서 나의 편집증Paranoia 이해의 토대가 되었다."
24 *Tusculanarum disputationum libri*, IV, vi, 2 (라틴어 원문은 『전집』을 보라).
25 *Pro Quinctio*, 14.
26 *Catilina*, 7.
27 *Brief an Caesar*, 13.
28 이러한 의미에서 'libidine'는 오늘날까지도 토스카니아의 민속어에 나타난다.
29 *De civitate Dei*, XIV, xv, p. 587 (라틴어 원문은 『전집』을 보라).
30 앞의 책.
31 Walde, *Lateinisches etymologisches Wörterbuch*, 아래 참조. libet. Liberi = Nazari(Walde, 앞의 책, p. 426에서 인용)는 어린아이를 libet에 넣는다. 이것을 입증해야 한다면, 내 생각에 분명 liberi에 속하는 이태리의 생식의 신 Liber 역시 liber와 연관될 것이다. Libitina는 libet에 속하는 Lubentina와 Lubentia(비너스의 속성)와는 아무런 관계가 없다는 시신屍身의 여신이다. 이름은 아직 해명이 되지 않고 있다(그 외는 아래를 참조).
32 이에 대해서는 나의 설명 *Über psychische Energetik und das Wesen der Träume*[『전집』 8, Paragr. 37]을 보시오.

리비도의 개념에 대하여

1 Freud, *Drei Abhandlungen*을 참조.
2 알다시피 뫼비우스Möbius는 다시금 이 견해의 정당성을 입증하고자 했다. 또 다른 사람들 중, 충동 체계에 심리학적인 우월성을 인정하고 있는 이들은 Fouillée, Wundt, Beneke, Spencer, Ribot 등이다.

3   배고픔도 마찬가지다. 내가 치료해서 증세가 많이 나아진 한 여성 환자가 있었다. 어느 날 그녀는 갑자기 이전의 신경증으로 완전히 되돌아간 듯이 보였다. 나는 처음에는 이 일을 이해할 수 없었다. 그러다가 그녀가 생생한 환상에 빠진 나머지 점심 식사를 잊어버렸다는 것이 밝혀졌다. 한 잔의 우유와 빵 한 조각이 단번에 '배고픔의 부가물Hungerzuschuß'을 성공적으로 청산해주었다.

4   Freud(*Drei Abhandlungen*, p. 22): "내 경험에 의하면 이러한 신경증이 성적 충동력에서 기인한다는 말을 미리 할 수밖에 없다. 내 밑은, 성 충동의 에너지가 병적 현상을 유지하는 힘에 기여한다는 뜻이 아니다. 내가 분명히 주장하려는 바는, 이러한 기여가 신경증의 유일하게 변함없고 가장 중요한 에너지원이라는 것, 그래서 당사자의 성생활은 전적으로 혹은 거의 대부분, 아니면 단지 부분적으로 이러한 징후를 보인다는 것이다."

5   *Psychoanalytische Bemerkungen über einen Fall von Paranoia*, p. 65.

6   앞의 책, p. 66.

7   또한 *Der Inhalt der Psychose*에서도 말함(둘 다 『전집』 3권에 실림).

8   여기서 다루고 있는 Schreber의 사례는 순수한 편집증이 아니다. Schreber, *Denkwürdigkeiten*을 보시오.

9   이에 대해서는 Jung, *Über die Psychologie der Dementia Praecox*[『전집』 3권, Paragr. 9와 195] 참조.

10 Ferenczi의 개념 'Introjektion'은 반대로 외부세계를 내면세계로 들여오는 것을 지칭한다. Ferenczi, *Introjektion und Übertragung* 참조.

11 *Die Welt als Wille und Vorstellung*, I, §23, p. 166.

12 *Theogonie*.

13 Roscher, *Lexikon* III, Sp. 2248ff. 참조.

14 Drews, *Plotin und der Untergang der antiken Weltanschauung*, p. 127.

15 앞의 책, p. 133.

16 앞의 책, p. 135.

17 Plotin, *Enneaden*, II, 5, 3.

18 앞의 책, IV, 8. 3.

19 앞의 책, III, 5, 9.

20 Drews, 앞의 책, p. 141.

21 예컨대 Spielrein, *Über den psychologischen Inhalt eines Falls von Schizophrenie*, p. 329 참조.

22 이 논문은 발표되지 않았다.

23 앞의 책, pp. 338, 353, 387. '사정'으로서의 소마Soma에 대해서는 이하를 참조.

24 Berthelot, *Collection des anciens alchimistes grecs*, III, 1, 2ff.
25 Spielrein, 앞의 책, p. 345.
26 앞의 책, p. 338.
27 앞의 책, p. 397.
28 또한 검의 손잡이와 직조 북을 결합시킴으로써 최초의 인간들을 만들어낸다는 인디언들을 상기시켜야 되겠다.
29 앞의 책, p. 399.

리비도의 변환

1 머리를 흔드는 이러한 긴장증적인katatonisch 운동이 성교 행위가 점차 위쪽으로 옮겨감으로써 생겨나는 것을 나는 한 긴장증 환자Katatoniker의 사례에서 보았다. 프로이트는 그것을 아래쪽에서 위쪽으로의 이동이라고 설명했다.
2 Abraham, *Traum und Mythus*.
3 *Mythologische Studien* I: *Die Herabkunft des Feuers und des Göttertrankes* (그림 37 참조). Steinthal, *Die ursprüngliche Form der Sage von Prometheus* 와 Abraham, 앞의 책에 내용이 발췌되어 있다.
4 또한 mathâmi와 mâthâyati. 어원은 manth 혹은 math다.
5 In, Z. f. vgl. *Sprachforsch*(비교언어 연구자). II, p. 395, 그리고 IV, p. 124 (Roscher, *Lexikon* III, Sp. 3034).
6 Bapp(Roscher, 앞의 책).
7 하나의 흥미로운 유례는 인간의 두뇌 속에 자리 잡고 있으며 항상 불타는 바퀴(태양의 상징) 위에서 춤추고 있는 형상으로 그려져 있는 발리인들의 불의 신이다. 그는 발리에서 가장 대중적인 최고의 신으로 통한다(그림 32).
8 Bhrigu = φλεγυ, 인정된 하나의 음성의 연관관계. Roscher, 앞의 책 참조.
9 독수리는 인디언들에게 불의 토템으로 통한다. Roscher, 앞의 책 참조.
10 쿤Kuhn에 따르면 'manth'의 어원은 독일어의 '압착 롤러에 넣다mangeln, rollen(세탁물과 연관해)'로 거슬러간다. Manthara는 버터 교반기다(그림 37). 신들이 대양을 휘저어 amrta(영생 음료)를 만들 때 만다라Mandara산을 교반기로 사용했다(Kuhn, *Mythologische Studien*, I, p. 16ff). Steinthal(*Prometheus*, p. 8)은 시어詩語의 라틴어 표현 'mentula = 남자의 성기'에 주목하고 있다. 여기서 mentmanth가 생겨난다는 것이다. mentula는 menta 혹은 mentha(μίνϑα)의 축소명사로서 박하의 뜻임을 덧붙여 말한다. 고대에 Minze(박하)는 "아프로디테의 왕관"(Dioscorides, II, 154)을 뜻했다. 아풀레이우스Apuleius는 그것

을 "mentha venerea"라고 부르는데, 이는 최음제Aphrodisiacum였다. 히포크라테스Hippokrates에게서는 반대 의미를 찾아볼 수 있는데, "그것을 자주 복용하면 정자가 유동성을 갖게 되어 흘러나가버리고 그것은 발기를 방해하며 몸을 쇠약하게 만든다"는 것이다. Dioscorides에 의하면 Minze는 또한 피임제이기도 하다(Aigremont, *Volkserotik und Pflanzenwelt* I, p. 127). menta에 대해서는 고대인들도 말하고 있다. "그것은 냄새로 정서에 영향을 끼치기 때문에 Menta라고 한다.… Minze의 냄새는 혼을 흥분시킨다."(라틴어 원문은 『전집』을 보라.) 따라서 우리는 ment의 어원을 mens, 즉 혼Geist(영어로는 mind)에서 찾게 된다. 이로써 그것은 pramantha와 유사하게 발전되었을 것이다. 또한 강한 턱이 mento(mentum)로 일컬어짐을 덧붙여 말할 수 있다. 턱의 특수한 발달은 Pulcinello의 프리아푸스Priapus(그리스 신화의 생식 신)의 형상에서 이루어졌으며, 사티로스들Satyren(그리스 신화: 염소 뿔과 꼬리를 가진 숲의 신)과 그 외의 프리아푸스의 악마들이 지닌 뾰족한 턱수염도 마찬가지다. 신체의 돌출 전반이 남성적인 의미를, 또한 모든 오목한 곳이나 구멍이 여성적인 의미를 취할 수 있는 것이다.

11　Kerényi, *Prometheus*, p. 20.
12　"guhya(pudendum)라고 하는 것은 신의 요니yoni(탄생처)를 뜻하고, 거기서 생겨난 불은 축복을 가져온다는 뜻이다."(*Kâtyâyana's Karmapradîpa*, I, 7, Kuhn의 번역, *Herabkunft des Feuers*, p. 65ff.) bohren-geboren의 어원학적 연관관계가 있을 수 있다. 게르만어의 borôn(bohren)은 라틴어 forare(id.)와 그리스어 파라오φαράω = 쟁기질하다pflügen와 근원적으로 연결되어 있다. 나르다tragen의 의미를 지닌 인도 게르만어 어원 bher는 산스크리트어 bhar- 그리스어 페르φερ, 라틴어 fer-로 추정되고, 거기에서 고대 고지 독일어 beran = gebären, 영어 to bear, 라틴어 fero와 fertilis, fordus(임신한trächtig), 그리스어 포로스 φαρός(id.)가 생겨났다. Walde(*Lateinisches etymologisches Wörterbuch*, s. u. ferio 참조)는 forare를 당연히 bher-의 근원으로 여긴다. 이에 대해서는 이하 쟁기의 상징성Pflugsymbolik을 참조(그림 34).
13　Weber, *Indische Studien* I, p. 197; Kuhn, 앞의 논문, p. 71에서 인용함.
14　혹은 인간 전반의. Viçpatni는 여성적 나무이며, viçpati는 Agni의 속성으로서 남성적 나무다.
15　Kuhn, *Herabkunft des Feuers*, p. 64f. 나무Holz는 어머니의 상징이다. Freud, *Traumdeutung*, p. 211 참조. "Ilâsohn(Ila의 아들)": Ilâ는 그의 물고기의 도움으로 대홍수를 이겨낸 후 자신의 딸과 결합해 인간을 다시 만들어낸 유일자 Manus의 딸이다.

16　Hirt, *Etymologie der neuhochdeutschen Sprache*, p. 348 참조.
17　*Capitulare Carlomanni* 742는 "illos sacrilegos ignes quos niedfyr vocant [niedfyr라고 하는 불경스러운 불]"을 금했다. Grimm, *Deutsche Mythologie* I, p. 502 참조. 여기에서도 그런 종류의 불의 의식에 관한 설명을 찾아볼 수 있다.
18　앞의 책, p. 43; 라틴어 원문은 『전집』을 보라.
19　Preuss, *Der Ursprung der Religion und Kunst*, p. 358f.
20　이에 대해서는 F. Schultze, *Psychologie der Naturvölker*, p. 161f. 참조.
21　이러한 원시적 놀이는 남근적인 쟁기의 상징성을 드러낸다. Ἀροῦν은 '쟁기질한다pflügen'는 말이며 그 외에도 '임신시킨다schwängern'에 대한 시적인 의미를 띠기도 한다. 라틴어의 arare는 단지 '쟁기질한다'는 의미지만, "fundum alienum arare"라는 문구는 "이웃의 정원에서 버찌를 딴다"는 뜻이다. 남근적인 쟁기에 대한 뛰어난 묘사를 Florenz의 고고학 박물관에 있는 한 화병에서 찾아볼 수 있다. 거기에는 발기된 성기를 가진 여섯 남자가 남근 모양으로 그려진 하나의 쟁기를 들고 있는 모습이 묘사되어 있다(그림 34; Dieterich, *Mutter Erde*, p. 107ff.). 우리 시대 봄 축제의 "carrus navalis(카니발)"는 중세에서는 때때로 쟁기를 의미했다(Hahn, *Demeter und Baubo*, Dieterich, 앞의 책, p. 109에서 인용함). 취리히의 아베그Abegg 교수는 내게 Meringer의 논문 *Wörter und Sachen*을 지목해주었다. 우리는 여기서 리비도의 상징성이 매우 광범위하게 외적인 소재와 외적인 활동과 융합된다는 것을 알게 될 것이다. 그것은 앞서 우리가 한 논의를 너무나 잘 뒷받침해준다. Meringer의 연구는 uen과 ueneti라는 두 인도 게르만어의 어원에서 출발한다. 인도 게르만어 *uen은 나무, ai. van, vana다. Agni는 garbhas vanām, 나무들의 태아다. 인도 게르만어 *ueneti는 '그가 경작한다'는 의미였으며, 그로써 뾰족한 나무를 사용해 땅에 구멍을 뚫고 이어 땅을 파낸다는 뜻이었다. 이 동사 자체가 증명되지는 않았다. 그것으로 지칭했던 원시적 경작 작업(괭이로 일구기)은 이미 오래전에 사라졌기 때문이다. 경작지를 더 잘 다루는 법을 배웠을 때, 원시적인 문화의 토양에 대한 표기는 초원, 방목지로 넘어갔다. 여기서 고트어 vinja, νομή; 고대 아이슬란드어 vin은 풀밭, 초원이다. 게다가 또한 아이슬란드어 Vanen은 경작의 신들을 의미하는 것 같다. 또한 인도 게르만어 *uenos는 사랑의 기쁨, 라틴어의 Venus다. 그리고 고트어 vens, ἐλπις 고대 고지 독일어 wân은 기대와 희망이며, 산스크리트어 van은 욕망한다begehren, 또한 '환희Wonne', 고대 아이슬란드어 vinr는 연인, 친구를 뜻한다. '경작하다ackern'라는 의미로부터 '거주하다wohnen'가 생겨난다. 그러한 이행은 게르만어에서만 완벽하게 이루어졌다. wohnen은 '익숙해지다gewöhnen, gewohnt sein'가 된다. 고대 아이슬란드어

vanr는 '익숙한gewohnt'이다. 또한 'ackern'에서 '수고하다sich mühen, 쟁기질하다plagen'가 생겨난다. 고대 아이슬란드어 vanr vinna는 '일하다arbeiten'의 뜻이다. 고대 고지 독일어 winnan은 '지칠 때까지 일하다sich abarbeiten'이며, 고트어 vinnan, πάσχειν; vunns, πάθημα. '경작하다ackern'에서 다른 한편으로는 '얻다gewinnen, 도달하다erlangen'의 의미가 생겨난다. 고대 고지 독일어로는 giwinnan이다. 그러나 또한 '상처입히다verletzen'의 의미도 생겨난다. 고트어로 vunds는 '다친wund'이다. 따라서 'wund'의 원래의 의미는 일차적으로는, 괭이로 일구어 파헤쳐진 땅일 것이다. 그리고 'verletzen'에서는 또한 '때리다schlagen, 승리하다besiegen'가 생겨난다. 고대 고지 독일어 winna는 '투쟁Streit', 고대 작센어 winnan은 '싸우다kämpfen'의 뜻이다(그림 35).

22 경작지를 비옥하게 만들도록 그 위에 '신부의 침상'을 놓는 옛 관습은 가장 명백한 유례를 나타낸다. 즉, 여자를 수태시켰듯이 나는 땅을 수태시켰다. 그 상징은 리비도를 땅의 경작과 결실로 이행시킨다. 이에 대해서는 Mannhardt, *Wald- und Feldkulte* I 참조. 여기에서 풍부한 증거를 찾을 수 있다.
23 이에 대해서는 나의 글 「전이의 심리학Psychologie der Übertragung」(『기본 저작집』 3권, p. 178ff.〔한국어판, 233쪽 이하〕) 참조.
24 *Südamerikanische Felszeichnungen*, p. 17.
25 p. 218.
26 앞의 책, p. 371.
27 이에 대해서는 Bücher, *Arbeit und Rhythmus*에 있는 증거들을 참조.
28 Eberschweiler, *Untersuchungen über die sprachliche Komponente der Assoziation*.
29 [이 책의 145쪽 이하 참조.]
30 앞의 책, p. 62f. 이에 대해서는 「심혼의 구조Die Struktur der Seele」(『전집』 8, Paragr. 104ff.]에 있는 나의 더 자세한 설명을 참조.
31 Jung und Kerényi, *Einführung in das Wesen der Mythologie*와 Jung, 「최초의 꿈Die Initialträume」(『기본 저작집』 5권)에서 두 번째 꿈 참조.
32 [Jung, *Theoretische Überlegungen zum Wesen des Psychischen*, 『기본 저작집』 2, 「정신의 본질에 관한 이론적 고찰」, 'G. 행동 양식과 원형' 참조.]
33 예전의 에너지론에서는 '연장 요소Extensitätsfaktor'라고 지칭했다. 이에 대해서는 Von Hartmann, *Weltanschauung der modernen Physik*, p. 5 참조.
34 *Die Geheimlehre des Veda*, p. 22f. Upanishaden은 베다경의 이론에 속하는 것으로서 베다 교리의 신지학적-사색적 부분을 담고 있다. 베다경의 글들, 혹은 모음집은 일부 연도가 불확실하며, 오랫동안 구전에 의해서만 전해져왔는데,

아주 이른 초기 시대까지 거슬러갈 수 있다.
35 근원적 존재Urwesen이며 만물Allwesen로서, 그 개념을 다시 심리학적인 것으로 되돌려 옮겨보면 그것은 리비도 개념과 일치한다.
36 그러므로 아트만Âtman은 원래 양성兩性적인, 또는 암수한몸의hermaphroditisch 존재로 여겨지고 있다. 세계는 탐욕Begehren으로부터 생겨났다. Deussen[Hg.], *Bṛhadāraṇyaka-Upanishad* 1, 4, 1~3, p. 22: "태초에는 이 세계는 오로지 아트만일 뿐이었다.··· 그는 자신의 주변을 바라보았다. 자기 자신 외에는 아무것도 보지 못했기 때문에··· 그는 두려워했다. 그래서 사람은 혼자 있으면 두려워하는 것이다. 그때 그는, '나 말고는 아무것도 없는데 내가 무엇을 두려워한단 말인가?' ··· 그러나 그는 혼자 있을 때 역시 아무 기쁨을 얻지 못했다. 그래서 그는 하나의 두 번째를 갈망했다." 여기에 앞서 인용한 그의 분열에 대한 설명이 이어진다.
37 Deussen, *Sechzig Upanishads des Veda*, I, 1, 3과 4, p. 16.
38 앞의 책, 3, 2, pp. 37과 53f.
39 Brugsch, *Religion und Mythologie der alten Ägypter*, p. 255ff. 그리고 das ägyptische Wörterbuch 참조.
40 독일어 단어 백조Schwan는 여기에 속하는데, 또한 "그가 죽을 때 노래한다"는 뜻이기도 하다. 백조, 독수리, 불사조는 연금술에서 유사한 상징으로 나타난다. 그것들은 태양을 의미하며 그와 함께 또한 철학적 금을 뜻한다. 하이네의 다음 시구도 참조: "연못에서 백조가 노래하네. / 위아래로 날갯짓을 하며, / 점점 나지막이 노래하더니 / 그는 해일 무덤 속에 잠겨버리네."[*Buch der Lieder*, p. 23]
41 *Faust*, 1. Teil, p. 140. [『파우스트』, 1부 243~246행]
42 앞의 책, 2. Teil, p. 272. [『파우스트』, 2부 4666~4678행]
43 "일몰Sonnenuntergang" [2판] (*Sämtliche Werke*, p. 93).
44 [Macdonell, *Sanskrit Dictionary*, p. 112, tégas 참조].
45 ag-ilis, 유동적인beweglich, 관련되는zusammenhängend과 함께: F. M. Müller, *Ursprung und Entwicklung der Religion*, p. 237.
46 Spiegel, *Erânische Altertumskunde* II, p. 49.
47 [p. 219, 각주].
48 Book IV, pp. 25과 26(영어 원문은『전집』을 보라).
49 *Das Gastmahl*, p. 93f.
50 [Tafel XII.]
51 연금술사들도 이 역사에 몰두했으며 네 번째에서 철학자의 아들filius philosophorum을 발견했다. 「심리학과 연금술Psychologie und Alchemie」, 『기본

저작집』6권, '5. 라피스-그리스도-유례'.
52 [*Neutestamentliche Apokryphen*, p. 35.]
53 아그니스Agnis의 이러한 측면은 기독교 신화뿐 아니라 인도 신화와도 밀접한 관계가 있는 디오니소스를 암시한다.
54 "세상에서 모든 축축한 것은 그가 사정射精을 통해 만들어낸 것이다. 사정이란 곧 Soma다."(*Bṛhadāraṇyaka-Upanishad* 1, 4, p. 394)
55 문제는 이러한 의미가 부차적인 것으로나마 발전되었는가 하는 것이다. 쿤에 따르면 그것이 받아들여진 듯하다. 그는 이렇게 말한다(*Herabkunft des Feuers*, p. 18). "어근 manth의 지금까지 발전된 의미와 함께, 베다경에서도 이미 방식 Verfahren이란 단어에서 자연스럽게 발전된 '벗겨낸다Abreißen'의 개념이… 발전되었다."
56 Frobenius, *Das Zeitalter des Sonnengottes*에 예들이 있다.
57 *Zur Psychologie der Brandstifter*.

참고 문헌

Abeghian, Manuk: Der armenische Volksglaube. Leipzig 1899.
Abraham, Karl: Traum und Mythus. Eine Studie zur Völkerpsychologie. (Schriften zur angewandten Seelenkunde, hg. von S. Freud, IV) Leipzig und Wien 1909.
Aigremont, Dr. [Pseud. für Siegmar von Schultze-Galléra]: Fuß- und Schuh-Symbolik und -Erotik. Folkloristische und sexualwissenschaftliche Untersuchungen. Leipzig 1909.
　—Volkserotik und Pflanzenwelt. 2 Bde. Halle 1908/09.
Alciati, Andrea: Emblemata cum commentarijs amplissimis. Padua 1661.
Apokryphen, Neutestamentliche. Hg. von Edgar Hennecke u.a., 2. Aufl. Tübingen 1924.
[Apuleius:] Lucii Apuleii Madaurensis Platonici philosophi opera. Bd. I: Metamorphoseos sive De asino aureo. Altenburg 1778. 독일어: Die Metamorphosen oder Der goldene Esel. August Rode(역). Hanns Floerke.(개정) München und Leipzig 1909.
Arnold, Sir Edwin: The Light of Asia or The Great Renunciation... being the Life and Teaching of Gautama. London 1895. 독일어: Die Leute Asiens oder Die große Entsagung(Mahabhinischkramana). 번역. Leipzig 1887.
　—Bhagavad Gita 참조.
Arnold, Robert Franz: Die Natur verrät heimliche Liebe. In: *Zeitschrift des Vereins für Volkskunde* XII(Berlin 1902) pp.155~167, 291~295.
Artemidoros(aus Daldis): Symbolik der Träume. Friedrich S. Krauß(역주).

Wien, Pest, Leipzig 1881.

Augustinus(S. Aurelius Augustinus): Opera omnia. Opera et studio monachorum ordinis S. Benedicti e congregatione S. Mauri. 11 Bde. Paris 1836~1838:

—Confessionum libri tredecim. Tom. I[col. 132~410]. 독일어: Die Bekenntnisse des heiligen Augustinus. Übers., Otto F. Lachmann(서문 및 주). Reclam. Leipzig 1888.

—De civitate Dei contra paganos libri viginti duo. Tom. VII [전권].

—Sermones ad populum: In appendice, sermones supposititii. Tom. V/2 [sermo supposititius CXX].

—In Ioannis evangelium tractatus XXXVII. Tom. III/2.

Baldwin, James Mark: Das Denken und die Dinge oder Genetische Logik. Eine Untersuchung der Entwicklung und der Bedeutung des Denkens. Unter Mitwirkung des Verfassers ins Deutsche übertragen von W. F. G. Geiße. 3 Bde. Leipzig 1908~1914.

[Bernardino de Sahagun (Fray):] Einige Kapitel aus dem Geschichtswerk des Fray B' de S'. Aus dem Aztekischen übersetzt von Eduard Seler. Hg. von Caecilie Seler-Sachs. Stuttgart 1927.

Bernoulli, C[arl] A[lbrecht]: Franz Overbeck und Friedrich Nietzsche. Eine Freundschaft. 2 Bde. Jena 1908.

Berthelot, Marcelin: Collection des anciens alchimistes grecs. 3 Bde. Paris 1887~1888.

[Bhagavad Gita.] The Song Celestial, or Bhagavad Gita. Sir Edwin Arnold(역). London 1930.

Bibel. 이 책에 인용된 성서는 다음 세 가지 판본이다:

—The Holy Bible, containing the Old and New Testaments. ["King James Version"] London[o. D.].

—Die Bibel oder die ganze Heilige Schrift des Alten und Neuen Testaments nach der deutschen Übersetzung D. Martin Luthers. Stuttgart 1932.

—Die Heilige Schrift des Alten und Neuen Testaments. ["Zürcher

Bibel"] Zürich 1942.
Biblia pauperum. Deutsche Ausgabe von 1471. Gesellschaft der Bibliophilen, Weimar 1906.
Bleuler, Eugen: Zur Theorie des schizophrenen Negativismus. In: *Psychiatrisch-neurologische Wochenschrift* XII (Halle 1910) Nrn. 18-21.
Bṛhadāraṇyaka-Upaniṣad: Deussen, Paul: Die Geheimlehre 참조.
Briefe Jakob [sic] Burckhardts an Albert Brenner. Mit Einleitung und Anmerkungen von Hans Brenner. In: *Basler Jahrbuch 1901* (Basel 1901) pp. 87~110.
Brugsch, Heinrich: Die Adonisklage und das Linoslied. Berlin 1852.
—Dictionnaire hiéroglyphique(Hieroglyphisch-demotisches Wörterbuch). Lithographiert. 7 Bde. Leipzig 1867~1882.
—Religion und Mythologie der alten Ägypter. Leipzig 1891.
Buber, Martin: Ekstatische Konfessionen.
Bücher, Karl: Arbeit und Rhythmus. (Abhandlungen der philologisch-historischen Classe der sächsischen Gesellschaft der Wissenschaften XVII/5) Leipzig 1896.
—Die Aufstände der unfreien Arbeiter 143 bis 129 vor Christus. Frankfurt 1874.
Burckhardt, Jacob: Die Cultur der Renaissance in Italien. Ein Versuch. 2. Aufl. Leipzig 1869.
—Die Zeit Constantins des Großen. Große illustrierte Phaidon-Ausgabe. Wien [o. D.].
—Burckhardt의 서간(Briefe Jakob Burckhardts)을 보라.
Byron, George Gordon Noel, Lord: The Poetical Works. Complete. Pearl Edition. London 1902.
—Lord B's Werke. Otto Gildemeister(역). 6 Bde. 2. Aufl. Berlin 1866. ["Heaven and Earth" in Bd. IV.]

Caesar (C. Julius): Commentarii de bello Gallico. Amsterdam 1746. 독일어: Des Cajus Julius Caesar Denkwürdigkeiten des Gallischen und

des Bürgerkriegs. A. Baumstark(역). Stuttgart 1854.
Carlyle, Thomas: Über Helden, Heldenverehrung und das Heldentümliche in der Geschichte. Sechs Vorträge. 번역. Halle 서명이 있는 자필문서[o. D.].
Chamberlain, Houston Stewart: Die Grundlagen des neunzehnten Jahrhunderts. 5. Aufl. 2 Bde. München 1904.
Cicero (Marcus Tullius): Tusculanarum disputationum ad M. Brutum libri quinque. Dr. Gustav Tischer 해설. 8. Aufl. Berlin 1884.
　—Cicero의 연설에 대한 사전 참조.
Claparède, Édouard: Quelques mots sur la définition de l'hystérie. In: *Archives de psychologie de la Suisse romande* VII (Genf 1908) pp. 169~183.
Cumont, Franz: Die Mysterien des Mithra. Ein Beitrag zur Religionsgeschichte der römischen Kaiserzeit. 번역. 2. Aufl. Leipzig 1911.
　—Textes et monuments figurés relatifs aux mystères de Mithra. 2 Bde. Brüssel 1896/99.
Cyrano de Bergerac: Rostand을 보라.

Deussen, Paul: Allgemeine Geschichte der Philosophie mit besonderer Berücksichtigung der Religionen. 2. Aufl. 2 Doppelbde. Leipzig 1906/15.
　—Die Geheimlehre des Veda. Ausgewählte Texte der Upanishad's. 3. Aufl. Leipzig 1909.
　—Sechzig Upanishad's des Veda. Sanskrit에서 번역, 그리고 서문과 주석 달림. 3. Aufl. Leipzig 1938.
Diagnostische Assoziationsstudien. Beiträge zur experimentellen Psychopathologie. Hg. von C. G. Jung. 2 Bde. J. A. Barth, Leipzig 1906/10. Neuauflagen 1911과 1915. [Jungs Beiträge Ges. Werke II.]
Dieterich, Albrecht: Abraxas. Studien zur Religionsgeschichte des späteren Altertums. Festschrift für Hermann Usener. Liepzig 1891.

──Eine Mithrasliturgie. 2. Aufl. Berlin 1910.
──Mutter Erde. Ein Versuch über Volksreligion. Leipzig와 Berlin 1905.
Drews, Arthur: Die Christusmythe. Verbesserte und erweiterte Aufl. Jena 1910.
──Plotin und der Untergang der antiken Weltanschauung. Jena 1907.

Ebbinghaus, Hermann: "Psychologie". In: Die Kultur der Gegenwart. Hg. von Wilhelm Dilthey u. a., Berlin und Leipzig 1910.
Eberschweiler, Adolf: Untersuchungen über die sprachliche Komponente der Assoziation. In: *Allgemeine Zeitschrift für Psychiatrie und psychisch-gerichtliche Medizin* LXV (Berlin 1908) pp. 240~271.
Edda. Bd. I: Heldendichtung. Übertragen von Felix Genzmer, mit Einleitungen und Anmerkungen von Andreas Heusler. (Thule. Altnordische Dichtung and Prosa) Jena 1912.
Ekstatische Konfessionen. Gesammelt von Martin Buber. Jena 1909.
Emerson, Ralph Waldo: The Conduct of Life. In: The Complete Works of R'W'E', VI. Centenary Edition. 16 Bde. 1903~1904.
Ephraem Syrus (Ephräm der Syrer): Hymni et sermones. Hg. von Thom. Jos. Lamy. 4 Bde. Mecheln 1882~1902.
Erdmann, Benno: Logische Elementarlehre (Logik I). 2. Aufl. Halle a.d. S. 1907.
Erman, Adolf: Ägypten und ägyptisches Leben im Altertum. Tübingen 1885.
Evangelisches Gesangbuch: Gesangbuch, Evangelisches를 보라.

Ferenczi, Sandor: Introjektion und Übertragung. In: *Jahrbuch für psychoanalytische und psychopathologische Forschungen* I (Leipzig und Wien 1909) pp. 422~457.
Ferrero, Guillaume: Les Lois psychologiques du symbolisme. 번역. Paris 1895.

Fichte, Immanuel Hermann von: Psychologie. 2. Bde. Leipzig 1864~73.
Flournoy, Théodore: Des Indes à la planète Mars. Etude sur un cas de somnambulisme avec glossolalie. 3. Aufl. Paris und Genf 1900.
　—Miller 문헌을 보라.
France, Anatole: Le Jardin d'Epicure. Paris 1908.
Freud, Sigmund: Analyse der Phobie eines 5 jährigen Knaben: in: *Jahrbuch für psychoanalytische und psychopathologische Forschungen* (Leipzig/Wien 1909) pp. 1~109.
　—Der Dichter und das Phantasieren. In: Sammlung kleiner Schriften zur Neurosenlehre. 2. Folge. Leipzig/Wien 1909.
　—Eine Kindheitserinnerung des Leonardo da Vinci. (Schriften zur angewandten Seelenkunde VII) Leipzig/Wien 1910.
　—Psychoanalytische Bemerkungen über einen autobiographisch beschriebenen Fall von Paranoia (Dementia paranoides). In: *Jahrbuch für psychoanalytische und psychopathologische Forschungen* III (Leipzig와 Wien 1911) pp. 9~68. [Nachtrag: "P. Schreber: Denkwürdigkeiten eines Nervenkranken", 같은 책 pp. 588~590.]
　—Die Traumdeutung. Leipzig/Wien 1900.
　—Die Zukunft einer Illusion. 2. Aufl. Leipzig/Wien 1928.
　—Drei Abhandlungen zur Sexualtheorie. Leipzig/Wien 1905.
　—Totem und Tabu. Einige Übereinstimmungen im Seelenleben der Wilden und der Neurotiker. Leipzig/Wien 1913.
　—Zur Dynamik der Übertragung. In: *Zentralblatt für Psychoanalyse* II (Wiesbaden 1911) pp. 167~173.
Friedländer, S.: Venicreator! [sic]. Zehn Jahre nach dem Tode Friedrich Nietzsche's. In: *Jugend*, Nr. 35 (München 1910) p. 823.
Frobenius, Leo: Das Zeitalter des Sonnengottes. Berlin 1904.

Gesangbuch. Evangelisches, für Kirche, Schule und Haus in Basel-Stadt und Basel-Land. Basel 1854.
Goethe, Johann Wolfgang von: Werke. Vollständige Ausgabe letzter

Hand. 31 Bde. Cotta, Stuttgart 1827~1834.

——Faust. Gesamtausgabe Insel, Leipzig 1942.

Görres, Joseph von: Die christliche Mystik. 4 Bde. Regensburg und Landshut 1836~1842.

Grimm, Jacob[Ludwig]: Deutsche Mythologie. 4. Ausgabe, hg. von Elard Hugo Meyer. 3 Bde. Gütersloh 1876~1877.

Hamann, Johann Georg: Schriften. Hg. von Friedrich Roch. 8 Bde. Berlin 1821~1843. ["Metakritik über den Purismum der reinen Vernunft" in Bd. VII.]

Hartlaub, Gustav Friedrich: Giorgiones Geheimnis. Ein kunstgeschichtlicher Beitrag zur Mystik der Renaissance. München 1925.

Hartmann, Eduard von: Die Weltanschauung der modernen Physik. 2. Aufl. Bad Sachsa 1909.

Heine, Heinrich: Sämtliche Werke. ["Buch der Lieder" pp.1~64] Stuttgart/Leipzig 1899.

Hennecke, Edgar: Apokryphen, Neutestamentliche 참조.

Hermetica. The ancient Greek and Latin writings which contain religious or philosophic teachings ascribed to Hermes Trismegistus. Hg. von Walter Scott. 4 Bde. Oxford 1934~1936.

Herodotus: Neun Bücher der Geschichte. Bd. I: 첫 권에서 제4권까지 München/Leipzig 1911.

Hesiod: Werke. Verdeutscht im Versmaß der Urschrift von Eduard Eyth. 4. Aufl. (Langenscheidtsche Bibliothek sämtlicher griechischer und römischer Klassiker II) Berlin/Stuttgart 1855~1911.

Hippolytus: Elenchos [= Refutatio omnium haeresium]. Hg. von Paul Wendland. (Die griechischen christlichen Schriftsteller der ersten drei Jahrhunderte) Leipzig 1906.

Hirt, Hermann: Etymologie der neuhochdeutschen Sprache. Darstellung des deutschen Wortschatzes in seiner geschichtlichen Entwicklung. München 1909.

Hölderlin, Friedrich: Sämtliche Werke. Insel, Leipzig [o. D.].

—Gesammelte Werke. Bd. II: Gedichte. 3 Bde. Jena 1909.
Huch, Ricarda: Liebesgedichte. Insel, Leipzig[1916].
Hugo von St. Victor: De laude caritatis. In: Migne, Patrologia Latina CLXXVI col. 969~976.

I Ging(易經). Das Buch der Wandlungen. Richard Wilhelm(독역 및 해설) Jana 1924.

James, William: Psychologie. Leipzig 1909.
Janet, Pierre: Les Névroses. Paris 1909.
Jensen, Peter: Das Gilgamesch-Epos in der Weltliteratur. Straßburg 1906.
Jodl, Friedrich: Lehrbuch der Psychologie. 2 Bde. Stuttgart/Berlin 1908.
Jones, Ernest: On the Nightmare. In: *American Journal of Insanity* LXVI (Baltimore 1910) pp. 383~417. Deutsch: Der Alptraum in seiner Beziehung zu gewissen Formen des mittelalterlichen Aberglaubens. Leipzig/Wien 1912.
Jung, C. G.
　—과 Karl Kerényi: Einführung in das Wesen der Mythologie. Das göttliche Kind/Das göttliche Mädchen. Rhein-Verlag, Zürich 1951. [Beiträge Ges. Werke 9/I(1976): Grundwerk 2: *Zur Psychologie des Kindarchetypus.*]
　—Diagnostische Assoziationsstudien [Beiträge Ges. Werke 2] 참조.
　—Wilhelm [Beiträge Ges. Werke 13] 참조.

Kalthoff, Albert: Die Entstehung des Christentums. Neue Beiträge zum Christusproblem. Leipzig 1904.
Kerényi, Karl: Die Geburt der Helena, samt humanistischen Schriften aus den Jahren 1943~45. (Albae Vigiliae, Neue Folge III) Zürich 1945.
　—Die Göttin Natur. In: *Eranos-Jahrbuch* XIV (1946). Zürich 1947.
　—Mysterien der Kabyren. Einleitendes zum Studium antiker Mysterien. In: *Eranos-Jahrbuch* XI (1944), Zürich 1945.
　—Prometheus. Das griechische Mythologem von der

menschlichen Existenz. (Albae Vigilae, Neue Folge IV) Zürich 1946.
Kerner, Justinus: Die Seherin von Prevorst. Eröffnungen über das innere Leben des Menschen und über das Hereinragen einer Geisterwelt in die unsere. 6. Aufl. Stuttgart 1892.
Kircher, Athanasius: Oedipus Aegyptiacus. 3 Teile in 4 Bdn. Rom 1652~1654.
Kleinpaul, Rudolf: Das Leben der Sprache und ihre Weltstellung. 3 Bde. Leipzig 1893.
Koch-Grünberg, Theodor: Südamerikanische Felszeichnungen. Berlin 1907.
Kuhn, Adalbert: Mythologische Studien. Bd. I: Die Herabkunft des Feuers und des Göttertranks. Ein Beitrag zur vergleichenden Mythologie der Indogermanen. 2. Aufl. Gütersloh 1886.
Külpe, Oswald: Grundriß der Psychologie auf experimenteller Grundlage dargestellt. Leipzig 1893.

Le Blant, Edmond: Les Sarcophages chrétiens de la Gaulle. Paris 1886.
Lexikon, Ausführliches, der griechischen und römischen Mythologie. Hg. von W. H. Roscher u. a. 11 Bde. Leipzig 1884~1890.
Liepmann, Hugo: Über Ideenflucht: Begriffsbestimmung und psychologische Analyse. Halle 1904.
Longfellow, Henry Wadsworth: The Song of Hiawatha. In: The Complete Poetical Works. Cambridge Edition. Boston und New York 1893.
Lotze, Hermann: Logik. Drei Bücher vom Denken, vom Untersuchen und vom Erkennen. (System der Philosophie I) Leipzig 1874.
Lukrez(T. Lucretius Carus): De rerum natura libri sex. Hg. von Hermann Diels. Berlin 1923.

MacDonell, Arthur Antony: A Practical Sanskrit Dictionary. London 1924.
Macrobius, Ambrosius Aurelius Theodosius: Saturnaliorum libri VII.

[Zusammen mit: In Somnium Scipionis libri II] Lyon 1556.

Maeder, A(lphons): Die Symbolik in den Legenden, Märchen, Gebräuchen und Träumen. In: *Psychiatrisch-neurologische Wochenschrift* X (Halle 1908) pp. 45와 55.

Maeterlinck, Maurice: L'Oiseau bleu. Féerie en six actes et douze tablcaux. 98e mille, Paris [o. D.; Uraufführung Moskau/Paris 1908/11].

——La Sagesse et la destinée. 55e mille, Paris 1914.

Mannhardt, Wilhelm: Wald- und Feldkulte. 2. Aufl. 2 Bde. 1904/05.

Mauthner, Fritz: Sprache und Psychologie. (Beiträge zu einer Kritik der Sprache I) Stuttgart 1901.

Mayn, Georg: Über Byrons "Heaven and Earth". Dissertation. Breslau 1887.

Mead, G. R. S.: A mithraic Ritual. (Echoes from the Gnosis VI) London/Benares 1907.

[Mechthild von Magdeburg:] Das fließende Licht der Gottheit der M' von M'. Ins Neudeutsche übertragen und erläutert von Mela Escherich. Berlin 1909.

Meringer, Rudolf: Wörter und Sachen. *Indogermanische Forschungen* XVI (Straßburg 1904) pp. 101~196.

Miller, Frank(Miss, Pseud.): Quelques faits d'imagination créatrice subconsciente. Introduction par M. Th. Flournoy. In: *Archives de psychologie de la Suisse romande* (Genf 1906) pp. 36~51. Deutsch siehe Anhang dieses Bandes.

Mörike, Eduard: Sämtliche Werke. 6 Bde. (in 2), Leipzig [1905?].

Müller, F. Max: Einleitung in die vergleichende Religionswissenschaft. Straßburg 1874.

——Vorlesungen über den Ursprung und die Entwicklung der Religion mit besonderer Rücksicht auf die Religionen des alten Indiens. Straßburg 1880.

——Upanishads, The 참조.

Nerval, Gérard de(Pseud. für Gérard Labrunie): Aurélia. (Ecrits intimes) Pléiade, Paris 1927. Deutsch: Aurelia. (Sammlung Klosterberg) Basel 1943.

Neutestamentliche Ápokryphen: Apokryphen을 보라.

Nietzsche, Friedrich: Werke. 16 Bde. Leipzig 1899~1911. [인용 Bde. II: Menschliches, Allzumenschliches; VI: Also sprach Zarathustra. Ein Buch für Alle und Keinen; VIII: Zarathustra-Sprüche und -Lieder.]

Nroden, Eduard: Die Geburt des Kindes. Geschichte einer religiösen Idee. (Studien der Bibliothek Warburg III) Leipzig und Berlin 1924.

Paul, Hermann: Prinzipien der Sprachgeschichte. 4. Aufl. Halle a. d. S. 1909.

Pfister, Oskar: Die Frömmigkeit des Grafen Ludwig von Zinzendorf. Ein psychoanalytischer Beitrag zur Kenntnis der religiösen Sublimierungsprozesse und zur Erklärung des Pietismus (Schriften zur angewandten Seelenkunde VIII) Leipzig/Wien 1910.

[Platon:] Timaios/Kritias/Gesetze X. Otto Kiefer(독역). Jena 1909.

Plinius(Secundus C.): Naturalis historiae libri XXXVII. Rec. Car. Mayhoff. 6 Bde. Leipzig 1875~1906. 독일어: Die Naturgeschichte des P' S' C'. Hg. von G. C. Wittstein. 6 Bde. Leipzig 1881~1882.

Poe, Edgar Allan: The Raven and Other Poems. New York 1845(독일어: Walter-Verlag).

Pöhlmann, Robert von: Geschichte des antiken Kommunismus und Sozialismus. 2 Bde. München 1893/1901.

Preuss, K. Th.: Der Ursprung der Religion und Kunst. In: *Globus. Illustrierte Zeitschrift für Länder- und Völkerkunde* LXXXVI (Braunschweig 1904) pp. 321~327; 355~363; 375~379; 388~392; LXXXVII (1905) pp. 333~337; 347~350; 380~384; 394~400; 413~419.

Rank, Otto: Ein Traum, der sich selbst deutet. In: *Jahrbuch für psychoanalytische und psychopathologische Forschungen* II/2

(Leipzig/Wien 1910) pp. 465~540.

——Der Künstler; Ansätze zu einer Sexualpsychologie. (Imago-Bücher I) Leipzig/Wien/Zürich 1925.

——Die Lohengrinsage. Ein Beitrag zu ihrer Motivgestaltung und Deutung. (Schriften zur angewandten Seelenkunde XII) Leipzig/Wien, 1911.

——Der Mythus von der Geburt des Helden. Versuch einer psychologischen Mythendeutung. (Schriften zur angewandten Seelenkunde V) Leipzig/Wien, 1909.

Reitzenstein, R(ichard): Die hellenistischen Mysterienreligionen. Ihre Grundgedanken und Wirkungen. Leipzig/Berlin 1910.

Renan, Ernest: Dialogues et fragments philosophiques. 인용: Les Sciences de la nature et les sciences historiques. Lettre à M. Marcellin Berthelot (août 1863) pp. 153~191. Paris 1876.

Riklin, Franz(senior): Diagnostische Assoziationsstudien.

Rigveda (Ṛgveda, Rig-Veda): Deussen을 보라.

Roscher, Wilhelm Heinrich: Lexikon, Ausführliches을 보라.

Rostand, Edmond: Cyrano de Bergerac. Comédie héroïque en cinq actes. 161e mille. Paris 1899. 독일어: Cyrano von Bergerac. Romantische Komödie in fünf Aufzügen. Ludwig Fulda(역) 7. Aufl. Stuttgart 1899.

[Sallust(Sallustius C. Crispus):] Werke. Carl Cless(번역 및 해설). 2. Aufl. 2 Bde. Stuttgart 1865/68.

Schärf, Riwkah: Die Gestalt des Satans im Alten Testament. In: C. G. Jung, Symbolik des Geistes.

Schelling, Friedrich Wilhelm Joseph von: Philosophie der Mythologie. Sämtliche Werke II/1 und 2. Stuttgart/Augsburg 1856/57.

Schiller, Friedrich: Die Piccolomini. 2. Teil von: Wallenstein, ein dramatisches Gedicht. Sämtliche Werke VI. Stuttgart/Tübingen 1823.

Schmid, Hans: Zur Psychologie der Brandstifter. In: Psychologische

Abhandlungen I. Zürich 1914.

Schopenhauer, Arthur: Die Welt als Wille und Vorstellung. Sämtliche Werke in sechs Bänden, hg. von Eduard Griesebach, I und II. 2. Aufl. Reclam, Leipzig, 1891.

Schreber, Daniel Paul: Denkwürdigkeiten eines Nervenkranken nebst Nachträgen usw. Leipzig 1909.

Schultz, Wolfgang: Dokumente der Gnosis. Jena 1910.

Schultze, Fritz: Psychologie der Naturvölker. Leipzig 1900.

Schweitzer, Albert: Geschichte der Leben-Jesu-Forschung. 5. Aufl. Tübingen 1933.

Scott, Walter [Hg.]: Hermetica.

Seler, Eduard [Hg.]: Bernardino de Sahagun.

[Seneca:] L. Anneae S'ae opera quae supersunt. Hg. von Frdr. Haase. 3 Bde. Leipzig 1871~1873.

Silberer, Herbert: Bericht über eine Methode, gewisse symbolische Halluzinationserscheinungen hervorzurufen und zu beobachten. In: *Jahrbuch für psychoanalytische und psychopathologische Forschungen* I (Leipzig/Wien 1909) pp. 513~525.

——Phantasie und Mythus. (Vornehmlich vom Gesichtspunkte der "funktionalen Kategorie" aus betrachtet.) In: *Jahrbuch für psychoanalytische und psychopathologische Forschungen* II/2 (Leipzig/Wien 1910) pp. 541~622.

Spiegel, Friedrich: Erânische Altertumskunde. 3 Bde. Leipzig 1871~1878.

——Grammatik der Parsisprache nebst Sprachproben. Leipzig 1851.

Spielrein, Sabine: Über den psychologischen Inhalt eines Falles von Schizophrenie(Dementia praecox). In: *Jahrbuch für psychoanalytische und psychopathologische Forschungen* III (Leipzig/Wien 1912) pp. 329~400.

Spitteler, Carl: Imago. Jena 1919.

——Prometheus und Epimetheus. Ein Gleichnis. Jena 1923.

Steinthal, H.: Die Sage von Simson. In: *Zeitschrift für Völkerpsychologie und Sprachwissenschaft* II (Berlin 1862) pp. 129~178.

——Die ursprüngliche Form der Sage von Prometheus. In: *Zeitschrift für Völkerpsychologie und Sprachwissenschaft* II (Berlin 1862) pp. 1~29.

Tertullian(Quintus Septimus Tertullianus): Apologeticus adversus gentes pro Christianis. [*Apologia*] In: Migne, Patrologia Latina I col. 257~536.

Upanishads, The. Part II. F. Max Müller(역 및 발행) (The Sacred Books of the East XV) Oxford 1900.

Usener, Hermann: Das Weihnachtsfest. (Religionsgeschichtliche Untersuchungen I) 2. Aufl. Bonn 1911.

Vergil: Hirtengedichte/Vom Landbau. Deutsch von Rudolf Alexander Schröder, Leipzig 1939.

Wagner, Richard: Gesammelte Schriften. Hg. von Julius Kapp. 14 Bde. Leipzig [o. D.]. ["Siegfried" und "Walküren" in Bd. IV.]

Walde, Alois: Lateinisches etymologisches Wörterbuch. (Indogermanische Bibliothek 2. Reihe I) 2. Aufl. Heidelberg 1910.

Wilhelm, Richard: Das Geheimnis der Goldenen Blüte. Ein chinesisches Lebensbuch. Mit einem europäischen Kommentar von C. G. Jung. Dorn Verlag, München 1929. Neuausgabe, Rascher 1938. Walter: 15. Aufl. 1982. [Jungs Beitrag in: Ges. Werke 8(Olten 1976).]

——I Ging을 보라.

Wirth, Albrecht [Hg.]: Aus orientalischen Chroniken. Frankfurt a. M. 1894.

Wolfius, Christianus(Christian Freiherr von Wolff): Psychologia empirica methodo scientifica pertractata usw. Frankfurt/Leipzig 1732.

Wörterbuch, Lateinisches etymologisches. Walde 참조.

Wundt, Wilhelm: Grundriß der Psychologie. 5. Aufl. Leipzig 1902.

—Über naiven und kritischen Realismus. Dritter Artikel: II, Der Empiriokriticismus(Schluß). (In: Philosophische Studien, hg. von W' W', XIII) Leipzig 1898.

Zosimos: Berthelot 참조.

그림 출처

모든 작품의 출전은 처음에만 완전히 제시했으며, 반복되는 경우 해당되는 번호를 대괄호 안에 표시하였다.

1 악마들의 추방. 익명의 동판화. (17세기)
2 알래스카 에스키모 샤먼의 태양신 우상—Wirth, H. F: *Der Aufgang der Menschheit*. Jena 1928, Tafel XI, Figur 1.
3 암늑대와 함께 있는 로물루스와 레무스—저자의 그림 모음.
4 동정녀의 품속에 있는 그리스도—Wachlmayr, A.: *Das Christgeburtsbild der frühen Sakralkunst*. München 1939, p. 4.
5 수퇘지의 머리를 한 모신母神—Zimmer, H.: "Die indische Weltmutter" in: *Eranos-Jahrbuch 1938*. (Zürich 1939)
6 엘레우시스Eleusis 비의秘儀의 장면—*Bolletino della commissione archeologica comunale di Roma* VII/2. (Rom 1879)
7 만물의 어머니—Béroalde De Verville, F.: *Le Tableau des riches inventions... qui sont représentées dans le Songe de Poliphile*. Paris 1600, p. 22.
8 태양륜으로서 붓다 가르침의 숭배—Cohn, W.: *Buddha in der Kunst des Ostens*. Leipzig 1925, Tafel 16.
9 루시우스의 축성—*Les Métamorphoses ou l'Asne d'or de L. Apulée, philosophe Platonique*. Paris 1648, p. 346, Titelbild zum 11. Buch.
10 신의 눈—*Seraphisches Blumengärtlein oder geistliche Extracten aus Jacob Boehmens Schriften*. Amsterdam 1700. Titelbild.
11 태양의 이동—Haas, H.: *Bilderatlas zur Religionsgeschichte*. 2.-4. Lieferung: Ägyptische Religion. Leipzig 1924, Figur 15.
12 날개 달린 태양륜—Carter, H., und A. C. Mace: *Tut-ench-Amun. Ein ägyptisches Königsgrab*. Leipzig 1924, I, Tafel 49.

13　게르만족의 태양 우상—*Abgötter der alten Sachsen*. Magdeburg. 1570, p. 10.
14　생명을 공급하는 태양—Budge, E. A. W.: *The Gods of the Egyptians*. 2 Bde. London 1904, II, p. 74.
15　메르쿠어의 뱀—Barchusen, J. C.: *Elementa chemiae*. Leiden 1718, Figur 62.
16　태양의 손—Jung, E.: *Germanische Götter und Helden*. München und Berlin 1939, Figur 2.
17　마리아를 그늘로 가림 Obumbratio Mariae—Spiess, K. von: "Marksteine der Volkskunst" in: *Jahrbücher für historische Volkskunde* V-VI, VIII-IX (Berlin 1937/42), 2. Teil, p. 112.
18　이브의 유혹—Zainer, *Speculum humanae salvationis*: Worringer, W.: *Die altdeutsche Buchillustration*. München 1919, Abb. 6, p. 37.
19　일곱 촛대 사이에 있는 사람의 아들—Schmitt, O.: *Reallexikon zur deutschen Kunstgeschichte*. Stuttgart 1937, I, Abb. 12, p. 765.
20　검과 횃불을 든 미트라스—Cumont, F.: *Textes et monuments figurés relatifs aux mystères de Mithra*. 2 Bde. Brüssel 1896/99, II, Figur 28, p. 202.
21　달과 생명나무와 함께 있는 날개 달린 태양—Jeremias, A.: *Das Alte Testament im Lichte des alten Orients*. 4. Aufl. Leipzig 1930, Abb. 28, p. 95.
22　달의 궤도를 나타내는 뱀—Roscher, W. H.: *Ausführliches Lexikon der griechischen und römischen Mythologie*. 11 Bde. Leipzig 1884-1937, IV, Sp. 1475.
23　높이 올려진 뱀—Bilderarchiv der *Ciba-Zeitschrift*. Basel.
24　관능—Bayrische Staatliche Gemäldesammlung, München.
25　'태양신의 기념비'—*A Guide to the Babylonian and Assyrian Antiquities*. London 1922, Tafel XXVI.
26　호루스의 눈을 가진 베스 Bes—Lanzone, R. V.: *Dizionario di Mitologia Egizia*. 2 Bde. Turin 1881/85, Tafel LXXX, Figur 3.
27　풍요의 신 프라이 Frey—Haas, H., 1. Lieferung: Germanische Religion, Figur 46. [11]

28	분만하는 동굴──Danzel, Th. W.: *Symbole, Dämonen und heilige Türme.* Hamburg 1930, Tafel 87.
29	기형의 카비렌 모습을 한 오디세우스──Pfuhl, E.: *Tausend Jahre griechischer Malerei.* München 1940, Tafel 249, Abb. 616.
30	카비로스Kabiros의 주연酒宴──Pfuhl, E., Tafel 249, Abb. 613. [29]
31	알 속에 있는 파네스Phanes──*Revue archélogique* XL(Paris 1902), Tafel I, gegenüber p. 432.
32	발리인들의 불의 신 틴티아──Bilderarchiv der *Ciba-Zeitschrift*, Basel.
33	두 개의 나무토막을 들고 있는 아그니──Prampolini, G.: *La Mitologia nella vita dei popoli.* 2 Bde. Mailand 1937/38, II, p. 107.
34	남근 모양의 쟁기──Dieterich, A.: *Mutter Erde. Ein Versuch über Volksreligion.* Leipzig 1905, p. 108.
35	교반봉으로 구멍 뚫는 사람──Bilderarchiv der *Ciba-Zeitschrift*, Basel.
36	양육하는 어머니인 대지──Clemen, P.: *Die romanischen Wandmalereien des Rheinlands.* (Publikationen der Gesellschaft für rheinische Geschichtskunde 25) Düsseldorf 1905, Tafel 51.
37	우유 바다 휘젓기──*Mythologie asiatique illustrée.* Paris 1928, p. 68.

C. G. 융 연보

1875. 7. 26.
칼 구스타프 융Carl Gustav Jung이 스위스 동북부 투르가우Thurgau주 보덴 호수 가의 케스빌Keßwil 마을에서 목사인 아버지 요한 파울 아킬레스 융 Johann Paul Achilles Jung(1842~1896)과 어머니 에밀리에 프라이스베르크 Emilie Preiswerk(1848~1923) 사이에서 출생.

1876(생후 6개월)
가족이 라인폭포Rheinfall 상류의 라우펜Laufen으로 이사.

1879(4세)
바젤Basel 근처의 클라인휴닝겐Kleinhüningen으로 이사.

1884(9세)
여동생 게르트루트 융Gertrud Jung(1884~1935) 출생.

1886(11세)
바젤에서 김나지움(대학예비교)에 입학.

1895~1900(20~25세)
바젤대학에서 자연과학 수학 후 의학 전공.

1896(21세)
아버지 사망.

1898년(23세)
학위 예비연구 시작.

1900(25세)
의사 국가시험에 합격하고, 정신의학을 전공하기로 결심. 12월 10일 "부르크횔츨리Burghölzli"라고 불리는 현 취리히 주립정신병원 및 취리히대학 의학부 정신과의 오이겐 블로일러Eugen Bleuler 주임교수 밑에 차석 조수로 들어감.

1902(27세)
부르크횔츨리에서 수석 조수가 되고, 학위논문 "소위 심령 현상의 심리와 병리에 대하여Zur Psychologie und Pathologie sogenannter okkulter Phänomene" 발표. (전집 1)

1902~1903(27~28세)
겨울 학기에 파리Paris 살페트리에르Salpêtrière 정신병원의 피에르 자네Pierre Janet와 이론 정신병리학을 연구.

1903(28세)
스위스 북부 샤프하우젠Schaffhausen의 기업인의 딸 엠마 라우셴바흐Emma Rauschenbach(1882~1955)와 결혼. 슬하에 다섯 자녀: 아가테 니후스Agathe Niehus, 그레트 바우만Gret Baumann, 프란츠 융Franz Jung, 마리안네 니후스Marianne Niehus, 헬레네 회르니Helene Hoerni를 둠.

1903~1905(28~30세)
취리히대학 의학부 정신과에서 견습의사Volontärarzt로 근무.
"진단적(정상 및 병적) 단어연상에 관한 실험적 연구Diagnostische Assoziationsstudien"(1906, 1909)(Studies in Word-Association, 1918)를 함. (전집 2)
이미 1900년에 접했던 프로이트Freud의 "꿈의 해석Traumdeutung"을 다시 읽고, 자신이 수행한 단어 연상실험의 결과와 프로이트의 이론에 관련이 있음을 발견함.

1905~1909(30~34세)
　　취리히대학 의학부의 정신과 강사Dozent, 취리히대학 정신과 상급의사 Oberarzt로 1913년까지 전임교수직(사강사Privatdozent) 유지. 정신신경증과 심리학 강의. 외래의 최면요법 담당.
　　조발성 치매Dementia Praecox(정신분열증/조현병)에 관한 연구를 시작.

1906(31세)
　　논문 "진단적 연상실험에 관한 연구Diagnostische Assoziationsstudien"를 프로이트에게 보냄으로써 4월 그와 서신 왕래가 시작되고, 프로이트를 개인적으로 알지 못했으나 뮌헨München의 한 학회에서 그의 이론을 옹호함.

1907(32세)
　　3월 비엔나Vienna에서 프로이트를 처음으로 만남.
　　"조발성치매의 심리에 관한 연구Über die Psychologie der Dementia Praecox" 발표. (전집 3)

1908(33세)
　　잘츠부르크에서 개최된 제1회 국제정신분석학대회에 참석.
　　취리히 근교 퀴스나흐트Küsnacht시에 자택 신축.

1909(34세)
　　신화를 심층적으로 연구하기 시작.
　　퀴스나흐트에서의 개업에 따른 격무로 인해 대학병원 진료를 그만둠.
　　미국 클라크대학Clark University, Worcester의 초청을 받아 단어연상 연구에 관한 강의를 하고, 명예 법학박사 학위를 받음. 함께 초청을 받은 프로이트와 동행함.

1909~1913(34~38세)
　　블로일러와 프로이트가 발행한 "정신분석 및 정신병리학 연구 연감 Jahrbuch für psychoanalytische und psychopathologische Forschungen"(Leibzig /Wien)의 편집인이 되어 1913년까지 계속함.

1910(35세)

뉘른베르크Nürnberg에서 개최된 제2차 국제정신분석학대회에 참석. 새로 결성된 국제정신분석협회의 회장직 수행(1914년, 39세까지).

1911(36세)

바이마르Weimar에서 개최된 제3차 국제정신분석학대회에 참석.

1911~1913(36~38세)

프로이트와 점차 거리를 둠.

1912(37세)

뉴욕의 포덤대학Fordham University에서 "정신분석학 이론The Theory of Psychoanalysis" 강의. (전집 4)
"심리학의 새로운 길Neue Bahnen der Psychologie(New Paths in Psychology)" 발표. 후에 개정증보하여 "무의식의 심리학On the Psychology of the Unconscious". (전집 7)
"리비도의 변환과 상징Wandlungen und Symbole der Libido" 발간. 후에 "변환의 상징Symbole der Wandlungen"이라는 이름으로 개정하여 1952년 출간. (전집 5, 기본 저작집 7, 8)

1913(38세)

뮌헨에서 개최된 제4차 국제정신분석학대회에 참석.
프로이트와의 정신분석학 운동을 결별하고, 자신의 심리학을 '분석심리학Analytische Psychologie'이라 명명함(한때 '콤플렉스심리학'이라고도 함).
취리히대학 교수직 사임.

1913~1919(38~44세)

'철저한 내향기'에 자기 자신의 무의식과 그 자신의 신화적 체험을 관조.
이탈리아 라벤나Ravenna 여행.

1914(39세)

7월 스코틀랜드 아버딘Aberdeen시 영국협회British Association에서 강연.

국제정신분석협회의 회장직 사임.

1916(41세)
"죽음에 관한 일곱 가지 설법Septem Sermones ad Mortuos" 발표(자전적 체험기 "C. G. 융의 회상, 꿈, 그리고 사상Erinnerungen, Träume, Gedanken von C. G. Jung"에 수록).
"초월적 기능Die transzendente Funktion"이라는 논문에서 '적극적 명상 aktive Imagination'에 대해 처음 기술. (전집 8, 기본 저작집 2)
'개인적 무의식', '집단적 무의식', '아니마Anima', '아니무스Animus', '자기Selbst', '개성화Individuation' 등의 개념을 그의 논문 "무의식의 구조Die Struktur des Unbewußten"에서 처음 사용(전집 7의 부록에 수록). 후에 "자아와 무의식의 관계Die Beziehungen zwischen dem Ich und dem Unbewußten"라는 제목의 논문으로 수정 보충됨. (전집 7, 기본 저작집 3)
파리에서 자아와 무의식의 관계에 관한 강연을 함.
취리히 심리학클럽Psychologischer Club, Zürich 설립.

1917(42세)
"무의식의 과정에 관한 심리학Die Psychologie der unbewußten Prozesse" 발표. 후에 수정 보충하여 "무의식의 심리학에 관하여Über die Psyhcologie des Unbewußten"로 출간. (전집 7)

1918~1919(43~44세)
대위로서 샤토-데Château-d'OEX의 영국군 수용소 의무실장으로 군 복무.
"본능과 무의식Instinkt und Unbewußtes"(전집 8)에서 '원형Archetypus'이라는 용어를 전까지 사용하던 '집단적 무의식의 지배적인 것(주상主想) Dominanten des kollektiven Unbewußten'과 부르크하르트Jakob Burckhardt의 '원상原像, Urbilder' 개념 대신에 처음으로 사용.
만다라 연구.

1918~1926(43~51세)
신지학Gnosis의 문헌을 연구하기 시작.

1920(45세)
  북아프리카 튀니지와 알제리를 여행.

1921(46세)
  "심리학적 유형Psychologische Typen" 발표. (전집 6, 기본 저작집 1)

1922(47세)
  장크트갈렌Sankt Gallen주 볼링겐Bollingen에 취리히 호수를 끼고 있는 토지를 구입하여 '탑Turm'으로 불리는 별장을 짓기 시작.

1923(48세)
  볼링겐에 첫 번째 탑을 세움.
  모친 사망.
  리하르트 빌헬름Richard Wilhelm이 취리히 심리학클럽에서 "역경" 강독.

1924~1926(49~51세)
  미국 애리조나Arizona와 뉴멕시코New Mexico의 푸에블로Pueblo 인디언족 답사.

1925~1926(50~51세)
  케냐Kenya와 우간다Uganda를 탐사함. 영국령 동아프리카 원주민, 특히 엘곤Elgon산의 마사이족을 탐사.

1925(50세)
  런던에서 열린 웸블리Wembley 세계 박람회 방문.
  취리히 심리학클럽에서 처음으로 영어 세미나를 주재함.

1928(53세)
  "자아와 무의식의 관계Die Beziehungen zwischen dem Ich und dem Unbewußten"(전집 7, 기본 저작집 3), "심혼의 에너지론Über die Energetik der Seele"(전집 8) 발표.
  빌헬름과 중국의 도교경전 "태을금화종지太乙金華宗旨, Das Geheimnis der

Goldenen Blüte"를 공동으로 연구하기 시작했고, 1929년 같은 제목으로 출간(융의 저술 부분은 "유럽 평론Europäischer Kommentar"으로 전집 13에 수록). 이 연구를 통하여 처음으로 연금술을 접함.

1928~1930(53~55세)
취리히 심리학클럽에서 영어 세미나 "꿈의 해석Interpretation of Dreams" 주재.

1930(55세)
크레츠머Ernst Kretschmer 교수가 회장직을 맡고 있던 '정신치료 범 의학회Allgemeine Ärztliche Gesellschaft für Psychotherapie' 부회장에 선출.

1930~1934(55~59세)
취리히 심리학클럽에서 영어 세미나 "환영幻影의 해석Interpretation of Visions" 주재.

1931(56세)
"현대의 심혼적 문제Seelenproblem der Gegenwart"(전집 4, 6, 8, 10, 15, 16, 17에 에세이로 수록).

1932(57세)
신문에 발표한 "피카소론"으로 취리히시로부터 문학상 수상.

1933(58세)
취리히 스위스 연방공과대학에서 처음으로 "현대심리학" 강의.
스위스 남부 아스코나Ascona시에서 열린 제1회 에라노스 학술회의에 참가(1933~1952)하고, 그의 첫 강연으로 "개성화 과정의 경험에 관하여Zur Empirie des Individuationsprozesses"를 발표. (전집 8)
이집트Egypt와 팔레스타인Palestine 크루즈 여행.

1934(59세)
국제 정신치료 범 의학회Internationale Allgemeine Ärztliche Gesellschaft für

Psychotherapie(International General Medical Society for Psychotherapy)를 창설하고 회장에 피선.

에라노스 학술회의에서 두 번째 강연으로 "집단적 무의식의 원형Die Archetypen des kollektiven Unbewußten"을 발표. (전집 9/1, 기본 저작집 2)

연금술을 체계적으로 연구하기 시작.

"심혼의 실재Wirklichkeit der Seele"(전집 8, 10, 15, 16에 에세이로 수록).

1934~1939(59~64세)

취리히 심리학클럽에서 영어 세미나 "니체의 차라투스트라의 심리학적 측면Psychological Aspects of Nietzsche's Zarathustra" 주재.

"정신치료 및 인접분야 중앙학술지Zentralblatt für Psychotherapie und ihre Grenzgebiete"(Leipzig) 발행인에 취임하여 1939년까지 역임.

1935(60세)

국제 정신치료 범 의학회의 회장에 피선.

스위스 연방공과대학의 명예교수로 위촉되고, "현대심리학Moderne Psychologie"을 강의.

에라노스 학술회의에서 "꿈에 나타난 개성화 과정의 상징Traumsymbole des Individuationsprozesses" 강연. 후에 보완되어 전집 12 "심리학과 연금술Psychologie und Alchemie"의 제2장으로 수록. (기본 저작집 5)

런던의 의학심리학 연구소Institute of Medical Psychology에서 "분석심리학의 기초 개념들에 관한 강의(타비스톡 강좌Tavistock Lectures)"를 행함. 1968년에 비로소 "분석심리학: 이론과 실제Analytical Psychology: Its Theory and Practice"로 출간. (전집 18)

"티베트 사자의 서書"에 대한 심리학적 논평.

1936(61세)

미국 하버드대학에서 "인간행동의 심리적 결정인자" 강의. 명예박사학위를 받음.

에라노스 학술회의에서 "연금술에서 본 구원의 관념Erlösungsvorstellungen in der Alchemie" 강연. 후에 전집 12 "심리학과 연금술"의 제3장에 수록.

"보탄Wotan" 발표. (전집 10, 기본 저작집 6)

1937(62세)

　　미국 예일대학에서 "심리학과 종교Psychology and Religion"를 강의(테리 Terry 강좌)하고, 1940년 독일어로 발표. (전집 11)
　　에라노스 학술회의에서 "초시모스의 환영The Visions of Zosimos" 발표. (전집 13)

1938(63세)

　　인도 주재 영국 총독부 초청으로 콜카타대학 25주년 축하 행사에 참석. 콜카타대학, 알라하바드Allahabad와 바라나시Varanasi의 힌두대학에서 명예박사학위를 받음.
　　그 밖에 우스터Worcester 소재 클라크대학, 뉴욕의 포덤대학, 옥스퍼드대학, 스위스 연방공과대학 ETH에서 명예박사학위 받음.
　　에라노스 학술회의에서 "모성원형의 심리학적 측면Psychologische Aspekte des Mutter-Archetypus" 강연. (전집 9/1, 기본 저작집 2)
　　영국 옥스퍼드에서 열린 국제 정신치료 의학대회International Medical Congress for Psychotherapy에 참석.
　　런던 왕립의학원Royal Society of Medicine의 명예회원으로 위촉됨.

1939(64세)

　　에라노스 학술회의에서 "재탄생에 관하여Über Wiedergeburt" 강연. (전집 9/1)

1940(65세)

　　에라노스 학술회의에서 "삼위일체 도그마의 심리학적 해석 시론Versuch einer psychologischen Deutung des Trinitätsdogmas" 발표. (전집 11)

1941(66세)

　　케레니Karl Kerényi 교수와 공저로 "신화학 입문Einführung in das Wesen der Mythologie(Essays on a Science of Mythology)" 출간(융의 저술 부분은 전집 9/1에 수록, 기본 저작집 2)
　　에라노스 학술회의에서 "미사에 나타난 변환의 상징Das Wandlungssymbol in der Messe" 강연. (전집 11, 기본 저작집 4)

1942(67세)

"파라켈수스Paracelsus" 발표. (전집 13과 15에 나뉘어 수록, 기본 저작집 9)
스위스 연방공과대학 교수직 사임.
에라노스 학술회의에서 "메르쿠리우스 영Der Geist Mercurius" 강연. (전집 13)

1943(68세)

"무의식의 심리학에 관하여Über die Psychologie des Unbewußten" 발표. (전집 7)
스위스 학술원Schweizerische Akademie der Wissenschaften 명예회원이 됨.

1944(69세)

바젤대학의 의학심리학과(정신과) 주임교수로 부임했으나, 건강상의 이유로 같은 해에 사임.
"심리학과 연금술" 발표. (전집 12, 기본 저작집 6)

1945(70세)

제네바대학에서 70회 생일 기념으로 명예박사학위 수여.
에라노스 학술회의에서 "정신의 심리학에 관하여Zur Psychologie des Geistes" 강연. (전집 9/1에 "민담에 나타난 정신의 현상에 관하여Zur Phänomenologie des Geistes im Märchen"라는 제목으로 수록, 기본 저작집 2)
스위스 임상심리학회Schweizerische Gesellschaft fur praktische Psychologie 설립, 회장 취임.

1946(71세)

"심리학과 교육Psychologie und Erziehung"(전집 17에 나뉘어 수록), "시대적 사건에 관한 논술Aufsätze zur Zeitgeschichte"(전집 10과 16에 나뉘어 수록), "전이의 심리학Die Psychologie der Übertragung"(전집 16 수록) 발표. (기본 저작집 3)
에라노스 학술회의에서 "심리학의 정신Der Geist der Psychologie" 강연. 이를 보충하여 "정신의 본질에 관한 이론적 고찰Theoretische Überlegungen zum Wesen des Psychischen"로 발표. (전집 8, 기본 저작집 2)

1948(73세)

취리히 C. G. 융 연구소C. G. Jung-Institut, Zürich 설립.
"정신의 상징론Symbolik des Geistes" 발표. (전집 9/1, 11, 13에 나뉘어 수록)

1950(75세)

"무의식의 형상들Gestaltungen des Unbewußten" 발표. (전집 9/1, 15에 나뉘어 수록)

1951(76세)

"아이온Aion" 발표. (전집 9/2)
에라노스 학술회의에서 "동시성에 관하여Über Synchronizität" 강연. (기본 저작집 2)

1952(77세)

파울리Wolfgang Pauli와의 공저인 "자연 해석과 정신Naturerklärung und Psyche"에 "비인과론적 관련 원리로서의 동시성Synchronizität als ein Prinzip akausaler Zusammenhänge"이라는 제목으로 발표. (전집 8)
"변환의 상징Symbole der Wandlung(Symbols of Transformation)" 출간. (전집 5, 기본 저작집 7, 8)
"욥에의 응답Antwort auf Hiob" 발표. (전집 11, 기본 저작집 4)
중병에서 회복.

1953(78세)

영문판 "전집"(R. F. C. Hull 번역)이 뉴욕에서 볼링겐 시리즈Bollingen Series로 간행되기 시작.

1954(79세)

"의식의 뿌리Von den Wurzeln des Bewußtseins" 발표. (전집 8, 9/1, 11, 13에 나뉘어 수록).

1955(80세)

스위스 연방공과대학으로부터 80세 생일 축하로 명예 자연과학 박사학위 수여받음.
11월 27일 부인 사망.

1955~1956(80~81세)
"융합의 비의Mysterium Coniunctionis"를 2권으로 발표. 연금술의 심리학적 의의에 관한 최종 저술.(전집 14)

1957(82세)
"현재와 미래Gegenwart und Zukunft(The Undiscovered Self [Present and Future])" 발표.(전집 10)
자전적 체험기 "칼 융, 회상, 꿈, 그리고 사상Erinnerungen, Träume, Gedanken von C.G. Jung"을 편자인 야페A. Jaffé 여사에게 구술하기 시작. 융 서거 후 1962년에 출판됨.
프리먼John Freeman과 BBC TV 인터뷰.

1958(83세)
"현대의 신화Ein moderner Mythus(Flying Saucers: A Modern Myth)" 발표.(전집 10)

1960(85세)
독일어판 "전집"이 제16권 "정신치료의 실제Praxis der Psychotherapie"(기본 저작집 1 참조)를 필두로 출판되기 시작함.
85회 생일 기념으로 퀴스나흐트시로부터 명예시민권을 받음.

1961(86세)
사망 10일 전 그의 마지막 저술 "무의식에의 접근Approaching the Unconscious" 탈고. 1964년에 "인간과 상징Man and His Symbols"에 수록.

1961년 6월 6일(86세)
퀴스나흐트시의 자택에서 짧은 와병 후에 영면.
6월 9일 퀴스나흐트에서 영결식 및 장례.

참고 문헌

이부영(2011), 분석심리학: C. G. Jung의 인간심성론, 제3판, 일조각, 서울, pp. 16~40.
이철(1986), 심성연구 1: Carl Gustav Jung 연보, 서울, pp. 91~99.
Jaffé, A. (1977), C. G. Jung: Bild und Wort, Princeton University Press.
Jaffé, A. (1979), C. G. Jung: Word and Image, Princeton University Press.
Jaffé, A. (hrsg.)(1962), Erinnerungen, Träume, Gedanken von C. G. Jung, Rascher Verlag, Zürich.
Jaffé, A. (hrsg.), C. G. Jung Briefe, Bd. 1, Zeittafel, Walter-Verlag, Olten u. Freiburg im Breisgau: 15~18.
Von Franz, M.-L. (2007), Sein Mythos in unserer Zeit, Verlag Stiftung für Jung'sche Psychologie, pp. 265~267. [이부영 번역(2007), C. G. 융: 우리 시대 그의 신화, 한국융연구원, pp. 309~311.]

역편자: 이 철 李哲

찾아보기(인명)

갈릴레이Galileo Galilei 192
괴테Goethe, Johann Wolfgang von 121, 226, 283
그림Brüder Grimm(Jacob Grimm und Wilhelm Grimm) 208
니농 드 랑클로Ninon de Lenclos 24
다 빈치da Vinci, Leonardo 26
데모스테네스Demosthenes 50
도레Doré, Gustave 75, 250
도이센Deussen, Paul 221
디터리히Dieterich, Albrecht 218
라이프니츠Leibniz, Gottfried Wilhelm 75
랑크Rank, Otto 25
레비-브륄Lévy-Bruhl, Lucien 198
로이커Reucker, K. 13
리클린Riklin, Franz 25, 26, 48
마이어Mayer, Robert 185
메더Mäder, Alphonse 25, 26
메테를링크Maeterlinck, Maurice 82, 213
뮐러Müller, Max 229
바이런Byron, George Gordon 155, 156, 158, 160, 254
베르길리우스Vergil 120
볼드윈Baldwin, James Mark 37, 39, 257
부르크하르트Burckhardt, Jakob 58, 109
브루노Bruno, Giordano 44
브루투스Brutus 56
블로일러Bleuler, Eugen 54, 259
세네카Seneca 105, 110, 126, 272
세르프Schärf, Riwkah 13
슈미트Schmidt, Hans 235
슈투크Stuck, Franz von 29, 164
슈필라인Spielrein, Sabine 197, 198, 213
스베덴보리Swedenborg, Emanuel 57
스코투스Scotus, Duns 42
시메온Symeon der Neue Theologe 134
시몬 마구스Simon Magus 73
아낙사고라스Anaxagoras 74, 75, 80, 250, 265, 282
아벨라르Abélard, Pierre 35, 42
아브라함Abraham, Karl 25, 26, 48, 203
아우구스티누스Augustin 103, 109, 110, 153, 184, 260
아퀴나스Aquin, Thomas von 42
에르트만Erdmann, Carl 36
오컴Ockham, William of(빌헬름 폰 오캄Wilhelm von Occam) 42
외거 신부Abbé Oegger 56, 58

자네Janet, Pierre 260
제임스James, William 40
존스Jones, Ernest 25
질버러Silberer, Herbert 25
초시모스Zosimos 197
카이사르Caesar 56
케레니Kerényi, K. 13
케플러Kepler, Johannes 44
콜리지Coleridge, Samuel 158
쿠몽Cumont, Franz 109
퀼페Külpe, Oswald 40
테르툴리아누스Tertullian 49, 154
페레로Ferrero, Guillaumes 52
포이만드레스Poimandres 74
폰 프란츠von Franz, M.-L. 13
프란츠 폰 아시시Franz von Assisi 129, 279
프랑스France, Anatole 34, 35, 56
프로이트Freud, Sigmund 8~10, 23, 24, 26, 31, 45~48, 54, 55, 182, 186~190, 192, 194, 196, 211, 215, 258, 260, 261, 272, 284, 286
플라톤Platon 230
플루르누아Flournoy, Théodore 16, 55, 58, 67, 241
피스터Pfister, Oskar 26
픽Fick, August 55
피타고라스Pythagoras 226
헤로도토스Herodot 143, 180
호네거Honegger, Johann Jakob 196

횔덜린Hölderlin, Friedrich 227
후고 폰 세인트 빅토르Hugo von St. Victor(위그 드 생빅토르) 99
후르비츠Hurwitz, L. 14
히폴리토스Hippolytos 129
힐데가르트 폰 빙겐Hildegard von Bingen(빙엔의 힐데가르트) 133

찾아보기(주제어)

ㄱ

가톨릭 교회 57, 102, 233
갈등 23, 25, 29, 32, 58, 90, 91, 93, 94, 96, 108, 117, 119, 122, 168
갈망 35, 85, 105, 117, 118, 123, 132, 154, 161, 183, 192, 253, 270, 276, 290
갈증 190
감동 24, 70, 91, 100, 110, 123, 243, 246
　깊은— 69, 72, 122, 254
감정 41, 52, 53, 61, 76, 78, 92, 93, 99, 104, 124, 125, 157, 259, 281
감정이 강조된 콤플렉스 198
감정적 음조音調 125
강 34, 164
강물 34, 110
개별적 심리 97
개인 17, 37, 38, 48, 49, 55, 73, 93, 99, 130, 151, 201, 212, 261, 267, 268
　—지상주의Individualismus 10
　—적 인격 97
객관적 25, 33, 39, 44, 124, 188, 257
　—소여 54
객체적 인간 96

검 29, 63, 64, 150, 151, 279, 286
검은 개 119, 178
검은 발 180
견해 27, 28, 36, 37, 39, 46, 53, 54, 94, 183, 187, 195, 197, 198, 203, 205, 206, 211, 215, 217, 218, 232, 260, 261, 266, 280, 284
경험 43, 50, 56, 66, 72, 80, 82, 85, 94~98, 100, 101, 131, 148, 186, 195, 202, 235, 244, 246, 285
　—과학 114
계몽주의적 115
계시 24, 72
계통발생사 46
　—적 심리학 49
고대 그리스 23~25, 40, 43, 44, 50, 80, 102, 108, 109, 112, 113, 149, 154, 265, 270, 278
　—시대 110
고대 인도인 232
고대 중국 철학『주역周易, I Ging』236
고대인 25, 103, 287
고독 35, 136, 138, 163
고태적 49, 56, 196, 197, 200
　—꿈 사고 47
　—대용물 197

—착상 209
고통 60, 76~78, 86, 96, 99, 119,
　　　121, 134, 163, 165, 168, 195,
　　　243, 271, 276, 282
　　　—의 길 85, 86
골짜기 110, 121
공동체 98, 102, 103, 107
공포 29, 34, 89, 90, 196, 211, 272,
　　　282
공황Panik 68
과학적 관찰 방식 97
과학적 유물론 9
관誓 145
관념 콤플렉스Vorstellungskomplex
　　　90, 96, 125
관능 164, 282
관심 26, 33, 43, 44, 49, 55, 68, 114,
　　　124, 178, 187~189, 202, 258,
　　　261
광물학 191
광분 105
교부敎父 10, 80
교육 38, 39, 42, 48, 72, 96, 107,
　　　109, 148, 203, 218, 271
교회 56, 57, 78, 79, 102, 145, 152,
　　　153, 233, 251, 280
　　　—탑 53
구름 11, 133, 135, 151, 166
구멍 뚫는 행위 200, 201, 213, 221
구약성서 90, 224
구원 56, 96, 98, 106, 107, 120, 216,
　　　232, 236, 267
　　　—자 96, 121, 168, 232
굶주림 34, 105, 212, 220
권력 86, 108, 126, 130, 192
　　　—과 에로스 102
권태 111, 119, 272
귀 71, 104, 179, 199, 227, 248, 249,
　　　283
그리스 문화 25, 52
그리스 신화 43
그리스도 42, 56, 81, 96, 101, 114,
　　　119, 129, 152~154, 232, 233,
　　　262, 280
　　　—상 161, 262
　　　—의 몸 233
그리움 119, 122, 123, 125, 157,
　　　166, 171
그림Grimm 동화 50
근원적 46, 89, 90, 101, 160, 175,
　　　177, 190, 194, 206, 209, 219,
　　　265, 270, 287, 290
　　　—갈등 25
　　　—단어Urworte 36
　　　—아버지Urvater 211
　　　—시사 45
근친상간 23, 24, 80, 212, 219, 220,
　　　265
　　　—금지 211
금욕 103, 120, 273
기독교 96, 101, 102, 108~110, 112,
　　　119, 120, 127, 132, 144, 153,

154, 194, 231, 262, 273, 274,
　　　291
　　─공동체 98, 107
　　─상징 279
　　─영성 교육 107
　　─종교 심리학 25
　　─와 미트라스교 103, 107
기둥 277
기본 사고 171
기술 40, 42, 43, 181
기억의 상 41
기적 168, 180, 281
기전 57
기호Semeion 34, 36, 115, 176, 258,
　　　280
긴장증적 우울증 199
길 24, 25, 58, 79, 85, 86, 92, 106,
　　　130, 133, 166, 174, 191, 203,
　　　205, 208, 216, 227, 257, 263,
　　　267, 271, 272
깃털 84, 89, 129, 166, 275
까마귀 84, 85, 269
꿈 27~29, 31, 32, 41, 44~48, 51,
　　　53~55, 60, 67, 68, 70~73,
　　　82, 83, 108, 116, 118, 148,
　　　167, 176, 183, 216, 247, 248,
　　　250~253, 262, 263, 276, 282
　　─분석 47
　　─의 기제 48
　　─의 본질 267
　　─의 본질적 특성 46

　　─의 분석 28
　　─의 상 27
　　─의 상징적 성질 32
　　─의 성적 상징성 31
　　─의 해석 23

ㄴ

나방 116~118, 122, 123, 154, 155,
　　　161, 168, 171, 252~254
나팔소리 227
낙원 89, 168, 280
　　─의 뱀 29, 148
난쟁이 신 179
날개 44, 117~119, 122, 139, 155,
　　　158, 167, 173, 274, 279
남근Phallus 140, 145, 146, 176,
　　　177, 179, 180, 182, 206, 208,
　　　210, 218, 270, 288
　　─적phallisch 140
남매 72, 129
남자 31, 72, 83, 175, 181, 182, 215,
　　　219, 221, 251, 288
내면세계 68, 114, 285
내면의 빛 134
내면화 172
내적 인간의 빛 111
내향Introversion 55, 56, 69, 70, 73,
　　　130, 190, 259
　　─의 상태 68
냄새 111, 242, 287
네안데르탈인 52

노래 29, 69, 70, 73, 74, 83, 85, 93, 111, 116, 120, 123, 125, 158, 166, 208, 214, 226, 228, 246~249, 267, 290
노아Noah 281
노여움 196
논리적 사고 36, 47, 257
뇌 47
누미노제Numinose 217, 219, 236
누스Nous 75, 80, 114, 265
눈 30, 49, 52, 64, 71, 87, 104, 105, 110, 133, 146, 147, 150, 151, 162, 173~175, 179, 224, 227, 248, 249, 260, 263, 276, 282
눈물 162, 168
느부갓네살 왕 231

ㄷ

다니엘Daniel 27
다신론적 143, 144
다신주의 142
다이몬 100, 160
닥틸로스(닥틸렌Daktylen) 176, 180, 283
단어 33, 35, 36, 43, 70, 85, 100, 185, 198, 205, 206, 225, 228, 229, 233, 247, 248, 250, 251, 258~260, 264, 274
　―숭배 257
당나귀 40, 270
대비對比 140, 191

대중 35, 107, **197**, 263
대지 110, 119, **210**, **219**, 220
대홍수 157, **160**, 287
덮개기억Deckerinnerung(screen memory) 65
도그마 114, 115
도덕성 부재 103
도덕적 심급審級 190
도덕적 타락 103
독 30
독수리 205, 278, 286, 290
독창적인 생각 37
돈 184
돌풍 80
동물적 충동 107, 109
동정녀 80, 81
동족혼 211, 212, 219
동풍 146
두려움 34, 89, 110, 157, 163, 236, 264, 268, 271, 284
디오니소스 181, 182, 194, 269, 279, 291
　―적 남근 문화 53

ㄹ

레Rê 129, 142, 277
레무스Remus 50, 51
레아Rhea 181
로고스Logos 43, 80, 101, 103, 106, 114, 152, 194, 265, 271
로물루스Romulus 50, 51

록산 61~65
루드라Rudra 173, 175, 282
루치퍼Luzifer 159, 160
르네상스 114
리듬 155, 180, 200, 202, 203, 213,
　　214, 254
　──화 215
리비도Libido 85, 90~92, 100, 119,
　　124~126, 130, 137, 138, 140,
　　144, 148, 160, 172, 176, 178,
　　182~192, 198, 199, 201~203,
　　211~215, 220, 221, 223,
　　228, 234~236, 267, 278, 282,
　　288~290
　──강압Libidozwang 103
　──상징 136, 145
　──의 변환 92
　──의 퇴행적 정체 235, 236

ㅁ

마귀 160, 171, 177
마나Mana 228
마니Mani 179
마법사 179, 216, 231
마술 지팡이 179
마술적 66, 109, 127, 209, 217, 220,
　　229, 232~234, 270
마적魔的인 것 160
마찰 점화 209, 219, 236
마테리아materia 221
말 223~225

말더듬이 50
머리 107
메아리 71, 248, 249
메피스토펠레스 86, 177
명부冥府 신들 53
모세Moses 51, 74, 250, 280
모순 28, 70, 247
모험 38, 120, 155, 179, 263
목소리 70, 111, 159, 224, 247
목적 31, 32, 35, 73, 85, 92, 102,
　　105, 130, 217, 244
　──지향성 92
목표지향적 33, 92
목표지향적 사고 33, 35, 36, 39, 40,
　　42, 49, 53, 54
목표지향적인 충동 178
몸 29, 30, 61, 63, 64, 67, 78, 111,
　　130, 131, 150, 151, 160, 174,
　　208, 232, 233, 243, 253, 264,
　　268, 276, 279, 282, 287, 290
못 130
몽롱(몽롱한) 55, 62, 228
몽상 41, 67, 69, 245, 246, 259
무無 167
무덤 31, 168, 290
무신론 101
무의식 13, 15, 45, 55, 68, 73,
　　78, 79, 85, 89, 98, 100, 101,
　　108, 117, 122, 126, 178, 179,
　　234~236, 258, 266~268
　──적 과정 12

──적 창조 74, 75
──적 토대 54
──적 환상 54, 74, 79
──적인 공명共鳴 65
──적인 기억 131
묵시록과 미트라스교 151
문학 52, 114, 158, 198
문화 25, 39, 42, 47, 52, 53, 108, 119, 273
──적 영웅 57
물 34, 35, 109, 110, 151, 157, 160, 168, 197, 223, 243
물질 111
미래 28, 41, 50, 82, 129, 168, 175, 266, 267
미로 12
미적 108, 124, 245
미트라스Mithras 149, 150, 154, 181, 271, 278~280, 282
──신봉자 271
──제례 136, 148, 270
──제식 275
──제의祭儀, Mithrasliturgie 109, 127, 132, 149, 218
미트라스교Mithraismus 103, 107, 109, 119, 151, 269, 271, 279, 282
민담Märchen 48
민요 281
민족 48, 52, 209
──심리학적 콤플렉스 58

밀교密敎 132

ㅂ

바가바드 기타Bhagavad-Gîtâ 230
바다 65, 68, 69, 83, 109, 160, 167, 243, 252, 260, 267, 276, 279, 281
바람 34, 110, 111, 145~148, 218, 224, 265, 271, 278, 281, 282
바위 110, 138, 213, 227, 278
바퀴 155
반대 의지 217
반인반수 44, 90, 137, 144, 269
배 70, 72, 243, 245, 246
배고픔 99, 184, 190~192, 195, 285
백일몽 상태 255
뱀 29, 30, 76, 138, 140, 144, 145, 148, 149, 159, 161, 165, 280, 282
뱃노래 69
번개 131, 150, 205
번데기 116, 202, 253
베다Vedas 231
──문헌 232
베스Bes 174
베헤모트Behemoth와 레비아탄Leviathan 87
변증법적 42, 43, 95
변환 92, 94, 198, 202, 203, 211, 219
──의 상징 279

별 70, 80, 110, 123, 127, 131, 137,
  150, 151, 154, 161, 162, 254,
  260, 267, 270, 271, 275, 279,
  280, 282
병적인 것 54
보물 177, 216, 233
보상Kompensation 31, 32, 50
  ──적kompensatorisch 100
  ──적 소망 68
보속保續 215
복수의 충동 184
복음 56, 57
  ──서 262
본능 28, 49, 54, 192, 195, 211, 219
  ──의 힘 90, 271
  ──적인 충동력 92
본연의 인간 123
본질 43, 150, 163, 172, 263, 275,
  278
봉화 138, 144
부모 50, 51, 131, 132, 195, 196,
  200
부분 충동Partialtrieb 186
부성 90
부활 154, 168, 231, 276
북 치기 214
분노 24, 34, 90, 123, 184, 189, 224,
  267
분석 시간 72
분석의 경험 72
불 109, 125, 131, 132, 134, 137,
  138, 140, 150, 153~155,
  164, 189, 196, 203, 205, 206,
  208~210, 213, 222~225, 228,
  233, 235, 236, 278, 286~288
  ──의 상징성 229
  ──의 생산 206~209, 221,
  233~235
불길 232
불꽃 117, 138, 144, 151, 155, 175,
  232, 253, 268, 275~278
  ──이미지 137
불멸의 빛 118
불사의 음료Amrta 233
불안Angst 50, 155, 211, 212, 216,
  217, 236, 261
불합리성 49
브라만Brahman 174
비교秘敎 53, 194
비교해부학 46
비극 24, 61
비슈누Vishnu 91
비유 77, 123, 124, 140, 154, 166,
  172, 178, 189, 194, 263, 264,
  276
비의秘儀 104, 127, 129, 152, 209,
  233, 270, 280
빙의 상태 217, 235
빛 24, 26, 57, 71, 73, 74, 78, 85, 98,
  111, 112, 117, 118, 122, 127,
  131~137, 142, 143, 146, 153,
  157, 165, 166, 175, 177, 194,

196, 224, 225, 227, 249, 253,
274, 276, 278, 282
　　—의 신 74, 125
　　—의 창조자 131
빠는 단계 201
뼈 87, 88, 263

ㅅ

사고Denken 32~49, 53~55, 74, 108,
112, 119, 171, 182, 206, 210,
215, 216, 218, 230, 257~261
　　—의 동일성 36
　　—의 흐름 50
사냥꾼 231
사도행전 225
사랑 30, 34, 61, 63, 65, 71, 73, 77,
80, 85, 87, 90, 92, 98~102, 106,
111, 121, 123~126, 132, 140,
161~165, 185, 246, 249, 250,
267, 269, 271, 276, 282
　　—의 선물 79, 83, 251, 252
　　—의 신 71, 74, 194, 249, 250
사상 35, 37, 46, 57, 89, 254, 257,
270, 273
사슴 137
사실성 97
사자 29, 137, 140, 172, 269, 282
사자使者 230, 231
사촌 간의 결혼cross-cousin-marriage
212
사탄 76, 84, 86

사투르누스Saturnus 120, 279
사회적 실험 39
삶의 권태 119
삶의 목표 82
삶의 영원성 142
삶의 충동 191
삼杉나무 88
삼발이Dreifuß 179, 232
삼위 194
상像, Bild 41, 73, 115
상위 무의식inconscient supérieur 82
상위관념Obervorstellung 32, 40
상징 58, 73, 115, 127, 132, 140,
144, 149, 151, 153, 154, 176,
179, 197, 198, 229, 232, 258,
260, 270, 275, 280, 287, 290
상처 13, 60, 105
새벽 별 70, 73
색채 청음audition colorée 228
샛별 74, 83, 85, 123, 125, 247
생명 44, 67, 71, 117, 118, 121, 131,
137, 140, 168, 173, 195, 246,
249, 253, 254, 270
　　—활동 33
샤크티shakti 91
서쪽 135, 146, 147, 166
성모 146
성서 96
성애Eros 124, 219
　　—적 리비도의 퇴행 190
　　—적 문제 91

—적(에로스적) 상징성 28
—적인 언어 74
성욕 29, 72, 103, 178, 184, 186, 189~192, 195, 196, 201, 202, 209, 211, 212, 214, 215, 220
—설 186
—의 억제 219
성적 기능 190
성적 장해 235
성좌 118, 129
성충동 186, 187, 285
세계 38, 173, 250, 274
—심혼Weltseele 194, 195
—의 수태자 171
소 87, 222, 269
소녀 29, 73, 79, 134, 215, 251, 261, 266
소리 34~36, 71, 73, 74, 84, 85, 105, 121, 137, 151, 227, 248~250
—의 신 74, 125, 248, 249
소마Soma 195, 197, 232, 233, 286
소망Wollen 183, 191
소망 환상Wunsch-phantasie 48
소인Disposition 148
손가락 175, 180, 200, 213, 264
수면 190, 255
수음 200~202
수탉 53
수태 78, 138, 146, 160, 191, 208, 210, 220, 271, 278, 282, 289
순환 120

숨 68, 120, 268
숫양 142, 222, 280
스베타스바타라 우파니샤드 Svetâsvatara-Upanishad 173, 179
스콜라 철학 42, 43, 260
스콜라 철학자 99
스킬라Scylla 121
스토아 철학 105, 270
승리 31, 32, 42, 63, 64, 99, 153, 157, 234, 276
시詩 73, 92, 155
시간 33, 52, 53, 111, 155, 156, 167, 168, 173, 213
—적 공간 52
시대 25, 27, 37, 40, 43, 49, 89, 106~111, 120, 179, 209, 217, 224
시라노 드 베르주라크Cyrano de Bergerac 60~65, 77, 78, 85, 157, 242
시바Shiva 174
시인 50, 78, 89, 274
시편 129, 137, 224, 275
식욕appetitus 124, 182, 184
식이食餌 기능 201
신 27, 28, 49, 51, 56~58, 71, 74~76, 86, 87, 89, 90, 94, 96, 99~102, 109, 111, 112, 114, 120, 123, 125, 129~133, 137, 140, 142~144, 149, 150, 152, 154, 156, 159, 160, 167, 168,

171, 173, 174, 216, 229~232, 236, 237, 248~250, 254, 262, 265, 268~270, 273
　　—적 로고스 152
신격 53, 85, 87, 89, 90, 103, 106, 111, 125, 126, 144, 278
신격화 127, 129, 130
신경증 54, 82, 93, 107, 190, 195, 196, 215, 216, 259~261, 269, 285
　　—병리학 13
　　—이론 9, 13, 196
신비적 참여participation mystique 198
신비주의 80, 266
신상神像 90, 95, 100, 101, 126, 171, 273
　　—과의 합일 99
신성Numinosität 126
신神의 표상들Gottesvorstellungen 94
신앙 49, 52, 97, 129, 153, 209
　　—고백 98
신약성서 90, 262, 274, 278
신체적인 것 187
신화 10~12, 16, 43, 44, 48, 55~58, 67, 80, 115, 160, 211, 231, 233, 245, 261, 263, 279
　　—모티프 57
　　—학 49
　　—적 160, 171, 192
　　—적 주제 51

실 181
실낙원 70, 75, 76, 78, 83, 85, 247, 250, 252
실체성 43
실험 37, 38, 259, 273
심령론 250
심리적 상 96
심리학 13, 15, 26, 46, 49, 52, 100, 108, 127, 266
　　—자 26, 53, 100
　　—적 기제 190
　　—적인 수수께끼 85
　　—적인 인식 26
심연 25, 103, 106, 127, 135, 160, 166, 167, 263, 275
심장 30, 71, 84, 135, 163, 165, 174, 249, 250, 277, 278
심적 에너지 125
심혼Seele 11, 13, 15, 24, 25, 28, 34, 52, 78, 79, 86, 99, 103, 105, 108, 114, 138, 144, 154, 172, 195, 245, 257, 258, 270, 274, 278, 282
　　—의 힘 126

ㅇ

아그니Agni 205~208, 223, 229~233, 291
아름다운 영혼 64
아름다움 64, 87, 109, 111, 117, 119, 124, 131, 158, 162, 167,

228, 246, 248, 249, 254
아리아드네 12
아몬Amon 142, 277
아버지 44, 73, 80, 93, 129~131,
　　133, 166, 171, 182, 194, 217,
　　265, 267, 275, 282
　　——신Vatergott 80, 171
　　——신격Vatergottheit 94
　　——-이마고 73, 85, 90, 93~95,
　　130, 265
아이(어린아이) 30, 38, 44, 46,
　　48~50, 73, 80, 120, 131, 179,
　　182, 200, 201, 206, 213, 222,
　　223, 232, 258, 261, 272, 284
아이타레야 우파니샤드Aitareya-
　　Upanishad 223
아침 164, 166, 251, 276
아툼Atum 129~131, 142
아트만Âtman 221, 224, 290
아티스-아도니스Attis-Adonis 154
아폴로 120, 228
아프로디테Aphrodite 195
악덕 행위 63
악마 28, 44, 89, 108, 119, 120, 158,
　　178, 216, 230
　　——적 힘 112
악어 87, 277
안개 43, 67
안트로포스Anthropos 114
알레고리Allegorie 115
암시 32, 38, 76, 78, 79, 89, 121,

176, 201, 214, 217, 218, 228,
　　241~243, 259, 267, 291
　　——능력 66, 68
　　——작용 66
야고보서 96, 98, 225, 269
야만성 108, 273
야성 89, 103, 108
양성兩性 194
어른 50, 54
어머니 24, 44, 70, 78, 80, 113, 130,
　　142, 165, 178~180, 197, 200,
　　201, 205, 219~222, 247, 248,
　　251, 256, 267, 283
　　——의 상징 232, 287
　　——-이마고 90, 95, 131
억압Verdrängung 32, 92~95, 217,
　　220, 257, 260
　　——행위 93~95
　　——과 망각 96
　　——된 갈등 93
언어 28, 33~36, 38, 41, 46, 74,
　　121, 176, 182, 183, 202, 220,
　　223~225, 228, 229, 234, 257
　　——적 사고 39
엄지손가락들 180
에너지 50, 66, 77, 90, 125, 126,
　　171, 173, 191, 192, 194~196,
　　211, 214, 217, 219, 229
에다Edda 197
에스겔 225
에우로파Europa 51

엘레우시스Eleusis 104
여성(여자) 29~32, 76, 122, 134,
　　154, 158, 159, 197, 199, 206,
　　212, 213, 215, 219, 221, 263,
　　264, 269, 278, 281~283, 285
　　―납치 51
　　―적인 것 148, 210
여신 112, 118, 135, 227, 269, 270,
　　284
역사 40, 43, 52, 203, 219, 245, 266,
　　291
　　―연구 262
　　―적인 인간 262
연극 61, 87, 103, 104
열망 123
열쇠 177, 180, 189
열정 103, 104, 119, 155, 159, 160,
　　167
영靈, Geist 101, 131, 134, 135, 227
　　―적 사랑 101
　　―적 추상화 109
영웅 50, 51, 57, 61, 120, 140, 151,
　　154, 157, 158, 168, 276, 281
영원 130, 132, 165, 168, 271
　　―성 118, 132, 156, 162
　　―한 분 71, 75, 249
　　―한 빛 118, 274
　　―한 소년puer aeternus 181
영혼 64, 65, 104, 111, 114, 137,
　　165, 228, 235, 260
　　―의 위기perils of soul 235

예술 114, 198
　　―가 66, 149, 179, 243
　　―충동 191
예언 152
　　―자 다니엘 231
오르페우스(교) 비교秘敎 194
오르페우스교적 의미 194
오성悟性 27, 47, 95, 216
오시리스Osiris 154
오이디푸스 문제(전설) 23~25
옥수수통 104
올림푸스산 120
외부세계 68, 69, 114, 187, 216,
　　260, 261, 285
외침 34, 35, 74, 258
요구Verlangen 191
요한묵시록 150
욥과의 동일시 87
욥기Hiob 75~77, 85~89, 171, 225,
　　251, 252, 266, 268
우라노스Uranos 194
우르바시Urvaçi 206, 211
우울증 236
우유 바다 234
운명 24, 50, 62, 103, 120, 142, 146,
　　155, 263, 267, 270, 271
　　―의 힘 90, 100, 270
원시인 46, 49, 198, 212, 214~216,
　　235, 236
원죄 76, 86
원천 110, 167

원형Archetypus 102, 126, 132, 143,
　　144, 148, 218, 219, 265, 268,
　　269
　　──의 에너지 101, 131, 132
　　──의 형상 102
원형적인 직관 131
유다Juda 56~58, 262
유아기적 사고 46
유아적 자가성애 54
유전된 표상들 148
유추적 대비 140
유태인 129
유혹 76, 109, 112, 119, 148, 159,
　　161, 214
육욕적 127
육체 64, 104, 105, 111, 114, 271
육화肉化 114
　　──된 로고스 106
윤리적 23, 108, 124
율동적 행위(활동) 201, 202, 213,
　　214, 220, 223
은둔 120
음악과 춤 214
의사 54, 72, 96, 264
　　──의 인격 72
의식意識 50, 236
　　──화 32, 58, 219
　　──의 경계 55
　　──의 영역 55
　　──적 사고 32
　　──적인 54, 55

의학적 심리학 10
이교도적인 것 154
이교적 사고 119
이교적 정신 112
이념Idee 103
이마고Imago 264, 265
이미지 41, 73, 78, 90, 118, 130,
　　132, 136, 137, 140, 144, 145,
　　151, 152, 158, 173, 176, 186,
　　205, 211, 228, 236, 275, 276,
　　279, 280
이브 148, 165
이성 47, 160, 183, 257
이시스Isis 270
이집트 27, 65, 66, 129, 135, 138,
　　142~145, 174, 243, 274, 278
이탈리아 69, 245, 246, 260
이해Auffassung 197
인간 공동체 101
인간 사회 10, 73, 106
인간과 신의 관계 100
인간의 본성 108
인격주의Personalismus 10
인격화 99, 132, 137, 143, 176, 178,
　　182, 206, 229
인과성 76
인과적 대비 140
인과적 해석 47
인과적인 요소 140
인도의 신들 233
인류의 문명화 105

인류의 초기 발전 단계 203
인생 후반부 14
인식 24~26, 31, 32, 37, 63, 86, 93, 97, 114, 119, 134, 176, 233, 258, 260, 266, 281
——론적 제약 97
일곱 별들 162
입 29, 62, 64, 100, 137, 151, 199, 222~225, 268
입술 224, 225

ㅈ

자가성애적autoerotisch 54
자가암시성 66
자궁 178, 222, 232
자극 25, 72, 77, 78, 142, 185, 215, 252, 258, 261
자기Selbst 179, 222
자동운동Automatismen 182, 183
자동적인 변환 과정 94
자아Ich 100~102, 115, 284
——충동Ichtrieb 187
자연 34, 35, 40, 42, 43, 80, 87, 89, 94, 95, 109, 110, 112~114, 119, 124, 131, 154, 158, 191, 217, 223, 236, 265, 276, 281
——과의 종교적 결합 110
——의 힘 40, 178
자폐적autistisch 54
자폐증 28, 41, 54, 57, 69, 70, 78, 84, 116, 167, 247, 251~255

잠 47
전前 성(욕) 단계vorsexuelle Stufe 202, 220
전이Übertragung 45, 95, 98, 201, 219, 242, 259, 278
전쟁 63, 157
전진Progression 45
점술 27
정감Affekte 29, 190, 211
정상인 68
정신(영)Geist 42, 101
정신Psyche 192
——기능 57, 274
——병Psychose 148, 260, 266, 284
——병 환자 77, 269
——병리학 68
——분석적 신경증 이론 186
——성욕Psychosexualität 189
——요법 96
——의 날개 118
——장해 68, 200, 259
——적 동화과정 33
——적 삶 52
——적 에너지 126, 176, 189, 190, 195, 228
——적 요소 97
——적 전염 현상 235
——적 전염병 217
——적 존재 96, 97
——질환자 146, 148
——치료자 50, 264

정신분열증(조현병) 12, 54, 137, 188~190, 196, 200, 202, 264
정위성定位性(지남력)Orientierung 31
정치학 266
제우스Zeus 154, 194, 203, 273
제의祭儀적 181, 209
조발성 치매의 심리학 188~190, 265
족외혼族外婚 212
종교 90, 103, 107, 110, 119, 130, 131, 144, 192, 216, 252, 275
　—사 49, 108, 281
　—의 의미 108
　—적 감동 108
　—적 무아경 129
　—적 행위 108
　—적 현상의 역사 219
　—적 형상 97
종족Rasse 38, 120, 187, 191
종파적인 문제 94
죄 90, 95, 96, 98, 108, 160, 269, 274
죄악 29, 130, 163, 168, 282
주관적 39, 43, 54, 126, 192, 229
　—세계상 54
　—인 사고 53
주님 57, 105, 152, 153, 156, 175, 232, 280
죽음 63, 119~121, 153, 154, 156, 157, 163, 165, 168, 174, 275~277, 282

죽음의 환상 155
증식 본능(충동) 191, 215
증식의 원리 191
지각知覺 34
지구 106, 149, 154, 172, 175, 197, 213, 233, 273, 276, 279
지성 24, 43, 194, 197, 259
　—인 272
지적 능력 42
지크프리트Siegfried 56
지향적 사고 55
지혜로운 법 160
직접적 투사 281
진실 25, 27, 28, 50, 115, 174, 246
질료 40, 221
질병 196, 197, 261, 264, 269
질투 57
집단적 표상représentations collectives 217, 218
집단정신 107

ㅊ

착각Illusion 25, 98, 197, 242, 269
착상 72, 74~76, 156, 246
창녀 184
창세기Genesis 74, 158, 281
창조 70~75, 78, 79, 82, 83, 91, 108, 129, 135, 152, 173, 178, 192, 194, 222, 247~252, 270, 282
　—물 111
　—자와 피조물 95

──주 122
──행위 94, 95
──적 상상력 58
──적인 '생각' 79
──적인 충동 44
천사 42, 158, 161~163, 166, 281
천상의 불 131
천상의 여왕 142, 270
철학자 35, 44, 99, 101, 183, 270, 291
철학적 문제 94
첫 불순종 75, 76, 251
체험 37, 41, 55, 60, 70, 92, 97, 114, 155, 192, 196, 244, 259, 264, 265, 267
초월적인 힘 90
촛대 149, 151
총 196
추락 105, 160
추방 163, 277
추분 152
추상적 사고 36
춘분 152
춤 210, 214, 286
충동력Triebkräfte 186
충동의 꾸러미Triebbündel 186
치유 152, 279

ㅋ

카립디스Charybdis 121
카마Kâma 194
카비렌Kabiren 176, 180~182, 283
카인Kain 159, 161
카타 우파니샤드Katha-Upanichad 175
케레스Ceres 142
코 63, 87~89, 199, 213, 224
콘스탄티누스 대제 31
콤플렉스 55, 60, 61, 74, 94~96, 122, 198, 215, 264, 265, 273
쾌락Lust 103, 183, 184, 273
크로노스Kronos 194
크리스티앙 60, 61, 65, 78, 85, 242

ㅌ

탐무즈Tammuz 154
탐욕 100, 138, 183, 184
태도Einstellung 195
태양 74, 106, 116~119, 122, 125, 126, 129, 131~135, 137, 140, 143, 146, 148, 152~155, 158, 162, 171~174, 194, 196, 197, 224, 226~228, 265, 274~276, 279, 280, 282, 283, 286, 290
──류 44, 127, 131, 134, 135, 137~139, 142, 145, 148, 205, 279, 280
──숭배 153, 154, 275
──신 45, 142, 148, 172, 228, 231, 274, 282
──을 향한 그리움 171
──의 숭배 153

태초 76, 248, 249, 270, 290
테자스téjas 228, 229
통각統覺, Apperzeption 73, 253
통찰 25, 26, 66, 79, 154, 263
퇴행(후행)Regression 45, 55, 56, 73, 93, 132, 190, 196, 202, 203, 212, 213, 215, 219, 220, 235, 236
── 적 재활성화 73, 131
투사projektion 37, 90, 93, 94, 103, 160, 167, 268, 281, 282, 284
투입Introjektion 191, 192
투쟁 78, 112, 144, 157, 168, 211, 212
티끌 162, 164

ㅍ

파네스 193, 194
파랑새L'Oiseau bleu 213
파리스와 헬레나 179, 232
파우스트Faust 58, 86, 118~122, 177~180, 232, 262, 263, 268, 274, 279, 290
판단력 111
팔레스Phales 182
페넬로페Penelope 24
페르세포네Persephone 51
편견 63, 77
편집증 187, 188, 197, 278, 284, 285
── 적 변화 188

포도주 232, 246
폭력 29, 68, 87, 211, 270
폭풍 소리 227
폭풍우 35, 64, 84, 89, 106
폭행 233
피닉스Phönix 154
피부스Phöbus 142
푸루라바스Purûravas 206, 211
푸루샤purusha 174, 175, 179, 223
프네우마(프노이마)Pneuma 78, 80, 101, 265, 278
프로메테우스 203~206, 236
프리아푸스Priapus 182, 209, 279, 287
피 61, 96, 105, 233, 242, 279

ㅎ

하느님 77, 88, 98, 100, 101, 111, 126, 129, 137, 158, 171, 251, 269, 275
하늘과 땅 156, 158, 173
하마 87
하이델베르크인 52
하지 152
학문 42, 43, 96, 203
── 적 관찰 방식 97
합리주의 9, 115, 217
해몽가 27
해몽서解夢書 27
행동 유형pattern of behaviour 218
행복 77, 106, 126, 167, 271~273

향연Symposion 230
헤르메스Hermes 179, 180, 266
　──의 그릇vas Hermetis 232
헤스페리데Hesperide 237
헤파이스토스Hephaistos 179, 180
헬레니즘 142, 143
　──적인 것 154
헬리오스Helios 127, 148, 149, 279
현대 회화 114
현대의 합리주의 115
현대인 49, 51
　──의 의식 108
현대적 사고 28
현실 41~45, 51, 66, 68, 188~190, 196, 197, 216, 246, 275
　──세계 44, 49
　──성 상실 188, 190
　──의 기능fonction du réel 188
호랑이 29
호루스Horus 142, 174, 274
호수 110, 130, 244
혼돈 74, 79, 83, 250~252
홍수 167
화살 46, 77, 99, 196
환상幻想, Phantasie 41, 42, 44, 48~60, 66, 68, 74, 79, 80, 82, 85, 117, 145, 155, 156, 176, 196, 197, 218, 243, 250, 259, 265, 276, 284, 285
　──적 사고 53, 55
환영幻影 148, 150, 152, 166, 243

환자 11, 17, 68, 72, 77, 82, 96, 146, 155, 188, 197, 199, 200, 211, 213, 218, 236, 259, 265, 269, 278, 284
활 196
황금 촛대 151
황금빛 150
　──음조 228
황도12궁 154, 172, 280
황소 88, 140, 148~150, 182, 222, 269, 277, 280
　──신 142, 149
회오리바람 74, 250
회의 57, 119, 195, 263
흑인 148
흥분 78, 79, 82, 110, 183, 199, 242, 251, 261, 287
희망 57, 117, 119, 122, 157, 161, 185, 216, 288
희생 89, 96, 216, 229, 230, 262, 279
　──제물 96
히라냐가르바Hiranyagarbha 173
히스테리 108, 199, 259, 261, 264
　──성 몽롱 상태 199
힘의 개념Kraftbegriff 192

융 기본 저작집 총 목차

제1권 정신 요법의 기본 문제

실제 정신치료의 기본 원칙
정신치료의 목표
정신치료와 세계관
정신치료의 현재
정신치료의 기본 문제
제반응의 치료적 가치
꿈 분석의 실용성
꿈의 심리학에 관한 일반적 관점
꿈의 특성에 관하여
콤플렉스 학설의 개요
심리학적 유형에 관한 개설
정신분열증

―

제2권 원형과 무의식

정신의 본질에 관한 이론적 고찰
집단적 무의식의 원형에 관하여
집단적 무의식의 개념
아니마 개념을 중심으로 본 원형에 대하여
모성 원형의 심리학적 측면
어린이 원형의 심리학에 대하여
민담에 나타난 정신 현상에 관하여
초월적 기능
동시성에 관하여

제3권 인격과 전이

자아와 무의식의 관계
제1부 의식에 대한 무의식의 작용
개인적 무의식과 집단적 무의식
무의식의 동화에 뒤따르는 현상들
집단정신의 한 단면으로서의 페르조나
집단정신으로부터 개성을 해방하기 위한 여러 가지 시도
제2부 개성화
무의식의 기능
아니마와 아니무스
자아와 무의식의 형상들 사이를 구분하는 기법
마나-인격
전이의 심리학
연금술서『현자의 장미원』의 일련의 그림들

제4권 인간의 상과 신의 상

심리학과 종교
무의식의 자율성
도그마와 자연적 상징
자연적 상징의 역사와 심리학
미사에서의 변환의 상징
서론
변환의식의 개별 단계
변환 신비의 유례
미사의 심리학
욥에의 응답

제5권 꿈에 나타난 개성화 과정의 상징

연금술의 종교 심리학적 문제 서론
꿈에 나타난 개성화 과정의 상징
서론
최초의 꿈
만다라의 상징성

제6권 연금술에서 본 구원의 관념

연금술의 기본 개념
연금술 작업의 정신적 특성
작업
원질료
라피스-그리스도-유례
종교사적 틀에서 본 연금술의 상징

제7권 상징과 리비도

사고의 두 가지 양식에 관하여
과거사
창조주의 찬가
나방의 노래
리비도의 개념에 대하여
리비도의 변환
부록: 프랭크 밀러의 원문

제8권 영웅과 어머니 원형

영웅의 기원
어머니와 재탄생의 상징들
어머니로부터 해방되기 위한 투쟁
이중의 어머니
희생
부록: 프랭크 밀러의 원문

제9권 인간과 문화

인격의 형성
유럽의 여성
심리학적 관계로서의 결혼
생의 전환기
심혼과 죽음
심리학적 관점에서 본 양심
분석심리학에서의 선과 악
심리학과 시문학
꿈꾸는 세계 인도
인도가 우리에게 가르쳐줄 수 있는 것
동양적 명상의 심리학에 관하여
『역경』서문
초시모스의 환상
의사로서의 파라켈수스
지그문트 프로이트

번역위원 소개

번역: 김현진 金炫辰

연세대학교 독어독문학과를 졸업하고 동 대학원에서 문학박사 학위를 취득했다. 독일 뒤셀도르프 대학에서 수학했으며, 서울대학교에서 박사 후 연수과정을 수료했다. 연세대학교, 홍익대학교 등에서 강의했으며, 현재 연세대학교 인문학연구원 전문연구원으로 재직 중이다. 「서술상황으로 본 이야기의 이해」, 「토마스 만 소설의 정신분석적 연구」 등의 논문과, 『융』(게르하르트 베어), 『그림의 혁명』(빌렘 플루서), 『창조신화』(마리 루이제 폰프란츠) 등의 역서가 있다.

감수(라틴어, 그리스어): 변규용 卞圭龍

연세대학교 상경대학 경제학과를 졸업(1951)하고 서울대학교 대학원에서 철학연구(1960), 프랑스 툴루즈Toulouse 대학, 파리Paris 가톨릭대학, 파리 제10대학에서 각각 철학박사(1970), 신학박사(1973), 파리 제1대학 법과대학 경제학 박사과정 수료(1974), 문학박사(1980) 학위를 취득했고 파리 제10대학 비교사상연구소 촉탁교수(1971~78), CNRS(프랑스 국립과학연구소) 연구원(1973~77)을 역임했다. 귀국 후 한국교원대학교 인문학부 교수(1984~97), 서강대학교 국제대학원 교수(1997~2000)를 지냈다. 저서 및 역서로는 TAO ET LOGOS(전 3권, 1970, Toulouse) PERE ET FILS(전 3권, 1973, Paris)등이 있고, Hermeneutique du Tao(전 2권, Paris), Les cent fleurs du Tao(1991, Paris)등이 있고, 주요 역서로서는 『Herakleitos 단편집』(희랍어), 『希拉立德之海光鱗片』(중국어역, Paris, 1973), 『孝經』(불어역 UNESCO, 1976), 『道德經』(불어역, Paris, 1980), C. Lévi-Strauss의 『강의록』(정신문화연구원, 1984), J. Mesnard의 『파스칼』(한국학술진흥연구원, 1997) 등이 있다.

프랑스학술원 학술공로 훈장 (1984), 대한민국 국가유공자 서훈 (2008).

감수(전체): 이부영 李符永

서울대 의대 및 동 대학원을 졸업했다. 의학박사, 신경정신과 전문의, 융학파 분석가, 국제분석심리학회(IAAP) 정회원, 서울대 의대 명예교수이다. 스위스 취리히 C.G. 융 연구소를 수료하고(1966), 동 연구소 강사를 역임했다(1966~1967, 1972). 독일, 스위스의 여러 정신병원에서 근무했다. 서울대 의대 교수(1969~1997), 미국 하와이 동서센터 연구원(1971~1972, '문화와 정신건강' 연구), 서울대 의대 정신과 주임교수 및 서울대병원 신경정신과 과장 등을 역임했다. 뉴욕 유니온 신학대학원 '종교와 정신의학' 강좌 석좌교수(1996)를 지냈고, 한국분석심리학회, 한국융분석가협회(KAJA) 창립회장 및 각종 국내외 학회 회장 및 임원을 역임했다. 서울대 정년퇴임(1997) 뒤 한국융연구원을 설립, 현재 동 연구원 원장으로 후진을 양성하고 있다. 한국융연구원 C. G. 융 저작 번역위원회 대표로 이 기본 저작집의 일부 번역과 전체 감수를 맡고 있다.

주요 저서로는 『분석심리학 — C. G. Jung의 인간심성론』(1978), 개정증보판(1998), 제3판(2011), 『한국민담의 심층분석』(1995), 분석심리학의 탐구 3부작: ① 그림자(1999); ② 아니마와 아니무스(2001); ③ 자기와 자기실현(2002), 『한국의 샤머니즘과 분석심리학』(2012), 『노자와 융』(2012); 『괴테와 융, 파우스트의 분석심리학적 이해』(2020), 『동양의학 연구』(2021), 역서로는 융의 『현대의 신화』(1981), 『인간과 상징』(공역, 1995), 야훼(엮음)의 『C. G. 융의 회상, 꿈, 그리고 사상』(1989), 마리 루이제 폰 프란츠, 『C. G. 융 우리시대 그의 신화』(2016)를 위시해 폰 프란츠의 『민담의 심리학적 해석』(2018), 『민담 속의 그림자와 악』(공역, 2021) 등이 있다.

분석심리학, 문화정신의학, 정신병리학, 정신의학사 관련 논문 220여 편이 있다.

연보 편자: 이철 李哲

서울의대 및 서울대 대학원 졸업, 의학박사(1967~1982). 서울의대부속병원 신경정신과 수련(1974~1978), 신경정신과 전문의(1978). 스위스 취리히 C. G. 융연구소 수학(1982~1985). 울산의대 정신의학 교수, 명예교수(1989~). 한국분석심리학회장(1995~1997), 한국융연구원 평의원, 감사 역임. 서울아산병원 교육부원장(1996~2002), 울산대학교 총장(2011~2015).

국립정신건강센터장(2016~2019). 논문:「한국 대학생에 대한 연상검사의 예비적 연구」(1976) 등, 정신의학분야 논문 다수. 번역서: 이부영, 우종인, 이철 공역,『WHO(1992) ICD-10 정신 및 행태장애 — 임상기술과 진단지침』(1994).

융 기본 저작집 7
상징과 리비도

1판 1쇄 인쇄	2001년 7월 10일
개정판 1쇄 발행	2024년 9월 20일
지은이	C. G. 융
옮긴이	한국융연구원 C. G. 융 저작 번역위원회
펴낸이	임양묵
펴낸곳	솔출판사
편집	윤정빈 임윤영
경영관리	박현주
주소	서울시 마포구 와우산로29가길 80(서교동)
전화	02-332-1526
팩스	02-332-1529
블로그	blog.naver.com/sol_book
이메일	solbook@solbook.co.kr
출판등록	1990년 9월 15일 제10-420호

ⓒ 솔출판사, 2002

ISBN	979-11-6020-199-4 (94180)
ISBN	979-11-6020-192-5 (세트)

· 잘못된 책은 구입한 곳에서 바꿔드립니다.
· 책값은 뒤표지에 표시되어 있습니다.